Uni-Taschenbücher 595

W0060865

UTB

Eine Arbeitsgemeinschaft der Verlage

Birkhäuser Verlag Basel und Stuttgart
Wilhelm Fink Verlag München
Gustav Fischer Verlag Stuttgart
Franckc Vorlag München
Paul Haupt Verlag Bern und Stuttgart
Dr. Alfred Hüthig Verlag Heidelberg
Leske Verlag + Budrich GmbH Opladen
J. C. B. Mohr (Paul Siebeck) Tübingen
C. F. Müller Juristischer Verlag – R. v. Decker's Verlag Heidelberg
Quelle & Meyer Heidelberg
Ernst Reinhardt Verlag München und Basel
F. K. Schattauer Verlag Stuttgart-New York
Ferdinand Schöningh Verlag Paderborn
Dr. Dietrich Steinkopff Verlag Darmstadt
Eugen Ulmer Verlag Stuttgart
Vandenhoeck & Ruprecht in Göttingen und Zürich
Verlag Dokumentation München

Michael Mühlenberg

Freilandökologie

Mit Beiträgen von
Hans-Joachim Mader

Quelle & Meyer Heidelberg

Dr. rer. nat. Michael Mühlenberg

Akademischer Rat am Zoologischen Institut
der Universität Heidelberg

ISBN 3-494-02062-0

Printed in Germany.
Satz und Druck: Schwetzinger Verlagsdruckerei GmbH, Schwetzingen.
Einbandgestaltung: Alfred Krugmann, Stuttgart.
Gebunden bei der Buchbinderei Sigloch, Stuttgart.

Inhalt

Begriffe in *Schrägschrift* werden im Kapitel 5.8. erläutert.

Vorwort

Es gibt in der allgemeinen Ökologie schon eine Vielzahl theoretischer Modelle von Ökosystemen, die sich mit Regulationsmechanismen, Stabilität, biologischem Gleichgewicht, Konkurrenz, Artenzahlen u. a. beschäftigen, es fehlen aber noch zu den meisten Themen quantitative Daten. Dieser Mangel liegt z. T. daran, daß in der Ökologie-Ausbildung komplexere Probleme, die vorerst nur im Freiland angegangen werden können, in der Praxis nicht erlernt werden.

Mit diesem Buch sollen in erster Linie Anleitungen zu quantitativ synökologischen Untersuchungen gegeben werden. Der umfangreiche Stoff läßt sich aber nur an Beispielen bearbeiten, die ich vornehmlich aus Tiergemeinschaften in terrestrischen Lebensräumen gewählt habe. Die Ökologie ist ein sehr dynamisches Fach, weshalb ihre Darstellung immer ein unvollendeter Versuch bleiben wird. Ich hoffe aber, daß die Fragestellungen und Methoden in diesem Buch dazu anregen, die praktische Freilandökologie weiter auszubauen.

Die Grundlagen für dieses Buch wurden durch praktische Erfahrung bei der Leitung ökologischer Freilandkurse vor allem an der Biologischen Station Neusiedlersee, Illmitz/Bgld. gewonnen. Dem Leiter, Herrn Hofrat Dr. Sauerzopf, gebührt Dank und Anerkennung für die wiederholte Aufnahme an seiner Station und für das Interesse, das er unserer Tätigkeit dort widmete. Herrn Dr. Richard Streng, von dem ideenreiche Vorschläge stammen, und Herrn Doz. Dr. Benno Darnhofer, beide Universität Regensburg, danke ich für die kritische Durchsicht des Manuskripts. Herr Hans-Joachim Mader, Universität Heidelberg, hat mich bei der Fertigstellung des Manuskripts tatkräftig unterstützt und selbst einige Abschnitte (3.1.1., 3.1.6., 4.1.9., 4.2.9., 5.3., 5.4. und viele Zeichnungen) entworfen, wofür ich ihm sehr danke. Nicht zuletzt seien dankend die Studenten erwähnt, die mir durch ihre interessierte Mitarbeit bei der Anfertigung des Buches geholfen haben.

Heidelberg, April 1976   *Michael Mühlenberg*

1. Einleitung

1.1. Bedeutung ökologischer Freilandpraxis

Unter Freilandökologie verstehen wir die Praxis ökologischer Arbeit im Freiland. Es gibt eine Vielzahl ökologischer Probleme, die im Labor erarbeitet werden können und müssen. Es sind dies Fragen vor allem der Autökologie und physiologischen Ökologie, in der die Leistungsanpassungen des einzelnen Organismus an die fluktuierenden Umweltbedingungen untersucht werden.

Da der Mensch in zunehmendem Maße verändernd in Ökosysteme eingreift, sind weite Bereiche der Ökologie als Basiswissenschaft für Fragen des Umweltschutzes besonders wichtig geworden. Es werden quantitative Untersuchungen über Energiefluß, Regulationsmechanismen und Stabilität nötig (Rathmayer 1974). Solche Erhebungen müssen zunächst im Freiland durchgeführt werden, da es zur Zeit nicht möglich ist, das komplexe Wirkungsgefüge eines Ökosystems in das Labor mit allen beteiligten Faktoren zu übertragen.

Es gibt bereits eine Fülle von Theorien und Modellen über das Funktionieren von Ökosystemen. Das Vortragen dieser Gedanken im Ökologie-Unterricht bleibt aber sowohl für Schüler und Studenten als auch für Lehrer und Dozenten solange abstrakt, wie der einzelne nicht mit der praktischen Erarbeitung dieser Probleme vertraut wird. Für eine Mitarbeit an den Fragen der Ökologie ist die Erfahrung mit der Praxis daher eine unbedingte Voraussetzung und betrifft die Lehrenden und Lernenden gleichermaßen. Ein Ökologie-Unterricht an Schulen und Universitäten muß es sich in Zukunft zur Aufgabe machen, neben theoretischer Kenntnis auch Fähigkeiten zu vermitteln, Grundlagen für quantitative Voraussagen über Folgen von Veränderungen in Ökosystemen zu erarbeiten. Die geeignete Form eines solchen Unterrichts ist im naturwissenschaftlichen Bereich die Durchführung eines Praktikums.

1.2. Lernziele eines Praktikums

Ziel eines Ökologischen Freilandpraktikums ist das Erlernen von wissenschaftlich-ökologischem Arbeiten. Das Kennenlernen ökologischer Arbeitsmethoden schließt den Umgang mit zahlreichen Meß- und Fangapparaturen unter Beachtung ihrer jeweiligen Leistungs- und

Fehlergrenzen ein. Entscheidend für den Lernerfolg ist dabei die Selbstständigkeit beim Arbeiten und bei der Überwindung methodischer Schwierigkeiten.

Die eingehende Beschäftigung mit einzelnen ökologischen Problemen (vgl. 2.2.1.) soll auch dazu führen, erhaltene Ergebnisse kritisch beurteilen zu lernen. Die Praktikumsversuche selber haben Modellcharakter und sind konzipiert, innerhalb des Kurses zu wissenschaftlich verwertbaren Ergebnissen zu führen.

An die Datenerfassung durch Versuche und Beobachtungen muß sich eine quantitative Auswertung anschließen. Hierbei sind insbesondere statistische Methoden notwendig, die Daten zu objektivieren und ihre Darstellung zu vereinheitlichen (vgl. 4.1.).

Es wird kaum möglich sein, alle in den Versuchen aufgeworfenen Fragen innerhalb eines Praktikums zu beantworten. Durch den umfangreichen Fragenkatalog ist aber die Möglichkeit gegeben, ein bestimmtes Thema bei vorhandener Zeit weiter auszubauen. Die Vorschläge dienen daher auch allgemein als Anleitung zu wissenschaftlichem Arbeiten in der Ökologie, und gelten damit auch für Examenskandidaten, die bei ökologischer Themenstellung ihrer Arbeit vielfach mit den in diesem Buch genannten Aspekten in Berührung kommen.

Formenkenntnis bleibt eine notwendige Voraussetzung für ökologisches Arbeiten. Die Beobachtung und der Umgang mit Tieren bei der Freilandarbeit dient daher auch der Erweiterung der im Studium oft vernachlässigten Formenkenntnis.

Die meisten Studenten des Biologiestudiums werden Lehrer. Das Ökologie-Praktikum soll die Lehrer befähigen, Schüler durch unmittelbare, praktische „Erforschung" der belebten Natur bei nicht zu großem oder teurem apparativen Aufwand zu einem besseren Umweltverständnis zu erziehen.

1.3. Begründung der Themenauswahl

Ziel einer ökologischen Untersuchung ist es, zu der Erforschung von Struktur und Funktion von Ökosystemen beizutragen. Nähert man sich schrittweise einer zunehmend umfassenderen Ökosystemanalyse, ergeben sich bei der Arbeit ständig neue Anforderungen, die mit allgemeinen Problemen und Fragen der Ökologie verknüpft sind. Die im Kapitel 3 gestellten Themen sollen Möglichkeiten für die praktische Arbeit in den verschiedenen Stadien dieser Analyse aufzeigen. Wenn auch versucht wurde, damit die allgemeinen Probleme aus dem Gesamtgebiet der Ökologie möglichst breit abzudecken, so mußten die

Themenstellungen doch der Forderung gerecht werden, nach der Bearbeitung durch eine Gruppe in einem ca. 3wöchigen Praktikum zu diskutierbaren Ergebnissen zu führen.

Das erste Stadium einer Ökosystemanalyse liegt in der Beschreibung der physikalischen und chemischen Bedingungen und der Erfassung von Zahl, Abundanz, sowie räumlichem und zeitlichem Verteilungsmuster der vorhandenen Arten. Als Aufgabenstellung ergeben sich daraus: Untersuchungen über abiotische Faktoren (3.1.1.), Populationsgrößen (3.1.2.), Verteilungsmuster (3.1.3.), Mannigfaltigkeit (3.1.4.) und über Flächenabhängigkeit und Ressourcenangebot (3.1.5.).

Untersuchungen zur Nischenbreite und Nischenüberlappung (3.1.6.) sollen darüber Auskunft geben, wie breit die ökologischen Ansprüche der im System vorhandenen Arten sind und in welchem Maße es Überlappungen bei der Ressourcen-Nutzung gibt.

Zur Strukturanalyse eines Ökosystems gehören auch Angaben über die Biomasse der Arten und Energieverteilung in den einzelnen trophischen Stufen. Gerade hierzu bedarf es aber in terrestrischen Ökosystemen schwieriger und langwieriger Untersuchungen (vgl. Funke 1973). Energieinhalte von Organismen bestimmt man üblicherweise mit einem Kalorimeter (z. B. Mikrobombenkalorimeter nach Phillipson, 1964), nachdem man zuvor die Biomasse über Trocknen und Wägen festgestellt hat. Beide Methoden sind an aufwendigere Geräte gebunden und dadurch in einem Freilandpraktikum mit „Feldlabor" nicht sinnvoll zu verwirklichen.

Einen eigenständigen und wichtigen Bereich innerhalb der terrestrischen Ökologie nimmt die Bodenbiologie ein. In diesem Bereich lassen sich abiotische Messungen mit Feststellungen über die Mesofauna relativ leicht verbinden. Die vorgeschlagenen Untersuchungen (vgl. 3.1.7.) ergänzen die Strukturanalyse eines Ökosystems.

An das deskriptive Stadium einer ökologischen Untersuchung kann sich das funktionelle anschließen, obwohl beide Stadien untrennbar miteinander verknüpft sind. Die Funktionsanalyse eines Ökosystems hat zum Ziel, die kausalen Beziehungen, die innerhalb des Systems wirken und seine existierenden Strukturen hervorrufen, zu erklären. Eine Voraussetzung zur Untersuchung von Beziehungen innerhalb eines Systems ist die Abgrenzung des Systems. Diesem Problem ist das Thema „Zonationsbiozönosen" (3.2.1.) gewidmet. Das Thema „Ökologische Sonderung" (3.2.2.) behandelt die Mechanismen, die das Zusammenleben vieler Arten im gleichen Lebensraum ermöglichen. Die Aufteilung der Ressourcen unter den Arten wird in der

Regel im Zusammenhang mit der Konkurrenz gesehen, einem wichtigen Regulationsfaktor des Populationswachstums. Ökologische Isolation vermindert die Konkurrenz, ein Problem, das im Kapitel „Konkurrenz" (3.2.3.) angesprochen ist.

Die Beziehungen innerhalb eines Ökosystems sind außerordentlich mannigfaltig und in den einzelnen Systemen unterschiedlich. Daher kann in einem Praktikum darüber nur exemplarisch gearbeitet werden. Als Beispiel besonders auffälliger und vielseitiger Wechselbeziehungen zwischen Organismen soll das Studium der Blütenökologie (3.2.4.) dienen.

Die Ökosystemanalyse erfordert schließlich die Bestimmung des Stoffkreislaufs und die Untersuchung von Rate und Weg des Energieflusses. Eine Möglichkeit, den Energiefluß im System zu verfolgen, besteht darin, das Nahrungsnetz der vorhandenen Arten aufzuklären. Quantitative Aussagen über den Energiestrom lassen sich in terrestrischen Systemen in relativ kurzen Zeiträumen nur an den Primärproduzenten gewinnen. Mit diesen Problemen beschäftigt sich das Thema „Nahrungsnetz und Produktion" (3.2.5.). Regulationsmechanismen in Ökosystemen kann man nur in größeren Zeiträumen und nach gründlicher Analyse des Ökosystems untersuchen. Innerhalb eines Kurses wird man daher nicht zu praktischen Ergebnissen dieser Fragestellung kommen.

1.4. Schwerpunkte eines Praktikums

Die Ökologie unterteilt man je nach den Lebensmedien der untersuchten Systeme in Ozeanologie, Limnologie und Epeirologie. Dieses Praktikum beschäftigt sich mit der terrestrischen Ökologie und streift die Limnologie nur in einem Problemkreis (vgl. 3.1.3.). Fast alle Untersuchungen enthalten synökologische Fragestellungen und sind daher auf die Arbeit im Freiland bezogen. Da in einem Praktikum relativ kurzfristig Ergebnisse erwartet werden, muß man mit Tieren arbeiten, die entweder gut zu beobachten oder individuen- und artenreich bei möglichst geringer Störung des Ökosystems zu sammeln sind. Aus diesem Grund sind die Versuche im Praktikum bevorzugt auf Arthropoden (hauptsächlich Insekten) und Vögel abgestimmt. In einigen Fällen stellen auch einzelne Arthropodengruppen in einem Ökosystem die Dominanten.

1.5. Aspekte für die Sekundarstufe II (weiterführende Schulen)

Die komplexe Freilandökologie im Unterricht an Gymnasien und anderen allgemeinbildenden Schulen durchzuführen stößt auf einige Schwierigkeiten. Bei den zur Zeit gesteckten, äußeren Rahmen der Lehrveranstaltungen kommen für Ökologie maximal 6 Unterrichtsstunden pro Woche bzw. einmal pro Woche 3–6 Nachmittagsstunden innerhalb eines Grund- oder Leistungskurses in Frage. Das Hauptproblem liegt darin, innerhalb dieser Zeit in ein geeignetes Gelände zu gelangen. Es können daher im Rahmen der Schule nur einige der hier aufgeführten Fragen behandelt werden und bei der Organisation sind Vereinfachungen notwendig. Der praktische Unterricht in der Schule wird dadurch noch exemplarischer und kann nur Teilaspekte ökologischer Probleme berühren. Wenn auch der Schwerpunkt des hier vorgeschlagenen Modells auf einem zusammenhängenden Kurs beruht und damit die Sekundarstufe II betrifft, sind auch viele Anregungen für den normalen Unterricht gegeben, besonders wenn die Ökologie als durchlaufendes Prinzip gelehrt wird. Die für die Schule am besten zu behandelnden Fragen innerhalb der Arbeitsthemen sind in der Tabelle 1.5. vorgeschlagen.

Tabelle 1.5.

Arbeitsthemen	Fragen	Seite	Wichtige Ausrüstung	Bemerkungen
Abiotische Faktoren	1, 2, 3	25	Temperaturfühler, Luxmeter, Aspirationspsychrometer	
Populationsgröße	1, 4, 9	29	Schnüre	Frage (1) und (4) nach Quadrat- bzw. Streifenmethode oder direktes Zählen; als geeignete Objekte: Gehäuseschnecken für Frage (9) evtl. Farbvarietäten von Schnirkelschnecken (Cepaea).
Verteilungsmuster	3, 4, 8	32	Strömungsmesser, Driftnetz	
Bodenbiologie	1, 2, 4, 5, 11	48–49	Muffelofen, Trockenschrank, Apparatur zur Carbonatbestimmung, Berlese-Tullgren Apparatur, Baermann Trichter	
Zonations-Biozönosen	1, 3, 11, 12	55–56	Barberfallen	Barberfallen lassen sich auch zu Fragen der Mannigfaltigkeit (Kap. 3.1.4. Fragen 2 und 3) beim Vergleich von naturnahen mit urban-industriellen Ökosystemen einsetzen.
Ökologische Sonderung	1, 4, 5, 6, 11	59–60	Fernglas, Stoppuhr	Als Gelände evtl. ein Stadtteich in einer Parklandschaft; Fragen (4) und z. T. (11) mit Literaturhilfen
Konkurrenz	1, 4, 7	63–64	Stoppuhr	Bei Bestimmung der Ameisen genügt die Bestimmung der Unterfamilien und Gattungen
Blütenökologie	1, 2, 3, 4, 10	66–67	Lupe, Mikroskop	
Sukzession	1, 2, 14, 19	74–75	Aasfalle	

2. Organisation eines Freilandpraktikums

Dieses Kapitel betrifft in erster Linie diejenigen, die ein Ökologie-Praktikum zu organisieren haben, also das Lehrpersonal, aber es wendet sich auch an die Praktikanten, deren Verständnis in die Notwendigkeit der gewählten Methoden oder organisatorischen Maßnahmen geweckt werden soll, deren konstruktive Kritik dem Lehrpersonal aber auch jederzeit erwünscht sein muß.

2.1. Vorbereitung

Da im ökologischen Praktikum weitgehend selbständig gearbeitet werden muß und der Kurs an möglichst vielen Orten durchführbar sein soll, ist eine gründliche theoretische und materielle Vorbereitung Voraussetzung für das Gelingen des Freilandpraktikums.

2.1.1. Einführendes Seminar

Eine bewährte theoretische Vorbereitung, die sich an eine allgemeine Ökologie-Vorlesung oder an das Studium der Ökologie-Kapitel in Lehrbüchern der Allgemeinen Zoologie anschließen kann, ist ein zweistündiges Seminar. Als leicht verständliche und kurze Einführung seien die Bücher von Osche (1975) oder Geiler (1971) empfohlen. Das Seminar soll im wesentlichen dazu dienen, allgemeine Fragestellungen der Ökologie in der Diskussion mit den Studenten kritisch zu beleuchten. Erweiternd sollte zu diesem Seminar ein zweites, einstündiges Seminar über quantitative Auswertungsmethoden in der Ökologie hinzutreten. Einerseits kann nicht jeder Student innerhalb des Praktikums mit allen Methoden vertraut werden, andererseits ist es für eine sinnvolle Versuchsplanung und -durchführung nötig, bereits vorher die Möglichkeiten der Auswertung zu kennen (vgl. 4.1.).

2.1.2. Zeitwahl und Dauer des Praktikums

Wegen der Freilandarbeit scheiden für das Praktikum in Mitteleuropa die Monate des Wintersemesters (Oktober–März) aus. Im Sommersemester eignen sich die letzten Semesterwochen bzw. die anschließenden Semesterferien, da im laufenden Semester die vorbereitenden Seminare abgehalten werden sollten.

Die Dauer eines solchen Praktikums muß sich in erster Linie nach den jeweiligen Lehrplänen an den Universitäten richten. Eine zeitliche

Begrenzung gibt es vom Stoff her nicht. Als Mindestarbeitszeit für eine sinnvolle Untersuchung der gestellten Themen sind 12–15 Arbeitstage anzusetzen. Von den Möglichkeiten, diese Arbeitstage über das ganze Semester zu verteilen oder als geschlossenen dreiwöchigen Block abzuhalten, empfehle ich unbedingt letztere. Ein dreiwöchiger, ganztägiger Kurs bietet folgende Vorteile:

a) man kann den Kurs auswärts (evtl. an Biologischen Stationen) abhalten,
b) im Gelände aufgebaute Geräte sind täglich unter Kontrolle und
c) die Arbeit verläuft kontinuierlich, was für viele Fragestellungen notwendig ist.

2.1.3. Ortswahl

Sehr sorgfältig muß das Gelände ausgesucht werden, in dem der Kurs durchgeführt werden soll. Ausschlaggebend für die Ortswahl des Praktikums sollte die Eignung des Geländes sein und nicht die Nähe eines Institutes. Unerläßlich sind einigermaßen natürliche Biotope und freie Bewegungsmöglichkeiten für die Studenten. Dazu kommt, daß die im Gelände installierten Meßgeräte und Fangapparaturen sicher vor Zugriffen von Passanten sein müssen. Nach gründlicher materieller Vorbereitung (s. 2.1.4.) kann als Feldlabor jede Hütte oder jedes größere Zelt, sofern Wasser und Strom vorhanden sind, beste Dienste leisten. Die für die einzelnen Untersuchungen am besten geeigneten Lebensräume sind jeweils zu Anfang der Themenstellung in Kapitel 3 aufgeführt. Die Themen selber sind so allgemein gehalten, daß sie sich grundsätzlich in allen Landschaftstypen bearbeiten lassen. Diejenigen, die sich in die Themen gedanklich gut eingearbeitet haben, werden kleine Variationen der Aufgaben oder Methoden entsprechend den durch das Gelände diktierten Erfordernissen leicht fallen. Ich selbst habe die Themen von Studenten im Voralpengebiet an der Biologischen Station Lunz am See, N. Ö., im Seewinkel (Steppengebiet) an der Biologischen Station Neusiedlersee in Illmitz/Bgld. und im Raum Heidelberg (Odenwald und Sanddünengebiet) bearbeiten lassen. Eine Landschaft, die vielleicht alle Gesichtspunkte der Geländewahl auf engem Raum vereinigt, könnte in Deutschland ein Wiesenbachtal im Mittelgebirge sein (vgl. Abb. 2.1.).

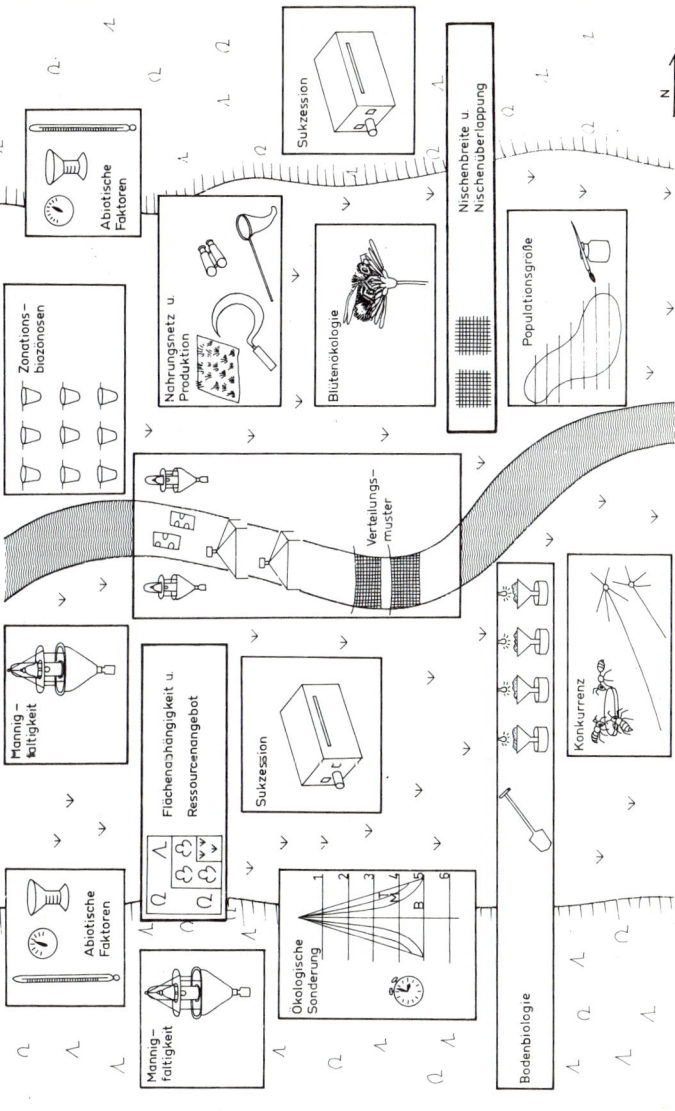

Abb. 2.1. *Schematische Verteilung der vorgeschlagenen Arbeitsthemen in einer "Ideallandschaft".*

2.1.4. Ausrüstung

Um unabhängig, also gewissermaßen „autark" im Feld arbeiten zu können, müssen Material und Literatur bis ins einzelne vorbereitet werden. Auch während des Kurses entwickelte praktische Vorstellungen müssen bis zu einem gewissen Grade mit dem mitgenommenen Material in Angriff genommen werden können. Ausführliche Packlisten für die einzelnen Aufgabenstellungen und mitzuführende Literatur für die „Feld-Bibliothek" sind daher im Anhang Kap. 5.5. und 5.6. aufgeführt.

2.2. Durchführung

Nur in der selbstständigen Arbeit lernt der Praktikant ökologische Probleme zu erkennen. Dieser Tatsache muß auch die gesamte Durchführung des Praktikums gerecht werden.

2.2.1. Arbeitsgruppen und Aufgabenstellungen

Es ist natürlich nicht möglich, in einem ca. 3wöchigen Kurs das gesamte Gebiet der Ökologie in der Praxis kennenzulernen. Um dennoch zu einem weitreichenden Lernerfolg zu gelangen, bieten sich zwei Möglichkeiten an. Man kann den Kurs darauf ausrichten, daß der einzelne Student möglichst viele Methoden kennenlernt, indem man viele kleine und enggefaßte Aufgaben turnusmäßig in 1−2 Tagen pro Thema von kleinen Gruppen bearbeiten läßt. Ein solches Verfahren hätte den Vorteil großen Informationsflusses in kurzer Zeit und Vermittlung eines umfangreichen, handwerklichen „know-how". Die zeitlich sehr kurze, mehr auf die Methode gerichtete Beschäftigung mit einzelnen Fragen birgt aber auch eine große Gefahr für das Verständnis ökologischer Wissenschaften. Der Praktikant kann auf diese Weise sehr leicht zu der Ansicht verleitet werden, mit kleinen Versuchen zu schnellen Aussagen zu kommen. Daher bin ich der Meinung, daß man nur über eine länger dauernde Beschäftigung mit einzelnen Fragen tiefer in die Problematik eindringt, Zusammenhänge erkennt und Ökologie als integrierende Wissenschaft erfaßt.

Ein wichtiger Lernprozeß besteht auch darin, die praktischen Schwierigkeiten in der Ökologie, die sich bei der Bearbeitung allgemeiner Fragen ergeben, selbst zu erleben, was dazu zwingt, nach neuen, praktischen Möglichkeiten für die Lösung von Problemen zu suchen.

Aus diesen Gründen ist der vorgeschlagene Kurs so aufgebaut, daß einzelne Arbeitsgruppen in ihrer Praktikumszeit jeweils nur ein Thema bearbeiten. Die Themen selbst (s. Kap. 3) sind so gewählt, daß sie immer die Möglichkeit eines tieferen Eindringens in die genannten Fragestellungen und genügend Zusammenhänge bieten, so daß das oben geforderte Erlernen ökologischer Arbeitsweisen gewährleistet bleibt.

Die Praktikumsteilnehmer werden daher vor dem Kurs in Arbeitsgruppen zu durchschnittlich 3 Personen eingeteilt und erhalten eines der im Kapitel 3 aufgeführten Arbeitsthemen.

2.2.2. Betreuung der Arbeitsgruppen

Da es beim Lernen ökologischen Arbeitens auf selbständiges Praktizieren ankommt, besteht die Betreuung durch das Lehrpersonal neben der praktischen Koordination vor allem in der Diskussion studentischer Vorschläge zur Lösung der gestellten Aufgaben. Zur Einführung der Gruppen in ihre Arbeit ist es für die Lehrperson nötig, mit Beginn des Kurses nacheinander einmal mit jeder Gruppe ins Feld zu gehen und die Studenten bei ihrer Arbeit zu beobachten und gegebenenfalls zu beraten. Hierbei sollte man anfangs hauptsächlich auf die Genauigkeit der Arbeitsweisen und das Vermeiden systematischer Fehler achten.

Da das umfassende Programm des Kurses naturgemäß großen organisatorischen Aufwand mit sich bringt und vielseitigen Ansatz zur Diskussion bietet, empfehle ich zur Betreuung von ca. 20 Studenten zwei Lehrpersonen. Es hat sich bewährt, zusätzlich zwei Hilfsassistenten bzw. Tutoren einzusetzen.

2.2.3. Kontakt und Informationsfluß zwischen den Gruppen

Gerade weil jede Arbeitsgruppe an ihrem Thema während des ganzen Kurses festhält, soll der Kontakt und Informationsfluß zwischen den Gruppen besonders gepflegt werden. Dazu eignen sich morgendliche gemeinsame Arbeitsprogramm-Besprechungen und gemeinsame Diskussionsstunden. Die Studenten sollen bereits im Praktikum von Zeit zu Zeit über ihre Ergebnisse vor den anderen berichten. Zwanglos wird sich natürlich auch ergeben, daß einzelne Praktikanten immer wieder von anderen Arbeitsgruppen zu deren Freilandarbeit mitgenommen werden.

2.2.4. Demonstrationen

Der Informationsfluß zwischen studentischen Arbeitsgruppen wird leicht überschätzt. Von Zeit zu Zeit können gemeinsames Vorführen bestimmter Methoden und interessante Ergebnisse den Austausch zwischen den Gruppen sehr fördern. Da nicht alle gebräuchlichen Apparaturen in den Gruppen zur Verwendung kommen, empfiehlt es sich, im Praktikumsgelände einen sog. „Demonstrationspark" einzurichten, den jeder Student während des Kurses nach Belieben besichtigen kann. Ein Vorschlag, wie ein solcher Demonstrationspark aufgebaut werden kann, bietet Abb. 2.2.

2.3. Nachbearbeitung

Ein Ökologie-Praktikum ist mit dem letzten Arbeitstag nicht beendet, sondern erfordert noch einige Zeit zum Zusammenstellen der Ergebnisse.

2.3.1. Ordnen und Bestimmen des Tiermaterials

Mit dem Ordnen und Bestimmen des gefangenen Tiermaterials beginnt man schon während des Kurses. Die wichtigste Bestimmungsliteratur ist daher bereits im Kurs mitzuführen (s. 5.6.). Da die Fragestellungen in den meisten Fällen anhand von Arthropoden erarbeitet werden, ist eine Artbestimmung innerhalb des Kurses in der Regel nicht möglich. Man sortiert das Tiermaterial daher zunächst nach Ordnungen und gegebenenfalls nach Familien. Die einzelnen Arten lassen sich dann, sofern in der Fragestellung Artunterscheidungen verlangt sind, durchnumerieren, was für eine allgemeine ökologische Aussage zunächst durchaus genügen kann. Besser als Numerieren ist es, einzelnen Arten einen Arbeitsnamen mit eigener, kurzer Beschreibung zu geben, wie z. B. für Carabiden: mittelgroß: (1) Pterostichini, kupferglänzend, rote Schenkel; (2) Pterostichini, grünglänzend, dunkle Beine; (3) Pterostichini, mattschwarz, rote Schenkel; (4) Harpalini, gelbe Beine, keine Zeichnung; oder für Lycosiden: (1) Lycosa Gruppe I; (2) Lycosa Gruppe II; (3) Trochosa-T (T-förmige Epigyne); usw. In fast allen Fällen wird eine derartige Aufschlüsselung des Tiermaterials genügen. Nur selten leben zwei nah verwandte Arten sympatrisch und haben bei näherer Betrachtung den gleichen Habitus und gleiche Körperzeichnung.

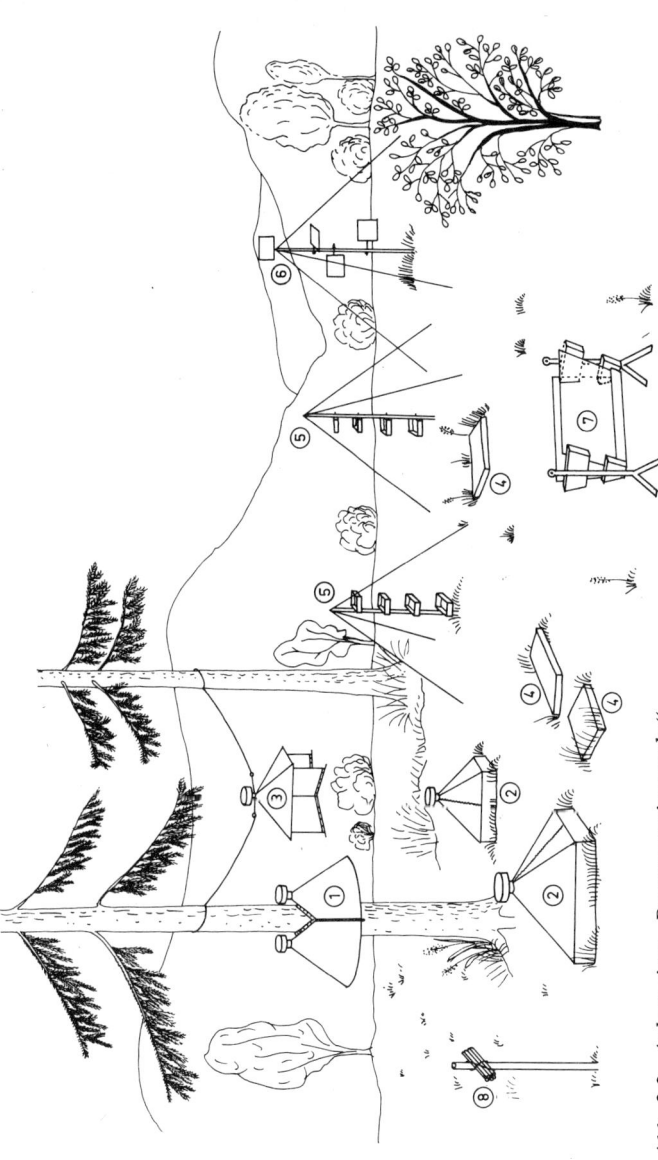

Abb. 2.2. *Anlage eines „Demonstrationsparks".*
(1) Baumeklektor, (2) Bodeneklektor, (3) Lufteklektor, (4) Fangsteine, (5) Farbschalen, (6) Klebfallen, (7) Fensterfalle, (8) Künstliche Nestgelegenheiten für solitäre Hymenopteren (Bambusholzbündel oder verschieden starke Bohrungen in Vierkanthölzern).

21

Vogelbestimmungen sind mit Fernglas und entsprechendem Feldführer mit Abbildungen nach kurzem Einarbeiten in Mitteleuropa keine Schwierigkeit.

2.3.2. Protokoll

Die ausgewerteten Ergebnisse werden von den Studenten in einem Protokoll schriftlich dargelegt und zusammengefaßt. Ein solches Protokoll wird zur Übung am besten im Stil einer kleinen Veröffentlichung geschrieben und enthält dementsprechend Kapitel wie Einleitung, Material und Methode, Ergebnisse, Diskussion und abschließende Bemerkungen. Auf die in den Arbeitsthemen (Kap. 3) enthaltenen allgemeinen praktischen und theoretischen Anleitungen kann bei der Erstellung des Protokolls verwiesen werden, so daß keine unnötigen Wiederholungen entstehen. Das Protokoll einer Arbeitsgruppe befaßt sich demnach vor allem mit den speziellen Versuchsbedingungen und Ergebnissen. Breiter Raum soll dem Diskussionskapitel eingeräumt werden. In den „abschließenden Bemerkungen" kann auf Mängel des Versuchsprogramms, auf mangelnde Aussagekraft der Ergebnisse bei der kurzen Zeitspanne und auf notwendige, weitere Untersuchungen nebst Verbesserungsvorschlägen eingegangen werden. Ganz bewußt ist in den Kapiteln „Auswertung" der einzelnen Arbeitsthemen die Art einer Tabellenanalage u. ä. nicht gegeben, da es Aufgabe der Praktikanten ist, sich zu überlegen, wie man die gewonnenen Ergebnisse am besten darstellt.

Die gesammelten Protokolle eines Kurses werden dann vervielfältigt und an jeden Praktikumsteilnehmer ausgeteilt. Auf diese Weise werden für jeden Praktikanten die Ergebnisse der anderen Arbeitsgruppen zugänglich gemacht. Das Protokoll wird damit zur wichtigen Vervollständigung des im Kap. 2.2.3. geforderten Informationsflusses zwischen den Gruppen.

3. Arbeitsthemen

Die Auswahl der Arbeitsthemen ist in Kapitel 1.3. begründet. Ihre Aufteilung auf die studentischen Arbeitsgruppen behandelt Kapitel 2.2.1. Die Themen selber sind in einzelne Abschnitte gegliedert. Eine kurze Einführung bringt das Thema in Zusammenhang mit allgemeinen ökologischen Problemen und deutet an, über welchen Weg die Aufgaben praktisch in Angriff genommen werden können. Stichwortartig werden dann zur schnellen Orientierung die gewählten Untersuchungsobjekte (hauptsächlich Tierarten), das geeignete Gelände und die notwendigen Methoden aufgezählt, wobei oft mehrere Möglichkeiten für Untersuchungsobjekte und Geländearten angeboten werden. Der Abschnitt „spezielle Problemstellung" dient mit seinen Fragen sowohl der Vertiefung in die gestellte Problematik als auch der konkreten Aufgabenstellung. Im Kapitel „Ausführung" werden die praktischen Arbeitsgänge im Freiland geschildert und im Abschnitt „Auswertung" die Möglichkeiten für die quantitative Auswertung zu Hause oder im Kurssaal geboten. Beide Kapitel lassen immer einen größeren Spielraum für die Ausführung offen. Abschließend folgt die Literatur, die für das gestellte Thema relevant ist.

3.1. Untersuchungen zur Struktur von Ökosystemen

In diesem Kapitel sind diejenigen Arbeitsthemen zusammengefaßt, welche exemplarisch und modellartig Möglichkeiten zur Strukturanalyse eines *Ökosystems* aufzeigen. Wichtig ist dazu die Erfassung der *abiotischen Faktoren*, der *Abundanz* und räumlichen Verteilung der Organismen sowie der Anzahl und Häufigkeit der Arten mit ihrer jeweiligen *Nischenbreite* und *Nischenüberlappung*.

3.1.1. Abiotische Faktoren

Organismen sind von ihrer physikalischen Umwelt durch vielfältige Beziehungen abhängig. Diese qualitative Aussage, die durch vielerlei Beobachtungen anschaulich dokumentiert werden kann, bedarf einer statistisch prüf- und auswertbaren quantitativen Untermauerung. Der daraus resultierenden Forderung nach einer aussagekräftigen Datenerfassung aller *abiotischen Faktoren* stellen sich folgende grundsätzliche Schwierigkeiten entgegen:

1. Die gewonnenen Meßgrößen sind oft Resultat vielfältig verzahnter physikalisch-chemischer Vorgänge.

2. Die Meßergebnisse sind fortlaufenden periodischen und aperiodischen Schwankungen unterworfen.
3. Es ist im Freiland nicht möglich, die einzelnen zu messenden Faktoren zu steuern.
4. Die Gefahr systematischer Fehler ist groß, da durch den Einbau eines oft umfangreichen Instrumentariums das zu untersuchende System geändert wird.

Eine Zusammenfassung wichtiger abiotischer Faktoren ergibt folgende Übersicht:

I. *Temperatur und Strahlung*

- Temperatur (Medium)
- Wärmestrahlung (Sonne u. a.)
- Licht (Sonne, Mond, Sterne, Luminiscenz)
- Ultraviolette Strahlung (Sonne)

II. *Medium*

- Luft (Feuchtigkeit, Geschwindigkeit, Richtung)
- Wasser (Geschwindigkeit, Richtung, Verdunstung, Regen)
- Boden (Feuchtigkeit, Durchlüftung, Korngröße)
- Eis

III. *Anorganische Stoffe*

- Zusammensetzung der Medien (O_2-Gehalt, CO_2-Gehalt, Salzgehalt, pH-Wert, Elektrolytgehalt, Kalkgehalt . . .)
- mineralische Nährstoffe (P, S, Ca, K . . .)

Im Labor läßt sich der Einfluß spezieller abiotischer Faktoren auf ausgewählte Organismen relativ einfach durch Veränderung der betreffenden Parameter nachweisen. Wird ein Faktor unter räumlicher Verteilung variiert (Temperatur-, Feuchtigkeitsorgel), zeigen Orte größter Aufenthaltsdichte die bevorzugten Werte abiotischer Faktoren (*Praeferenda*) an.

Im Freiland kann man die Abhängigkeit der Organismen von abiotischen Faktoren am besten demonstrieren durch ihre unterschiedliche Verteilung innerhalb kleiner Lebensräume, die sich *mikroklimatisch* stark voneinander unterscheiden.

In kurzer Zeit ist es praktisch unmöglich, 2 Gebiete hinsichtlich ihrer abiotischen Parameter zu vergleichen. Hinweise auf Unterschiede abiotisch wirksamer Faktoren liefert der Vergleich zwischen der Zusammensetzung von Faunen, für die die biotischen Faktoren weitgehend übereinstimmen, z. B. Faunen an der gleichen Pflanzenart in verschiedenen Gebieten.

Die Abhängigkeit der Aktivität der Tiere von einem abiotischen Faktor, wie die Lichthelligkeit, läßt sich beispielsweise durch die Bestimmung der *Singhelligkeit* für Vogelarten nachweisen.

3.1.1.1. Untersuchungsobjekte

Kleintierfauna an liegenden Baumstämmen oder Steinen; Gliederfüßerfauna (Arthropoda) von Pflanzen in verschieden exponierter Lage; Singvögel.

3.1.1.2. Gelände

Waldränder, Kahlschläge u. ä. Biotope mit liegenden Baumstämmen; Grasland, Parklandschaften und offene Wälder mit großen Steinen; Hügel mit niedrigem Bewuchs auf Nord- und Südhang oder Kahlschläge in Nord- und Südhanglage; Obstgärten, Parklandschaften, Friedhöfe oder Baumgruppen im Wiesengelände.

3.1.1.3. Methoden

Mikroklima-Messungen über Temperatur, Feuchtigkeit, Licht, Wind, Regen usw.; Fänge mit Streifnetz, Klopfschirm bzw. direktes Absammeln von Arthropoden; Bestimmung der Singhelligkeit von Vögeln.

3.1.1.4. Spezielle Problemstellung

1. Wie unterscheidet sich das Mikroklima an der nach oben, nach der Seite und nach unten gewandten Oberfläche eines liegenden Baumstammes oder Steines?
2. Ist eine Zonierung nach mikroklimatischen Gesichtspunkten entlang des Umfangs an einem liegenden Baumstamm möglich?
3. Wie ist die räumliche Verteilung der Kleintiere (Arthropoden und Schnecken) an einem liegenden Baumstamm oder Stein korreliert mit dem gemessenen Mikroklima?
4. Lassen sich Unterschiede in der Zusammensetzung der Arthropodenfauna an einer bestimmten Pflanzenart in Nord- und Südhanglage nachweisen?
5. Welcher Zusammenhang besteht zwischen der Lichtintensität und dem Beginn bzw. Ende des täglichen Vogelgesangs?

6. Ist die Korrelation von Lichtstärke und Aktivität morgens oder abends deutlicher ausgeprägt?
7. Zeigen Vogelarten mit frühem Singbeginn am Abend relativ frühes oder spätes Einstellen der Aktivität?

3.1.1.5. Ausführung

An einem liegenden Baumstamm oder einem großen Stein mißt man an verschiedenen Punkten der Oberfläche Temperatur, relative Luftfeuchtigkeit und Verdunstung (vgl. 5.3.). Die Mikroklima-Messungen sollen auch den Tagesgang dieser abiotischen Faktoren an den verschiedenen Meßpunkten berücksichtigen. Bei der Durchführung der Messungen muß darauf geachtet werden, daß durch die Installation der Meßgeräte das herrschende Mikroklima nicht wesentlich verändert wird. Die grundsätzliche Eignung verschiedener Meßgeräte und Meßverfahren ist vor jeder Messung zu prüfen. Aufgrund der Mikroklima-Messungen versuche man die Oberfläche des Stammquerschnittes (bzw. Steines) in verschiedene Zonen einzuteilen (vgl. Abb. 3.1.1.). Die Zusammensetzung der Fauna innerhalb der Zonen studiere man an in der Nähe — bei gleichen Lageverhältnissen — be-

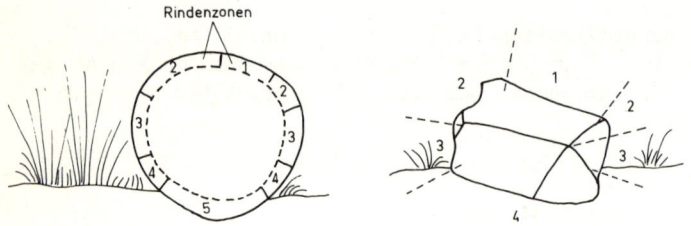

Abb. 3.1.1.

findlichen Baumstämmen bzw. Steinen. Man vergleicht die Individuenzahlen und Arten bzw. höheren Taxa.

Im zweiten Teil der Untersuchung soll die Arthropodenfauna einer bestimmten Pflanzenart in Nord- bzw. Südhanglage oder am Nord- und Südrand eines Waldes verglichen werden. Man wählt am besten krautige Pflanzen, Stauden, Sträucher oder junge Bäume, die in beiden Standorten kleine Bestände bilden (z. B. Brennesseln, Fichtenschonungen). Die Arthropoden werden entweder direkt oder durch statistische Fänge mit Streifnetz oder Klopfschirm gesammelt. In jedem Fall müssen die Fangmethoden an beiden Standorten gleich sein. Die Fänge sind nach Arten und Individuen auszuzählen. Klimafaktoren beider Standorte vergleiche man durch gleichzeitige Aufzeichnungen mit Thermo-Hygrographen, Anemometer und Destillationspyranometer.

Der dritte Teil der Untersuchung beschäftigt sich mit der Abhängigkeit zwischen Vogelgesang und -aktivität und Lichthelligkeit. Man mißt an mehreren Tagen mit einem Luxmeter die Lichtstärke und die Uhrzeit, bei der ausgewählte Singvogelarten im Untersuchungsgebiet ihren Gesang beginnen und abends ihre Aktivität einstellen. Neben den Luxwerten wird zum jeweiligen Zeitpunkt auch Bewölkungsgrad, Temperatur, Luftfeuchtigkeit und Windstärke festgehalten.

3.1.1.6. Auswertung

Für die Baumstamm- oder Steinuntersuchung zeichne man sich einen Stamm- oder Steinquerschnitt mit den verschiedenen Meßpunkten und tabelliere die dazugehörigen Werte. Zu gleichen Zeiten gemessene Werte (wiederholte Messungen) verschiedener Zonen kann man mit dem t-Test auf signifikante Unterschiede (vgl. 4.1.3.1.) prüfen. Signifikanzprüfungen für unterschiedliche Tagesgänge in den einzelnen Zonen erfolgen mit dem multiplen Test nach Conover (vgl. 4.1.4.2.). Die Verteilung der Tiergruppen auf die einzelnen Zonen vergleicht man am einfachsten über Tabellen mit entsprechenden Prozentwerten. Abhängigkeiten einzelner Tiergruppen (Arten oder höhere Taxa) von bestimmten Zonen prüfe man mit dem Vierfelder-χ^2-Test (vgl. 4.1.5.). Dieser Test eignet sich auch zur Untersuchung von Unterschieden in der Fauna einer Pflanzenart an 2 Standorten. Graphisch kann man die Zusammensetzung der Fauna in Kreisen mit Sektoren für die einzelnen Gruppen darstellen, deren Größe dem quantitativen Auftreten der Gruppe entsprechen.

Den Zusammenhang zwischen Lichthelligkeit und Beginn des täglichen Vogelgesangs prüfe man mit der Korrelations- und Regressionsanalyse (vgl. 4.1.8.). Darstellen kann man die Ergebnisse auch in einem Koordinatensystem mit dem Datum der Untersuchungstage auf der x-Achse und der Uhrzeit des Singbeginns auf der y-Achse. In das Koordinationssystem zeichne man die Kurven des Sonnenaufgangs (MEZ), eines bestimmten Helligkeitswertes (z. B. 10 Lux) und des Singbeginns einzelner Vogelarten. Die Singhelligkeiten der verschiedenen Vogelarten unterscheide man mit Hilfe des t-Tests (vgl. 4.1.3.1.).

Ob die Vögel sich morgens mit ihrer Aktivität eindeutiger an bestimmte Helligkeitswerte halten als abends, prüfe man durch den Vergleich der Varianzen beider Beobachtungsreihen (F-Test, vgl. 4.1.3.1.1.).

3.1.1.7. Weiterführende Literatur

Balogh, J., 1958
Fiedler, H. J., Schmiedel, H., 1973
Geiger, R., 1961
Hardy, R., 1972
Lobeck, K. und *Meincke, I.*, 1969
Platts, R. P., Griffiths, J. F., 1964
Pleiss, H., 1963

Scheer, G., 1952
Schwerdtfeger, F., 1963
Solomon, M. E., 1962
Steubing, L., 1965
Stocker, O., 1923
Wadsworth, R. M., 1968
Wladimirsky, A., 1926

3.1.2. Populationsgröße

Voraussetzung für die Strukturbeschreibung eines *Ökosystems* ist die Kenntnis der Größe seiner *Populationen*. Nur über diese Erfassung lassen sich quantitative Aussagen machen über *Demographie* und *Produktivität*. Außerdem werden viele ökologische Probleme an *Abundanz*schwankungen einzelner Populationen erkannt, wie z. B. *Räuber*-Beute Beziehungen, interspezifische *Konkurrenz* und *Stabilität* von Ökosystemen.

Nur in seltenen Fällen lassen sich die Individuen einer Population direkt zählen. Meistens ist man auf Schätzungen der *Populationsgröße* angewiesen. Grundsätzlich muß man zwischen absoluten und relativen Schätzungen unterscheiden. Im ersten Fall untersucht man die Individuenzahl pro Einheitsfläche, im zweiten Fall schätzt man die Population ohne Normierung auf Fläche, wodurch nur ein Vergleich verschiedener Lebensräume und Jahres- oder Tageszeiten möglich ist. Beispiele für absolute Schätzungen sind Quadrat- und Wiederfang-(mark-recapture)methoden, für relative Schätzungen diverse Fallenfangmethoden (Lichtfallen, Barberfallen usw.). In allen Fällen ist es von entscheidender Bedeutung, sich über die spezifischen Fehlermöglichkeiten einer gewählten Methode klar zu werden.

Für eine Populationsschätzung nach der Wiederfang-Methode eignen sich besonders gut Kleinlibellen (Zygoptera). Sie lassen sich leicht fangen und an ihren Flügeln farbig markieren und erfüllen zudem wichtige Voraussetzungen zur Anwendungsmöglichkeit der Methode: gute Durchmischung der Individuen innerhalb der Population und eine Lebensdauer von mehreren Wochen.

Beim Markieren der Tiere bietet sich die Möglichkeit, *Habitus*-Merkmale (Flügellänge, Körperlänge, Färbung usw.) als weitere Strukturmerkmale einer Population zu erfassen. Unterschiede im Habitus können durch Einflüsse der *Umwelt* bedingt oder an weniger leicht meßbare, genetische Merkmale gekoppelt sein.

Die Quadratmethode läßt sich vielseitiger anwenden und ist empfehlenswert bei zu erwartender, größerer *Populationsdichte* und bei Arten, die nicht so schnell den Ort wechseln.

Die Bestimmung der Populationsgröße durch direktes Zählen ist nur geeignet bei leicht sichtbaren Individuen und nicht zu ausgedehnter Flächengröße. Es ist notwendig, sich die Fläche für eine Zählung vorher einzuteilen, z. B. durch Streifenlinien (transect lines).

3.1.2.1. Untersuchungsobjekte

Kleinlibellen (Zygoptera), Wasserläufer (Gerris), Kleinzikaden, Feldheuschrecken (Caelifera), Marienkäfer (Coccinellidae), Sandlaufkäferkolonien (Cicindelidae), Wolfspinnen (Lycosidae), Gehäuseschnecken (Helicacea, Succineidae, Clausiliidae u. a.).

3.1.2.2. Gelände

Wiesen, Teich- oder Seeufer, Buschgelände, sandige Gebiete, offenes Gelände mit freien Bodenstellen.

3.1.2.3. Methoden

Wiederfang-Methode; Quadrat- bzw. Streifenmethode und direktes Zählen.

3.1.2.4. Spezielle Problemstellung

1. Welche Abundanz hat eine bestimmte Population?
2. Wie ist das zahlenmäßige Verhältnis zwischen ♂♂ und ♀♀?
3. In welchem Ausmaß ändert sich die Abundanz durch Zuwanderungen oder Geburten bzw. Abwanderungen oder Sterbefälle?
4. Wie unterscheidet sich die Abundanz zweier Populationen der gleichen Art in zwei unterschiedlichen Arealen?
5. Welche Faktoren bestimmen für die untersuchten Arten die maximal mögliche Dichte?
6. Inwieweit sind die Individuen ortstreu?
7. Werden von einzelnen Individuen, evtl. nur zeitweise, bestimmte Reviere besetzt?
8. Mit welchen nächstverwandten Arten ist eine Population durchmischt?

9. In welchen Habitus-Merkmalen unterscheiden sich zwei Populationen der gleichen Art?

3.1.2.5. Ausführung

Zunächst wird im Gebiet eine zur Untersuchung nach der Wiederfang-Methode geeignete, durch zahlreiche Individuen vertretene Population ausgewählt. Die Tiere werden in einem bestimmten Gebiet gefangen, nach Datum markiert und wieder freigelassen. Am nächsten Tag werden wieder Individuen der Population gefangen, markiert und freigelassen. Die Prozedur wiederhole man über mindestens 10 Tage. Protokolliert werden jeweils Zahl der gefangenen Tiere, Zahl der markierten und freigelassenen Tiere und Zahl der markiert-wiedergefangenen Tiere. Zusätzlich kann man einige Habitus-Merkmale an den gefangenen Tieren messen.

Zur Farbmarkierung verwendet man farblosen Schellack, der in unvergälltem, absolutem Äthanol-Alkohol gelöst und mit verschiedenen Pulverfarben gemischt wird.

Um Polulationsgrößen nach der Quadrat- oder Streifenmethode zu schätzen, wird die Größe des Gesamtgebietes gemessen und einige Quadrate, Streifen oder Kreise, von Zufallskoordinaten Punkten bestimmt (s. Tab. 5.10.8.), abgesammelt oder ausgezählt. Die Quadratgröße sollte so gewählt werden, daß in der zur Verfügung stehenden Zeit möglichst viele Einheitsflächen exakt ausgewertet werden können. Sie sollen also eher klein gehalten werden. Eine untere Grenze wird dadurch gegeben, daß pro Quadrat immer noch mehrere Vertreter der untersuchten Art anzutreffen sind. Variieren die Ergebnisse der ersten, ausgezählten Quadrate sehr, so muß die Anzahl der abzusammelnden Einheitsflächen erhöht werden. Läßt sich ein genügend kleines Untersuchungsgebiet finden, teilt man dieses durch Schnüre in Streifen oder Quadrate ein und bestimmt die Gesamtpopulation durch direktes Zählen. Die Individuen scheucht man gegebenenfalls durch langsames Begehen der bespannten Felder auf.

3.1.2.6. Auswertung

Die täglichen Daten der Wiederfang-Methode werden in Tabellen aufgelistet und die Populationsgrößen berechnet nach der Lincoln-, der Jolly- und Bailey's-triple-catch Methode (s. 4.2.1.). Für Populationsschätzungen nach der Quadrat-Methode vergleiche 4.2.2.

Ob Abundanzunterschiede einer Art in verschiedenen Untersuchungsgebieten bestehen, kann man mit dem χ^2-Test prüfen (vgl. 4.1.2.). Die Frage, ob die 3 Berechnungsmethoden signifikant unterschiedliche Ergebnisse geliefert haben, läßt sich mit dem Vorzeichentest untersuchen (vgl. 4.1.3.3.).

Hat man Habitus-Merkmale an Populationsmitgliedern gemessen, vergleicht man die Meßreihen zwischen 2 Populationen oder zwischen ♂♂ und ♀♀ mit Hilfe des t-Tests (vgl. 4.1.3.1.).

3.1.2.7. Weiterführende Literatur

Andrewartha, H. G., 1961
Balogh, J., 1958
MacArthur, R. H., und
Connell, J. H., 1970
Parr, M. J., 1965

Robert, P.-A., 1959
Seber, G. A. F., 1973
Southwood, T. R. E., 1971
Wilson, E. O., und *Bossert, W. H.,* 1973

3.1.3. Verteilungsmuster

Zu Angaben der *Abundanz* der Arten gehören Aussagen über deren räumliche Verteilung innerhalb des *Ökosystems.* Grundsätzlich unterscheidet man zufällige, regelmäßige und kumulative Verteilung.

Eine zufällige Verteilung kann bei Arten in einer sehr gleichförmigen *Umwelt* vorkommen. Regelmäßige Verteilung kommt durch Wechselbeziehungen zwischen den Individuen zustande, wie z. B. durch intraspezifische *Konkurrenz* oder strenge Territorialität. Am weitaus häufigsten begegnet man einer kumulativen Verteilung der Individuen, die Ursache entweder in der Gliederung des Lebensraumes, wie ungleichmäßige Anordnung der *Mikrohabitate* und Nahrungs*ressourcen,* oder in den innerartlichen Beziehungen der Individuen, wie Familienbildungen und soziales Verhalten, haben kann. Das *Verteilungsmuster* kann sich bei Betrachtung von Individuengruppen gegenüber einzelnen Individuen ändern.

Die Abhängigkeit der räumlichen Verteilung der Individuen von der Struktur des Lebensraumes wird besonders deutlich bei der Untersuchung eines kleineren Fließgewässers. Bestimmend für den Aufenthaltsort der Organismen im Bach ist die jeweilige Strömungsgeschwindigkeit des Wassers. Große und kleine Steine im Bachbett gliedern den Lebensraum in Bereiche mit schnell fließendem Wasser und kleinen Stillwasserzonen. Trotz der guten Anpassungen an diese Verhältnisse werden die im Bach lebenden Tiere doch immer wieder von der Wasserströmung erfaßt und driften bachabwärts. Ein Ausgleich der Abdrift besteht einerseits in einer bachaufwärts gerichteten Wandertendenz, andererseits ist es für Insekten möglich, als Imagines zur Eiablage bachaufwärts zu fliegen.

3.1.3.1. Untersuchungsobjekte

Strudelwürmer (Turbellaria), Flohkrebse (Amphipoda, Gammarus), Eintagsfliegen (Ephemeroptera), Steinfliegen (Plecoptera), Köcherfliegen (Trichoptera), Kriebelmücken (Simuliidae), Zuckmücken (Chironomidae).

3.1.3.2. Gelände

Beliebiges Gelände mit Wasserlauf, Bach oder Fluß von nicht zu geringer Strömungsgeschwindigkeit, der mit Stiefeln begehbar ist und nicht künstlich eingefaßt ist, wie Wiesenbäche oder Bergbäche in Mittelgebirgstälern.

3.1.3.3. Methoden

Strömungsmessungen; Verteilung von Bewohnern kartieren; Besiedlungsversuche mit künstlichen Steinen; Driftmessungen und Lichtfang.

3.1.3.4. Spezielle Problemstellung

1. Welche Turbellarien, Mollusken und Arthropoden leben im Bach?
2. Welche morphologischen Anpassungen zeigen die Tiere an den Aufenthalt in schnell strömendem Wasser?
3. Wie ist die räumliche Verteilung der Organismen im Bach?
4. Welche Beziehungen bestehen zwischen Strömungsgeschwindigkeit des Wassers und Mikrohabitat der untersuchten Tiere?
5. Wie sind die Strömungsverhältnisse an Steinen mit geraden und schrägen Wänden und welchen Einfluß haben Höhlungen unterm Stein auf die Wasserbewegung?
6. Von welchen Tieren und an welcher Stelle werden ins Wasser gelegte, künstliche Steine mit Höhlungen besiedelt?
7. Leben mehrere Arten einer Ordnung gemischt oder getrennt auf einzelnen Steinen?
8. Wie stark ist die Abdrift der Gammariden und Insektenlarven?
9. Bestehen tageszeitliche Schwankungen in der gemessenen Drift?

10. Überwiegen in den aktiven Ortsveränderungen einzelner Tiere bachaufwärts gerichtete Bewegungen?
11. Schlüpfen die Imagines der Wasserinsekten gleichmäßig über verschiedene Bachabschnitte verteilt?
12. Fliegen zu einer am Bach aufgestellten Licht- und Fensterfalle mehr Wasserinsekten bachaufwärts als -abwärts?

3.1.3.5. Ausführung

An einem Bachlauf wird für die Bestandsaufnahme der Bachorganismen eine bestimmte Strecke ausgesucht und alle größeren Steine und das Vorkommen einzelner Arten kartiert. Zur Analyse der Tierverteilung können Stichproben mit Hilfe ins Wasser abgesenkter quadratischer Holz- oder Metallrahmen (Seitenlänge 0,25 m, bei größerem Bachgeröll evtl. 0,5 m) untersucht werden (vgl. Tab. 5.10.8.). Es wird auch protokolliert, an welchen Stellen der Oberfläche die Steine von einzelnen Arten besiedelt werden. Tiere im Sand und Schlamm des Bachgrundes werden ausgesiebt. Mit einem Strömungsmesser (Prandtl'-sches Staurohr) versucht man sich ein Bild über die Geschwindigkeit der Wasserbewegung vor, hinter, unter- und oberhalb der Steine im Bachbett zu machen. Die Strömungsmessungen werden ergänzt durch Versuche mit Wollfäden, die an Steinen und an Stöckchen befestigt werden. Besondere Aufmerksamkeit verdienen bei diesen Untersuchungen auch Höhlungen unter Steinen und die Strömung am Bachufer.

Für Besiedlungsversuche werden künstliche Fangsteine (vgl. 5.2.7.) an verschiedenen Stellen des Baches ausgelegt.

Eine Messung der „organischen Drift" ist mit Hilfe eines im Bach aufgestellten, eigens hierfür konstruierten Netzes (vgl. 5.2.20.) möglich. Solche Netze setzen sich aber bei längerem Einsatz leicht voll und bieten dann einen zu großen Strömungswiderstand, was ungenaue Meßergebnisse nach sich zieht. Es empfiehlt sich deshalb, Wasser über ein Rohr abzuzweigen und dieses über einen Siebeinsatz (Maschenweite 1 cm, 0,5 cm, 0,2 cm) ausfließen zu lassen (vgl. 5.2.21.). Zur Messung der Aktivität benthischer Bachorganismen kontrolliert man an etwa 3 Tagen im 24-Stunden-Rhythmus alle 2 Stunden Netze bzw. Siebeinsätze.

Tiere, die bachaufwärts wandern, können mit einem mehrfach geknickten Drahtgitter (vgl. 5.2.22.) gefangen werden. Zum Nachweis des bachaufwärts gerichteten Kompensationsflugs von Wasserinsekten wird quer zur Fließrichtung über den Bach eine Fensterfalle (vgl. 5.2.14.) aufgestellt. Zusätzlich werden nachts 2 Lichtfallen, von denen eine bachaufwärts, die andere bachabwärts abgeschirmt ist, eingesetzt. Die Kontrolle, daß sowohl unterhalb als auch oberhalb der Fallen Fluginsekten schlüpfen, führt man mit Eklektoren (vgl. 5.2.8.) durch, die an entsprechenden Stellen im Bach installiert werden, wobei die benthischen Insektenlarven nicht vom fließenden Wasser abgeschnitten werden dürfen.

3.1.3.6. Auswertung

Die Verteilung der Bachbewohner über eine bestimmte Strecke wird mit einer Geländekarte dargestellt. Die ausgewählten Stichproben im Bach dienen zur Prüfung des Verteilungsmusters.

Mit der Berechnung der Ballungsindices (vgl. 4.2.8.) sollen lokale Häufigkeiten quantitativ vergleichbar angegeben werden.

Ergebnisse der Strömungsmessungen trägt man in die Kartierung der Bachstrecke ein. Die Ausmessungen an einzelnen Steinblöcken werden in eigenen Zeichnungen dargestellt.

Tageszeitliche Schwankungen in der organischen Drift werden im Koordinatensystem mit der Abszisse als Zeitachse angegeben.

Mit dem U-Test (vgl. 4.1.2.3.) prüfe man, ob signifikant mehr Wasserinsekten bachaufwärts zur Fenster- bzw. Lichtfalle anfliegen als bachabwärts. Entsprechend lassen sich die Schlüpfzahlen in den Eklektoren ober- und unterhalb der aufgestellten Fallen überprüfen.

3.1.3.7. Weiterführende Literatur

Ambühl, H., 1959
Bishop, J.-E., Hynes, H. B. N., 1969
Cummins, K. W., et al., 1966
Engelhardt, W., 1974
Hynes, H. B. N., 1972
Illies, J., 1961a, b; 1971

Imhof, G., 1972
Lehmann, U., 1967, 1970
Müller, K., 1966
Poole, R. W., 1974
Schuhmacher, H., 1969
Schwoerbel, J., 1971

3.1.4. Mannigfaltigkeit

Ein wichtiges Strukturelement eines *Ökosystems* ist die *Mannigfaltigkeit* (diversity).

Es sind verschiedene Indices als Maß für die Mannigfaltigkeit entwickelt worden. Ihnen allen ist gemeinsam, daß die Mannigfaltigkeit eines Ökosystems sowohl mit zunehmender Artenzahl als auch mit zunehmend gleichmäßiger Verteilung der Individuen auf die vorhandenen Arten steigt.

Eine größere Mannigfaltigkeit eines Ökosystems wird häufig mit höherer *Stabilität* des Systems in Zusammenhang gebracht. Um diesem Problem nachzugehen, wird es sinnvoll sein, die Mannigfaltigkeit jeder *trophischen Stufe* im Ökosystem getrennt zu untersuchen.

Populationsschwankungen einer Art verändern den Mannigfaltigkeitsindex nicht wesentlich. Da der Index relativ leicht zu gewinnen ist, kann er als Maß eine weitreichende praktische Bedeutung für den Vergleich von Ökosystemen bzw. von deren verschiedenen zeitlichen Zuständen, z. B. vor und nach einer Veränderung, bekommen. Dies setzt voraus, daß die Zusammenhänge über Regelung des Systemes und Mannigfaltigkeit hinreichend bekannt sind. Der Mannigfaltigkeitsindex allein kann allerdings unterschiedlich hohe Werte in verschiedenen Ökosystemen erreichen. Es ist sogar möglich, daß ein gleicher Index durch ganz unterschiedliche Arten- und Individuenverteilung zustande kommt. Um für einen Vergleich verschiedener Ökosysteme ein geeignetes Maß zu erhalten, berechnet man die Relation von Mannigfaltigkeitsindex zu theoretisch maximalem Index bei gleicher Artenzahl *(evenness)*.

Die Verteilung von Arten und Individuen nachtfliegender Insekten lassen sich leicht mit Lichtfallen in Ökosystemen vergleichend untersuchen.

3.1.4.1. Untersuchungsobjekte

Nachtfliegende Insekten.

3.1.4.2. Gelände

Grundsätzlich ist jede Art von Gelände für die Untersuchung geeignet. Es empfiehlt sich ein Vergleich zwischen offenem, wenig strukturiertem Gelände (Graslandschaft, Felder) mit Waldgelände oder einer Parklandschaft.

3.1.4.3. Methoden

Lichtfallenfang mit Petromax und UV-Röhre; Auszählen des Tiermaterials nach Arten und Individuen.

3.1.4.4. Spezielle Problemstellung

1. Welche Insektenarten fliegen nachts zum Licht?
2. Wie ist das Verhältnis von Arten zu Individuen bei einer bestimmten Tiergruppe und wie unterscheidet es sich in verschiedenen Ökosystemen?
3. Ist der Mannigfaltigkeitsindex einer Tiergruppe in reicher strukturierten Ökosystemen größer?
4. Welche Zusammenhänge gibt es zwischen Produktivität von Ökosystemen und Komplexität?
5. Wie unterscheidet sich der Mannigfaltigkeitsindex in einem Ökosystem zwischen den einzelnen Trophiestufen?
6. Wie unterscheiden sich verschiedene Ökosysteme in der berechneten Eveness und welche Folgerungen kann man daraus ziehen?
7. Wie unterscheiden sich die Mannigfaltigkeitsindices bei verschieden langer Fangdauer?
8. Wie unterscheiden sich verschiedene Wetterlagen in den Anflugzahlen von Arten und Individuen?
9. Wie unterscheiden sich die Fangergebnisse der Lichtfalle bei Benutzung von Petromax- bzw. UV-Licht?
10. Gibt es unterschiedliche Fangergebnisse, wenn man Lichtfallen verschieden hoch aufstellt?

3.1.4.5. Ausführung

2 Lichtfallen werden gleichzeitig in verschiedenen Biotopen aufgestellt. Abgesammelt wird nach ca. 1/2 Stunde und nach etwa 4 Stunden. Das Tiermaterial wird zunächst nach Insektenordnungen sortiert. Jede Insektenordnung wird nach Arten und Individuen ausgezählt, wobei die einzelnen Arten in der Regel nicht bestimmt werden müssen. Der Standort der Lichtfallen soll innerhalb der Praktikumszeit einmal gewechselt werden, so daß am Ende Daten aus 4 Ökosystemen vorliegen. Einen Vergleich zwischen den Fangergebnissen von Petromax- und UV-Licht nimmt man vor, indem man die beiden Lichtfallentypen so aufstellt, daß sie gleichzeitig ähnliche Bereiche in einem Ökosystem ausleuchten, sich selbst aber nicht unmittelbar gegenseitig beeinflussen. Einen Höhenvergleich nimmt man vor, indem man übereinander eine Lichtfalle in 1 m und gleichzeitig in 10 oder mehr m Höhe aufstellt. Für den Vergleich von Ökosystemen ist es nötig, das Gebiet um die Lichtfalle innerhalb eines Radius von etwa

200–300 m mit seinen Bestandteilen (Gebäuden, Straßen, Grasland, Gebüsch, Wald usw.) zu kartieren.

3.1.4.6. Auswertung

Die Häufigkeitsverteilung von Arten und Individuen zeichnet man in ein Diagramm (Abszisse mit der Zahl der Individuen pro Arten, Ordinate mit der Zahl der Arten für eine bestimmte Individuenmenge: z. B. 35 Arten mit je 1 Individuum, 15 Arten mit je 2 Individuen usw. Man berechne die Indices für die Mannigfaltigkeit nach Hurlbert und Shannon-Weaver (4.2.4.). Der Unterschied zweier Diversitätsindices von Ökosystemen oder verschiedenen Proben kann mit dem t-Test (4.2.4.4.) geprüft werden. Außerdem berechne man die Evenness für die untersuchten Ökosysteme (4.2.4.5.)

Für einen systematischen Vergleich der Tiergruppen in den verschiedenen Ökosystemen kann man Kreisdarstellungen mit prozentualen Sektoren für die Arten bzw. Individuen der gefangenen Ordnungen benutzen.

Die Struktur der Ökosysteme läßt sich nur schwer vergleichen. Einen Ansatz erhält man, wenn man das kartierte Gebiet um die Lichtfalle herum nach seinen prozentualen Bedeckungsarten auswertet. Als solche unterscheide man folgende Kategorien:
a) Steingebäude, asphaltierte Straßen und betonierte Flächen, b) Wasser, c) gepflügte Felder, gepflegte Rasenplätze, d) beweidetes Grasland, Ruderalflächen, e) Gärten, Parkanlagen, Buschgelände, Hecken, Wälder. Für den Vergleich der Fangstellen eignet sich wieder eine Kreisdarstellung mit prozentual aufgeteilten Sektoren für die einzelnen Typen der Bedeckungsart. Bei der Diskussion der Ergebnisse achte man vor allem auf eine mögliche Abhängigkeit hoher Mannigfaltigkeitsindices von hohem Anteil der Bedeckungsart (e) an den Fangstellen. Die Wertung der Kategorie (b) beim Vergleich bestimmter Ordnungen hinsichtlich ihrer Mannigfaltigkeit hängt natürlich davon ab, ob sich die betreffenden Insekten im Wasser entwickeln oder nicht. Sollte der Mannigfaltigkeitsindex nur für bestimmte Ordnungen verglichen werden, dann erhält Kategorie (b) den Faktor O, wenn sich die betreffende Insektenordnung nicht im Wasser entwickelt. Hat man die Möglichkeit, viele Gebiete zu vergleichen, kann man eine Regressionsgerade für die physiographischen Punktzahlen der Fangstellen und die dazu gehörigen, berechneten Mannigfaltigkeitsindices erstellen (vgl. 4.1.8.2.).

3.1.4.7. Weiterführende Literatur

Collier, B. D., et al., 1973
Connel, J. H., und Orias, E., 1964
Hurd, L. E., und Wolf, L. L., 1971
Hurlbert, S. H., 1971
Kurtze, W., 1974
Leigh, E. G., 1965
Lewis, T., und Taylor, L. R., 1967
Margalef, R., 1969

May, R. M., 1973
McArthur, R., 1965
Pielou, E. C., 1969
Poole, R. W., 1974
Usher, M. B., und Williams, M. H., 1974
Watt, K. E. F., 1965

3.1.5. Flächenabhängigkeit und Ressourcenangebot

Viele Mengenmerkmale eines Tier- oder Pflanzenbestandes können auf eine Flächen- oder Raumeinheit bezogen werden. Es sind dies die Zahl der Individuen *(Abundanz, Aktivitätsdichte)*, die Zahl der Arten (Artendichte), die Gesamtzahl der Individuen einer *Biozönose (Wohndichte)*, die *Biomasse* und *Produktivität*. Die einzelnen Mengenmerkmale der Biozönose lassen sich auch zueinander in Beziehung setzen und in verschiedenen *Ökosystemen* vergleichen. Ebenfalls abhängig von der räumlichen Ausdehnung eines *Habitats* ist das Angebot an *Ressourcen*, deren Quantität wiederum Arten- und Individuenzahlen einer Biozönose beeinflussen.

Die quantitativen Beziehungen zwischen den genannten Parametern bilden eine wichtige Grundlage der Inselökologie, die neben biogeographischen Aspekten Abhängigkeiten der Zusammensetzung einer Biozönose von der Arealgröße und dem Isolationsgrad untersucht. Da natürliche Lebensräume durch Kulturmaßnahmen und Zersiedlung immer mehr in sogenannte „Habitatinseln" zergliedert werden, ist die Erforschung der Auswirkungen einer Arealverkleinerung auf Ökosysteme wichtig. Einblick in diese Zusammenhänge können auf zweierlei Art gewonnen werden. Man studiert die Veränderungen der Parameter in einem Ökosystem bei zunehmendem Umfang der Proben oder man vergleicht die Werte der zu untersuchenden Parameter in zwei oder mehr unterschiedlich großen, voneinander isolierten, gleichartigen Ökosystemen. Die Beeinflussung der genannten Parameter durch die Arealgröße hat auch praktische Konsequenzen bei der Optimierung eines Arbeitsprogramms. Bei vielen Datenerhebungen muß das räumliche Ausmaß der Probeentnahmen sowohl repräsentativ für die jeweilige Fragestellung als auch zeitlich so zu bewältigen sein, daß noch genügend Stichprobenwiederholungen durchgeführt werden können.

3.1.5.1. Untersuchungsobjekte

Laufkäfer (Carabidae), Jagende und Netzbauende Spinnen (Araneae), Asseln (Isopoda), Ameisen (Formicidae), Landschnecken.

3.1.5.2. Gelände

Wiesen, Parklandschaften, Wälder und Aulandschaften oder 2 verschieden große, isolierte Wiesenstücke.

3.1.5.3. Methoden

Abiotische Messungen; Bestimmung der Pflanzenverteilung; Quadratmethoden; Barberfallen.

3.1.5.4. Spezielle Problemstellung

1. Wie können Ressourcen eines Geländes bestimmt werden?
2. In welchem Maße nehmen die Bereiche abiotischer Faktoren mit wachsender Geländegröße zu?
3. Wie verläuft die Fläche-Artenkurve für Pflanzen?
4. Wie verläuft die Flächen-Artenkurve bestimmter Tiergruppen?
5. Welche Beziehung besteht zwischen der Zunahme an Ressourcen und der Artenzahl der untersuchten Tiergruppe?
6. Wie verläuft die Abundanz-Arealkurve?
7. In welchem Verhältnis stehen Abundanz, Wohndichte und Artendichte?
8. Wieviel Arten entfallen auf die einzelnen Gattungen?
9. Wie ändert sich die Diversität bei zunehmender Arealgröße?
10. Wie unterscheiden sich einförmige und reich strukturierte Lebensräume in dem Angebot an Ressourcen und den Fläche-Artenkurven?
11. Wie lassen sich die verschiedenen Größen der Minimalareale einzelner Arten erklären?
12. Wie wirkt sich die Isolierung eines Lebensraums auf die Fläche-Artenbeziehung und die Wohndichte aus?
13. Nach welchen Gesichtspunkten ermittelt man die für spezifische Untersuchungen geeigneten Probenausmaße?
14. In welchem Ausmaß wird eine Habitatinsel von Arten anderer Ökosysteme besucht?

3.1.5.5. Ausführung

Sofern die örtlichen Gegebenheiten zwei gleichartige Habitatinseln (z. B. zwei isolierte Wiesen, Waldstücke oder Kahlschläge) unterschiedlicher Größe aufweisen, konzentriere man seine Untersuchungen auf den Vergleich dieser beiden Habitatinseln. Der Größenunterschied sollte ca. 1 : 10 betragen, damit die Ergebnisse eindeutige Trend-Aussagen gestatten.

Wenn keine entsprechenden Habitatinseln im Arbeitsgelände vorkommen, studiere man die Parameter eines Ökosystems bei zunehmendem Umfang der Proben. Da beim Vergleich der Habitatinseln die Methoden und die relativen Probenumfänge übereinstimmen, sollen im folgenden nur die Arbeitsschritte bei der Untersuchung verschieden großer Flächen innerhalb eines Ökosystems behandelt werden. Die Untersuchungsflächen werden im Gelände mit Pfählen und Schnüren markiert und sollen folgende Größen enthalten: $0,25 \text{ m}^2$, 1 m^2, 4 m^2, 10 m^2, 20 m^2, 50 m^2, 100 m^2, 200 m^2, 500 m^2, 1000 m^2, 2000 m^2, 5000 m^2, wobei die größeren Flächen mit der Quadratmethode (4.2.2.) nur in Stichproben erfaßt werden. Zur Bestimmung des Ressourcenspektrums werden exemplarisch geeignete abiotische Messungen z. B. über Minimal- und Maximaltemperatur, Feuchtigkeit und Luxwerte (3.1.1.) durchgeführt. Mit zunehmender Probefläche soll die steigende Zahl der Pflanzenarten erfaßt werden. Zur Habitatcharakterisierung der Probeflächen läßt sich ein Diversitätsindex aus verschiedenen Habitatmerkmalen errechnen. Dazu schätzt man den flächenmäßigen Anteil der Bedeckungsarten (Merkmalsgruppe 1) z. B. Busch, verwitterter Boden mit Laubstreu oder niederen und krautigen Pflanzen, Fels und Gewässer in Prozenten und protokolliert zur Vertikalzonierung (Merkmalsgruppe 2) das Vorhandensein oder Fehlen von Laubstreu, Unterwuchs, Sträuchern und Bäumen. In 1 m Höhe spannt man eine Schnur durch die Probefläche und zählt die Anzahl der Meterstücke, die mit Felsen, hoher Krautschicht bzw. Stauden, Büschen und Bäumen Berührung haben (Merkmalsgruppe 3). In einer 4. Merkmalsgruppe zählt man z. B. die Baum- und Straucharten, die Unterwuchsarten, die Anzahl der Bäume und andere ökologisch relevante Geländebesonderheiten soweit sie zahlenmäßig zu erfassen sind, wie z. B. Halbhöhlen, die von vorragenden Felsen oder großen Wurzeln gebildet werden.

Zur Untersuchung des Tierbestandes verteilt man nach Zufallspunkten (Tab. 5.10.8.) in dem größten Untersuchungsgelände etwa 25 Barberfallen. Praktisch kann die Verteilung bei Einschränkung der statistischen Auswertmöglichkeit vereinfacht werden, wenn man das Gelände netzartig aufteilt und den Fallenpunkt innerhalb eines Abschnittes zufällig wählt. Die Fallen sollen wöchentlich nur einmal geleert und die Proben nach Arten- und Individuenzahlen ausgelesen werden. Die Tiere selbst müssen nicht bestimmt werden, sondern anhand einer anzulegenden Mustersammlung mit Arbeitsnamen für die einzelnen Arten nur sicher voneinander unterschieden werden können.

Mit der Quadratmethode werden entsprechend der zunehmenden Untersuchungsfläche immer mehr Proben untersucht. Man steckt dazu mit einem 50 x 50 cm Rahmen eine Probefläche ab und liest am Ort schnell bewegliche, größere Tiere mit einem Käfersieb aus und nimmt den Rest der Probe zur weiteren Auslese ins Labor. Tiere, die eindeutig als einer bestimmten Art zugehörig erkannt werden, brauchen nicht gesammelt, sondern nur protokolliert werden. Besonders beachte man Spinnen, Käfer und Schnecken. Netzbauende Spinnen lassen sich auch auf größeren, mit Spannfäden markierten Einheitsflächen direkt absuchen.

3.1.5.6. Auswertung

Die Zunahme des Ressourcenspektrums kann in Form eines Histogramms dargestellt werden, in dem die Abszisse entweder linear oder logarithmisch die Flächenzunahme und die Ordinate den Bereich abiotischer Faktoren anzeigen. In die gleiche Abbildung kann der für jede Untersuchungsfläche errechnete H_B-Wert für die Habitatdiversität eingetragen werden. Die Diversität H_B berechnet sich nach der Shannon-Weaver-Formel (4.2.4.2.). Als p_i-Werte gehen die Zahlen der jeweiligen Kategorien aus den 4 Merkmalsgruppen in die Rechnung ein. Um die Kategorien untereinander ungefähr gleich zu bewerten, kann man allen Merkmalsgruppen jeweils eine gleiche, maximale Punktzahl zuordnen und die Kategorienwerte durch Umrechnungsfaktoren für die betreffende Merkmalsgruppe angleichen. Die Arten- und Individuenzahlen aus den Proben der Barberfallen und Quadratauslesen stellt man entweder nach steigender Untersuchungsfläche oder nach steigender Probenzahl zusammen. Die quantitativen Beziehungen zwischen Flächengröße, Ressourcenangebot (als H_B-Wert, Spektrum abiotischer Faktoren, für Phytophage auch als Zahl der Pflanzenarten), Arten- und Individuenzahlen und Diversität (4.2.4.2.) berechnet man mit einer Korrelationsanalyse (4.1.8.1.) für alle Kombinationen zwischen zwei Parametern und faßt die einzelnen Korrelationskoeffizienten in einer Matrix übersichtlich zusammen. Wenn ein

Parameter von mehreren anderen, untereinander unabhängigen Variablen abhängt, berechne man auch die partielle und multiple Korrelation (4.1.9.).

Für die Flächen-Artenkurven berechne man den Wert z in der Gleichung nach Wilson (4.2.3.). Eine geeignete Probengröße läßt sich für Artenuntersuchungen an der deutlichen Abflachung der Kurve bei linearer Auftragung der Zahl der Arten gegenüber der Zahl der Proben bzw. Fläche der Proben ermitteln, für Abundanzuntersuchungen an der Abnahme der Kurvenschwankung bei linearer Auftragung der Abundanz gegenüber der Probenzahl bzw. Probefläche.

3.1.5.7. Weiterführende Literatur

Balogh, J., 1958
Cochran, W. G., 1963
Greigh-Smith, P., 1964
Kilburn, P. D., 1966
MacArthur, R., und Wilson, E. O., 1971
MacArthur, R., 1972
Mühlenberg, M., et al., 1977

Poole, R. W., 1974
Schwerdtfeger, F., 1975
Shugart, H. H., und Patten, B. C., 1972
Williams, C. B., 1964
Williams, E. E., 1969
Wilson, E. O., 1961

3.1.6. Nischenbreite und Nischenüberlappung

Zur Strukturanalyse eines *Ökosystems* gehört die Charakterisierung der ökologischen Ansprüche der in ihm integrierten Arten. Die nach außen projezierten Ansprüche einer Art an ihre Umwelt bilden die ökologische *Nische.* Sie kann als Modell verstanden werden, das Aussagen über die direkte und indirekte Nutzung von Umweltfaktoren *(Ressourcen)* erlaubt. Dabei handelt es sich um einen n-dimensionalen Raum (Hutchinson 1958), dessen Achsen die einzelnen Ressourcen bilden, auf denen man sich als Maßstab zur Kennzeichnung der Nischenausdehnung in dieser Dimension Ressourcen-Klassen (resource-states) aufgetragen denken kann.

Eine vollständige Erfassung der Nische ist in der Praxis nicht möglich, wohl aber läßt sie sich bei Beschränkung auf einzelne genau definierte Dimensionen quantitativ erfassen. Die gewonnenen Werte erlangen nur im Vergleich einzelner Arten untereinander eine sinnvolle Bedeutung und können beispielsweise als quantitative Maße für die Beschreibung der *stenöken* bzw. *euryöken* Eigenschaften der Arten dienen.

Die *Nischenbreite* (niche width) als Maß für einzelne oder mehrere Dimensionen der Nische wächst mit steigender Anzahl der genutzten Ressourcen-Klassen an, während sie bei einer Beschränkung der Art auf schmale Bereiche der Ressourcen abnimmt. Eine *Nischenüberlappung* (niche overlap) liegt vor, wenn verschiedene Arten gleiche Ressourcen-Klassen nutzen.

Nischenbreite und -überlappung lassen sich sowohl spezifisch für einzelne Arten berechnen, als auch als Durchschnittswerte für mehrere Arten bestimmen, wobei den Berechnungen verschiedene mathematische Modelle zugrunde liegen.

Wenn die subjektive lineare Einteilung von Ressourcen-Klassen (z. B. die Einteilung physikalischer Parameter in gleiche Intervalle) ihrer ökologischen Bedeutung für die untersuchten Arten nicht entspricht, werden Gewichtungsfaktoren (weighting factors) zur Korrektur notwendig. Zur Berechnung der Gewichtungsfaktoren wird die Verteilung anderer Arten aus der *Biozönose* innerhalb der Ressourcen-Klassen berücksichtigt.

Die Quantifizierung der ökologischen Nische ermöglicht, zentrale Fragen der Ökologie objektiv zu studieren. Die Aufteilung der Arten in Spezialisten und Universalisten ist durch den Vergleich ihrer Nischenbreite möglich. Mit dem Maß der Ausnutzung potentiellen Nischenraumes untergeordneter Arten (theoretische Nischenbreite bei Fehlen dominanter Arten) läßt sich innerhalb einer *Trophieebene* die Dominanz einzelner Arten untersuchen (McNaughton und Wolf 1970). Die Nischenüberlappung als Durchschnittswert mehrerer Arten oder zwischen zwei Arten gibt Auskunft über bestehende Konkurrenzverhältnisse.

3.1.6.7.1. Untersuchungsobjekte

Epigäische Käfer (Coleoptera) und Spinnen (Araneae); Schmetterlingsraupen (Lepidoptera), blattfressende Käfer (Coleoptera); Gehäuseschnecken; Vögel. Ressourcen-Klassen in Form physikalischer Parameter, Habitate, Futterpflanzen.

3.1.6.2. Gelände

Jedes Gelände, das auf begrenztem Raum deutliche Unterschiede physikalischer Parameter aufweist und in bezug auf mögliche Habitate für Vögel und epigäische Insekten reich strukturiert ist, wie Parkanlagen, Waldränder, Feldgehölze, Gewässerufer.

3.1.6.3. Methoden

Mikroklimamessungen zur Bestimmung physikalischer Parameter; Barberfallenfang, Bodeneklektorfänge; direktes Beobachten, Zählen und Zeitmessen.

3.1.6.4. Spezielle Problemstellung

1. Wie groß sind die Nischenbreite und Nischenüberlappung der untersuchten Arten?
2. Wie unterscheiden sich die Durchschnittswerte von Nischenbreite und Nischenüberlappung zwischen einzelnen Tiergruppen?
3. Welche der im Gelände vorkommenden epigäischen Käfer, Spinnen, Schmetterlingsraupen, blattfressenden Käfer usw. sind in bezug auf die untersuchten Ressourcen Universalisten, welche Spezialisten?
4. Gibt es in bezug auf Habitatwahl der im Untersuchungsgebiet vorkommenden Vogelarten Spezialisten?
5. Sind in reicher strukturierten Gebieten des Untersuchungsraumes Spezialisten häufiger oder weniger häufig vertreten als in geringer strukturierten Gebieten?
6. Bei welchen Vögeln und epigäischen bzw. phytophagen Insekten des Untersuchungsgebietes erwartet man aufgrund der Nischenüberlappung Konkurrenz?
7. Welche Möglichkeit besteht, die vermutete Konkurrenz im Experiment nachzuweisen?
8. Haben zahlenmäßig dominierende Arten breitere Nischen als nahe verwandte Arten mit geringerer Individuenzahl?
9. Wie kann man für einzelne Tiergruppen eine möglichst umfassende Ressourcen-Liste zusammenstellen?
10. Welche wichtigen Ressourcen bleiben bei den jeweiligen Fragestellungen unberücksichtigt?
11. Für welche der untersuchten Ressourcen ist zur Berechnung der Nischenbreite eine Berücksichtigung von Gewichtungsfaktoren unumgänglich?
12. Läßt sich vom Prozentsatz der im Ökosystem enthaltenen Universalisten auf die Stabilität des Systems schließen?

3.1.6.5. Ausführung

Ziel der Ausführung ist es, Daten für die Erstellung von etwa 6 Ressource-Matrizen (vgl. 4.2.9.) zu gewinnen, z. B. über

Arten	Ressource-Klassen
Vögel	Habitate
Laufkäfer, Landasseln	durchschnittl. Bodentemperatur
Laufkäfer, Landasseln	Helligkeit
Laufkäfer, Landasseln	Bodenfeuchtigkeit
Gehäuseschnecken	Bodenfeuchtigkeit
Gehäuseschnecken	Kalkgehalt des Bodens
Schmetterlingsgruppen, blatt-fressende Käfer	Futterpflanzen
Netzspinnen	Strata

Längs eines Profils mit steilem Umweltgradienten (z. B. Wiese-Wald, Feld-Hecke) sind in geeigneten Abständen Barberfallen zu installieren (vgl. 3.2.1.5.). Die relevanten physikalischen Parameter sind täglich in Form von Durchschnittswerten oder vergleichbaren Einzelmessungen zu erfassen. In diesem Teil der Ausführung bietet sich eine Koordination mit der Arbeitsgruppe Zonationsbiozönosen an. Parallel zu den Barberfallen sollen mit Bodeneklektoren schlüpfende Insekten den untersuchten Ressourcen-Klassen zugeordnet werden.

In Bereichen mit unterschiedlichem Kalkgehalt des Bodens (vgl. 5.3.6.) bzw. unterschiedlicher Luftfeuchtigkeit in Bodennähe können nach der Quadratmethode Zahl und Verteilung ausgewählter Gehäuseschneckenarten bestimmt werden. Unterschiede in der Bodenfeuchtigkeit lassen sich mit einem CM-Gerät bestimmen.

Eine weitere Untersuchung über Nischenbreite und -überlappung soll der Nahrungsspezialisierung phytophager Insekten gewidmet sein. Man wählt im Biotop einige charakteristische, systematisch möglichst verwandte Strauch- oder Baumarten aus und kontrolliert an den Einzelexemplaren das Auftreten von Schmetterlingsraupen und/oder blattfressenden Käfern. Gezählt werden nur Pflanzenexemplare, auf denen wenigstens eine der untersuchten phytophagen Insektenarten vorkommt.

Von den etwa 6 häufigsten im Untersuchungsgebiet vorkommenden Vogelarten protokolliert man den Aufenthalt innerhalb definierter Habitate unter Verwendung einer zeitlichen Standardisierung (2–5 min Intervalle). Diese Ausführungen lassen sich mit der Arbeitsgruppe „Ökologische Sonderung" koordinieren.

Die Strukturierung des Untersuchungsgebietes (z. B. Baumarten, Sträucher, Unterwuchs) ist qualitativ zu erfassen. Eine Möglichkeit quantitativer Untersuchung von Habitatvariablen beschreibt Shugart und Patten (1972), die aber aus Zeitgründen im Rahmen des Praktikums nicht durchführbar ist.

3.1.6.6. Auswertung

Die Betrachtung der ökologischen Nische einzelner Arten ist von so allgemeiner Bedeutung, daß viele synökologischen Untersuchungen auch in bezug auf Nischenbreite und -überlappung ausgewertet werden können. Da aber die Quantifizierung der Nische eine eigene Problemstellung beinhaltet, ist hierfür eine eigene Arbeitsgruppe gerechtfertigt. Innerhalb des Praktikums können durch Koordination mit anderen Arbeitsgruppen eine Reihe auswertbarer Ressource-Matrizen erstellt werden. Geeignete Daten könnten vor allem die Arbeitsgruppen Zonationsbiozönosen, Ökologische Sonderung und Blütenökologie liefern.

Zur Auswertung der im vorhergehenden Abschnitt 3.1.6.5. durchgeführten Untersuchungen werden von den in den Barberfallen gefangenen Arthropoden etwa 8 Arten der gleichen trophischen Ebene und möglichst hohen Verwandtschaftsgrades (z. B. Carabidenarten, Lycosidenarten, Landasseln) ausgewählt. Die restlichen im Fang enthaltenen Tiere bleiben zunächst unberücksichtigt. Die ausgewählten Arten erhalten Arbeitsnamen (s. 2.3.1.) solange sie nicht endgültig bestimmt sind. Für jede der im Versuch berücksichtigten Ressourcen (Habitate, Temperatur, Feuchtigkeit) und Arthropodenarten ist eine Ressource-Matrix nach Colwell und Futuyma (1971) und nach Pielou (1972) zu erstellen (s. 4.2.9.). Aus ihnen ist die durchschnittliche Nischenbreite und -überlappung nach Pielou zu bestimmen (4.2.9.). Die Nischenüberlappung zwischen jeweils 2 Arten ist in bezug auf die Habitatwahl und den am stärksten ausgeprägten physikalischen Gradienten nach Colwell und Futuyma zu bestimmen (4.2.9.).

Die Verteilung häufiger Insektenarten aus den Bodeneklektoren kann in gleicher Weise mit Ressource-Matrizen ausgewertet werden.

Wurden Schmetterlingsraupen oder phytophage Käferarten an verwandten Pflanzenarten untersucht, bilden die Futterpflanzen die Ressourcen-Klassen. Die N_{ij}-Werte (4.2.9.) drücken dann die Zahl der Begegnungen in einem Untersuchungsgebiet mit der i-ten Tierart auf der j-ten Pflanzenart aus.

Für die Habitatwahl der häufigsten Vogelarten ist ebenfalls eine Ressource-Matrix zu erstellen und analog zu berechnen.

Die untersuchten Arthropoden und Vögel sind nach ihrer Nischenbreite und ihrer durchschnittlichen Nischenüberlappung zu ordnen und versuchsweise in Universalisten und Spezialisten einzuteilen.

3.1.6.7. Weiterführende Literatur

Cody, M. L., 1973
Colwell, R. K., und Futuyma, D. J.,
   1971
Horn, H. S., 1966
Hurtubia, J., und Di Castri, F., 1973
Hutchinson, G. E., 1958 und 1965
Levins, R., 1968
Lobeck, K., und Meincke, I., 1969
MacArthur, R. H., 1958 und 1967

MacArthur, R. H., und Wilson, E. O.,
   1971
McNaughton, S. J., und Wolf, L. L.,
   1970
Pielou, E. C., 1972
Sabath, M. D., und Jones, J. M., 1973
Shugart, H. H., und Patten, B. C.,
   1972

Siehe auch Literatur zu Ökologische Sonderung, 3.2.2.7.

3.1.7. Bodenbiologie

Fast jeder Boden ist ein belebtes Substrat. Bei der Erforschung eines terrestrischen Ökosystems kommt der Bodenbiologie insofern eine besondere Bedeutung zu, als am und im Boden durch die Zersetzer die meisten Zersetzungsvorgänge ablaufen. Es werden dadurch alle wichtigen Nährstoffe für die Primärproduzenten zurückgewonnen. Während Mikroorganismen u. a. für den chemischen Abbau der Substanzen verantwortlich sind (Reduzenten), kommt vielen Arten der Meso- und Makrofauna des Bodens die Aufgabe zu, die tote organische Substanz für den Angriff durch Mikroorganismen aufzubereiten. Die Populationen dieser Detritusfresser 1., 2. und 3. Ordnung werden durch Räuberarten kontrolliert. Einen Einblick in diese Biozönose läßt sich gewinnen, wenn man die Bodengliederfüßer (Arthropoda) und Fadenwürmer (Nematodes) nach bestimmten Verfahren extrahiert und untersucht. Probenentnahmen in verschiedenen Tiefen geben außerdem Aufschluß über die vertikale Dispersion der Bodentiere.

Unterschiede in der Zusammensetzung der Biozönosen verschiedener Böden versucht man in Zusammenhang mit unterschiedlichen physikalischen und chemischen Eigenschaften der Substrate zu bringen.

3.1.7.1. Untersuchungsobjekte

Milben (Acari) und Springschwänze (Collembola); edaphische Insektenlarven und Tausendfüßer (Myriapoda); edaphische Fadenwürmer (Nematodes); Regenwürmer (Lumbricidae).

3.1.7.2. Gelände

Grundsätzlich ist jedes natürliche, nicht zu nasse Gelände für Entnahme von Bodenproben geeignet. Für die vergleichende Untersuchung wähle man verschiedene Bodenarten.

3.1.7.3. Methoden

Bodenproben wiegen, trocknen, glühen; Bestimmung des pH-Wertes, Kalkgehalts und der Zellulosezersetzung im Boden; Berlese-Tullgren-Verfahren; Baermannsches Ausleseverfahren für Nematoden; Quadratmethode zur Regenwurmbestimmung.

3.1.7.4. Spezielle Problemstellung

1. In welchen physikalischen und chemischen Merkmalen unterscheiden sich verschiedene Bodenarten?
2. Welchen Biomasse-Gehalt haben die einzelnen Bodenproben?
3. Welche Humusform und Humusmenge kennzeichnet die Böden, aus denen die Proben entnommen wurden?
4. Wie unterschiedlich schnell wird in den einzelnen Böden Zellulose zersetzt?
5. Welche Organismen der Meso- und Makrofauna kommen in den Bodenproben vor?
6. Wie und in welcher Häufigkeit sind die Tiere vertikal im Boden verteilt?
7. In welchem quantitativen Verhältnis stehen Collembolen mit räuberischen und detritivoren Milben in den verschiedenen Proben?
8. Sind Hornmilben (Oribatiden) den Collembolen ökologisch stellenäquivalent?
9. Welche Collembolen- und Milbenarten sind miteinander signifikant assoziiert?
10. Wie unterscheiden sich die Häufigkeiten der Nematoden in den einzelnen Bodenproben?
11. Wieviel Regenwürmer leben unter einem Quadratmeter Boden und zu welchen Arten gehören sie?

3.1.7.5. Ausführung

Für den Vergleich verschiedener Bodenarten achtet man im wesentlichen auf Korngröße (Kiesböden, Sandböden, Schluffböden, Tonböden), Humusgehalt und Kalkgehalt. Die ausgewählten Probeflächen untersuche man zunächst im Feld auf diese Hauptmerkmale. Die Beurteilung der Bodenart und Humusform erfolgt nach Tabelle 1 und 2, S. 51/52. Für die Abschätzung der Humusmenge kann man in einem Graben die Mächtigkeit der Bodenhorizonte messen. Einen ersten Eindruck über den Kalkgehalt des Bodens erhält man durch Betropfen mit verdünnter Salzsäure. Die Bodenfeuchtigkeit läßt sich rasch mit einem CM-Gerät bestimmen.

Zur weiteren Untersuchung der Böden werden Proben mit einem unten angeschärften Metallzylinder ausgestanzt. An jedem Standort werden mindestens 6 Bodenproben entnommen: sie sind vorgesehen zur (1) Bestimmung des Kalkgehalts, und (2) des pH-Wertes, (3) Bestimmung der Wasserkapazität, des Porenvolumens und des organ. C, (4) Untersuchung im Berlese-Tullgren-Trichter als Gesamtprobe und (5) nach Aufteilung in drei vertikale Schichten und (6) zur Untersuchung im Baermann Trichter.

(1) Zur Bestimmung des Kalkgehaltes wird die Bodenprobe zuerst durch ein grobes Sieb (Maschenweite etwa 0,5 cm) geschüttelt. Dann fügt man zu einer getrockneten und gewogenen Probe im Exsiccator mit einem geschlossenen Tropftrichter halbkonz. HCl im Überschuß und mißt in einem Standzylinder die Gasentwicklung durch Wasserverdrängung (5.3.6.).

(2) Um den pH-Wert des Bodens zu messen, wird eine bestimmte Menge Boden mit einer 1n KCl-Lösung im Gewichtsverhältnis 1 : 2,5 aufgeschwemmt und der pH mit einer Glaselektrode gemessen. Eine KCl-Lösung hat gegenüber Wasser den Vorteil, daß durch sie alle für die Organismen bedeutsamen, nämlich auch die im Boden adsorbierten H^+-Ionen durch Ionenaustausch mit den K^+-Ionen freigesetzt werden. Der gemessene pH-Wert ist dann in der Regel niedriger als für eine wäßrige Bodenprobe.

(3) Die Untersuchung der physikalischen Eigenschaften der Bodenprobe verläuft nach folgendem Arbeitsschema (s. S. 50).

Zum Glühen verwendet man einen Muffelofen. Da beim Glühen auch anorganische Karbonate in Oxide und Kohlendioxid zerfallen ($CaCO_3 \rightarrow CaO + CO_2$), wird durch den Glühgewichtsverlust nicht nur als CO_2 entwickelter organischer Kohlenstoff, sondern auch anorganischer Kohlenstoff gemessen. Um daher den Gehalt an organischer Substanz besser zu schätzen, muß man vom Glühverlust noch das beim Messen des Kalkgehaltes erhaltene CO_2 subtrahieren.

(4) Um die Intensität des Zellulose-Abbaus im Boden zu prüfen, füllt man 25 x 5 cm große Perlongazebeutel von ca. 0,5–1 mm Ma-

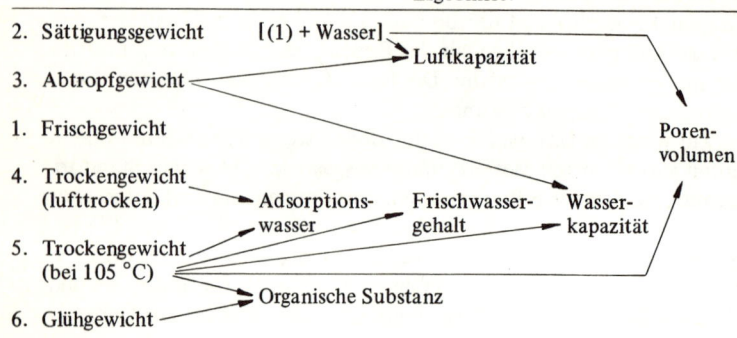

Wägungen der Boden-
probe in Reihenfolge
1. bis 6.

Bedeutung der Gewichtsdifferenz-
beträge, umgerechnet in g/cm^3
bzw. Volumenprozent

Ergebnisse:

2. Sättigungsgewicht   [(1) + Wasser]
                                 Luftkapazität

3. Abtropfgewicht

1. Frischgewicht   Poren-
volumen

4. Trockengewicht
   (lufttrocken)   Adsorptions-   Frischwasser-   Wasser-
                      wasser   gehalt   kapazität

5. Trockengewicht
   (bei 105 °C)

                  Organische Substanz

6. Glühgewicht

schenweite mit 100 g Watte. Zu Beginn des Kurses werden diese
Beutel getrocknet, gewogen und in die Probeflächen eingegraben.
Nach 2—3 Wochen Versuchsdauer wird die verbliebene Watte im Beutel wieder getrocknet und genau gewogen. Die Sicherstellung, daß die
verwendete Watte tatsächlich aus Zellulose und nicht aus Kunststoff
besteht, erhält man im Vortest bei Schwarzwerden des Materials
durch Versetzen mit konz. Schwefelsäure.

(5) Die Untersuchung der Bodenorganismen soll sich hauptsächlich
auf Milben, Collembolen und Nematoden konzentrieren. Milben und
Collembolen gewinnt man durch das Berlese-Tullgren Verfahren (vgl.
5.2.17.), wobei die Proben mit einer Schichtdicke von 2—3 cm in die
Trichter gelegt werden. Die Milben sollen zunächst nur in Prostigmata,
Mesostigmata und Cryptostigmata eingeteilt werden, wobei man noch
leicht Gamasinen von Uropodiden und innerhalb der Hornmilben
Ptyctima von Aptyctima unterscheiden kann. Die Collembolen teilt
man zunächst nur in Symphypleona, Poduromorpha und Entomobry-
omorpha.

Die mit den Baermann Trichtern (vgl. 5.2.18.) ausgelesenen Nematoden werden nur grob ausgezählt und nicht weiter unterschieden.

(6) Zur Feststellung der Regenwurmfauna des Bodens steckt man
sich einen Quadratmeter Boden ab und gräbt den Boden so tief aus,
bis kaum mehr Regenwurmgänge sichtbar sind. Die ausgegrabene Er-
de wird mit der Hand nach Regenwürmern ausgelesen.

Tab. 1. Schätzen der Bodenart (aus Fiedler 1973 nach Schlichting/Blume 1966)

Diagnostische Merkmale	Bodenart	% < 0,01 mm (abschlämmbare Teilchen)
1. Versuch, die Probe zwischen den Handtellern schnell zu einer bleistift- dicken Wurst auszurollen		
a) nicht ausrollbar: Gruppe der Sande; 2.		
b) ausrollbar: Gruppe der sandigen Lehme, Lehme und Tone; 4.		
2. Prüfen der Bindigkeit zwischen Daumen und Zeigefinger		
a) nicht bindig: Sand; 3.		
b) bindig:	lehmiger Sand (lS)	14···18
3. Zerreiben auf der Handfläche		
a) in den Handlinien kein toniges Material sichtbar:	Sand (S)	0···9
	anlehmiger Sand (Sl)	10···13
b) in den Handlinien toniges Material sichtbar:		
4. Versuch, die Probe zu einer Wurst von halber Bleistiftstärke auszu- rollen		
a) nicht ausrollbar:	stark sandiger Lehm (SL)	19···23
b) ausrollbar: sandiger Lehm, Lehm oder Tone; 5.		
5. Quetschen der Probe zwischen Daumen und Zeigefinger in Ohrnähe		
a) starkes Knirschen:	sandiger Lehm (sL)	24···29
b) kein oder schwaches Knirschen: Lehm oder Tone; 6.		
6. Beurteilen der Gleitfläche bei der Quetschprobe		
a) Gleitfläche stumpf:	Lehm (L)	30···44
b) Gleitfläche glänzend: Tone; 7.		
7. Prüfen zwischen den Zähnen		
a) Knirschen:	lehmiger Ton (LT)	45···60
b) butterartige Konsistenz	Ton (T)	61···100

Tab. 2. Merkmale zur Grobansprache der Humusformen im Gelände (aus Fiedler 1973)

Merkmal	Rohhumus	Moder	Mull
Farbe	rötlich bis braun		dunkelbraun bis schwarz
Geruch	modrig-dumpfer Geruch		frischer Erdgeruch (wie Ackererde)
Horizontgrenzen im Oberboden	sehr scharfe bis deutliche Horizontgrenzen	(deutlich)	diffuse bis sehr diffuse Übergänge
Anteil und Vermischung von Humus und Mineralboden (in ungestörten Bodenprofilen)	geringer Gehalt an meist stark gebleichten Quarzkörnchen: schwache Vermischung; vorwiegend mechanische Humuseinschlämmung	schwache bis mäßige Vermischung zwischen Humusstoffhorizont und oberstem Mineralbodenhorizont	hoher Gehalt an Mineralbodensubstanz (schwach bis kaum gebleichte Körnchen bzw. auf lehmigen Böden viel tonige Substanz) und innige Durchmischung von Humus u. Mineralboden
Zersetzungsgrad	unvollkommen (faserig)		vollkommen
Lagerungs- und Strukturverhältnisse	dicht gelagert, keine Strukturkörper (faserig, klumpig), Einzelkorn- oder Kohärentgefüge (im A_1-Horizont)	halbblocker gelagert	locker gelagert. Krümel- und Schwammstruktur

Tab. 2. Forts.

Merkmal	Rohhumus	Moder	Mull
Benetzbarkeit	schwer benetzbar		leicht benetzbar
Organismenspuren	Makrofauna fast völlig fehlend; starke Verpilzung und Jaher zumindest Vermoderungs- und Humusstoffhorizont brechund schneidbar	Arthropodenkot; schwächere Verpilzung, nicht brechbar	Regenwurmkot
Bodenflora	meist artenarm (häufig Zwergsträucher und Bürstenmoose)		meist artenreich und vital (z. B. Urtica urens und dioica, Geranium robertianum, Chamaenerion angustifolium, Rubus idaeus, Stachys sylvatica, Sambucus nigra. Senecio- und Galeopsis-Arten)

53

3.1.7.6. Auswertung

Die abiotischen Messungen und die Auszählung der Proben werden je nach Bodentiefe und Standort in Tabellen zusammengefaßt und die Häufigkeitsverteilung in Histogrammen dargestellt.

Die Frage, ob in der oberen Bodenschicht immer mehr Tiere leben, als in den tieferen Schichten, kann mit dem U-Test geprüft werden (vgl. 4.1.3.2.).

Die Assoziationsanalyse zwischen Milben- und Collembolen-Gruppen erfolgt mit dem Vierfelder-χ^2-Test (vgl. 4.1.5.).

3.1.7.7. Weiterführende Literatur

Brauns, A., 1968
Burges, A., Raw, F., 1967
Davis, B. N. K., 1963
Dunger, W., 1964 a und 1964 b
Fiedler, H. J., Reisig, H., 1964
Fiedler, H. J., Schmiedel, H., 1973
Finck, A., 1952
Friederichs, K., 1930
Füller, H., 1954
Ganssen, R., 1965
Gisin, H., 1960
Ghilarov, M. S., 1964
Graff, O., 1953
Hartke, K. H., 1971
Karg, W., 1962
Knülle, W., 1957
Kühnelt, W., 1950
Mac Fadyen, A., 1962
Meyl, A. H., 1961

Moritz, M., 1963
Müller, G., 1965
Müller, G., Naglitsch, F., 1957
Paclt, J., 1956
Paesler, F., Kühn, H., 1962
Palissa, A., 1964
Schaller, F., 1962
Schimitschek, E., 1937
Schroeder, D., 1969
Schuster, R., 1956
Spannagel, G., 1954, 1960
Steubing, L., 1965
Strenzke, K., 1952
Thiele, H. U., 1959, 1964
Thun, R., et al., 1955
Trolldenier, G., 1971
Volz, P., 1949
Zachariae, G., 1963
Zuck, W., 1951

3.2. Untersuchungen zur Funktion und Dynamik von Ökosystemen

Die im folgenden aufgeführten Arbeitsthemen unterscheiden sich von vorhergehenden dadurch, daß in ihnen Fragen nach kausalen Beziehungen und funktionellen Zusammenhängen in den Vordergrund treten. Außerdem werden zeitlichen Veränderungen und damit Aspekten der Dynamik mehr Beachtung geschenkt. Eine scharfe Trennung zwischen den beiden Kapiteln 3.1. und 3.2. kann aber nicht gemacht werden. Das Ziel, die Dynamik und das Funktionieren von *Ökosystemen* zu studieren, wird mit den exemplarischen Praktikumsversuchen wieder nur modellartig angestrebt.

3.2.1. Zonations-Biozönosen

Die Zusammensetzung einer *Biozönose* ändert sich mit wechselnden *abiotischen* Umwelt*faktoren*. Dieser Zusammenhang wird dort besonders deutlich, wo sich entlang einer Zonierung, wie z. B. an Gewässerufern, leicht feststellbare *Umweltgradienten* ausbilden. Die streifenartig, in bestimmter Abstufung und in gewisser Regelmäßigkeit parallel aneinandergefügten Biozönosen nennt man *Zonations-Biozönosen* (Balogh 1958). Ein Grundproblem bleibt das Erkennen und die Abgrenzung von Lebensgemeinschaften. Einerseits sind innerhalb einer Biozönose die Arten untereinander durch Wechselbeziehungen verknüpft, andererseits ändert sich die Zusammensetzung der Biozönose häufig kontinuierlich von einem Gebiet zum anderen. Um Biozönosen voneinander sinnvoll abgrenzen zu können, muß man folgenden Fragenkomplex untersuchen: Sind Artengruppen entlang eines Umweltgradienten aufgrund gleicher Anpassungen und Übereinstimmung von Toleranzgrenzen zusammen oder aufgrund von Diskontinuitäten in der Umwelt, die von gewissen dominanten Arten *(Dominanten)* geschaffen werden?

Artenkombinationen entlang von Umweltgradienten lassen sich gut mit Barberfallen untersuchen, die hauptsächlich die epigäische Gliederfüßerfauna (Arthropoda) erfassen. Gerade von Laufkäfern (Carabidae) und Wolfspinnen (Lycosidae) kennt man eine im allgemeinen feste *Biotop*bindung, so daß man mit diesen Gruppen bei sich ändernden physikalischen Faktoren (z. B. zunehmende Trockenheit) auf engem Raum mit einem schnellen Artenwechsel zu rechnen hat.

3.2.1.1. Untersuchungsobjekte

Epigäische Gliederfüßer (Arthropoda), insbesondere Laufkäfer (Carabidae) und Wolfspinnen (Lycosidae).

3.2.1.2. Gelände

Gelände, in dem auf relativ kleinem Gebiet aufgrund eines sich mehr oder weniger kontinuierlich ändernden abiotischen Umweltfaktors eine deutliche Zonierung ausgeprägt ist. Besonders geeignet sind ausgehend von Gewässerufern (Bach, See) landeinwärts gerichtete Streifen.

3.2.1.3. Methoden

Messungen der abiotischen Faktoren; Fang mit Barberfallen; Fang mit Insektenstreifnetz.

3.2.1.4. Spezielle Problemstellung

1. Welche epigäisch lebenden Arthropoden kommen im Untersuchungsgebiet vor?
2. Welcher Umweltgradient bestimmt im wesentlichen die Zonierung?
3. Wie ändern sich die Artenkombinationen entlang des Umweltgradienten, kontinuierlich oder diskontinuierlich?
4. Dominiert in einer Zone immer nur eine Art aus einer bestimmten trophischen Stufe?
5. Entspricht die Verteilung weniger häufiger Arten entlang der Gradienten der Verteilung der Dominanten?
6. Ändert sich in den einzelnen Zonen das quantitative Verhältnis zwischen relativer Dichte der Carabiden und Lycosiden, d. h. gibt es Hinweise darauf, daß die beiden Gruppen konkurrieren?
7. Gibt es unterschiedliche Aktivitätsdichten bei den Arten zwischen Tag und Nacht?
8. Läßt sich, wenigstens qualitativ, eine Korrelation zwischen Menge des Beuteangebots und Dichte der Räuberpopulationen in den verschiedenen Zonen feststellen?
9. Wie stark sind einzelne Arten assoziiert?
10. Ist es möglich, das Untersuchungsgebiet in Zonationsbiozönosen einzuteilen? Nach welchen Gesichtspunkten läßt sich eine Biozönose abgrenzen?
11. Liefern dunkelabgedeckte Barberfallen andere Fangergebnisse als hell abgedeckte?
12. Wie unterscheiden sich beköderte von unbeköderten Fallen im Fangergebnis?

3.2.1.5. Ausführung

Es wird ein Gebiet mit deutlicher Zonierung (z. B. ausgehend von einem Gewässerufer) ausgewählt und die wesentlichen abiotischen Faktoren (z. B. Feuchtigkeit, Durchschnittswerte der Temperatur oder Strahlungsverhältnisse) entlang des Gradienten gemessen. Man legt dann ein Profil, indem man mehr oder weniger senkrecht zum Umweltgradienten in Streifen jeweils eine Anzahl Barberfallen (vgl. 5.2.6.) eingräbt. Insgesamt empfehlen sich 40–50 Barberfallen in 4–6 Streifen, die mindestens drei mutmaßliche Zonen überstreichen. Pro Zone sollen einige Barberfallen dunkel, einige hell abgedeckt werden und eine Falle soll jeweils halb aus dem Boden herausragen. Die Fallen werden etwa alle 3 Tage entleert. Um für die Auswertung eine möglichst hohe Stichprobenzahl zu erhalten, müssen zunächst alle Fallen einzeln aussortiert und protokolliert werden. Zur Untersuchung von Aktivitätsunterschieden zwischen Tag und Nacht werden jeweils einige Barberfallen abwechselnd tagsüber oder nachts mit Deckel verschlossen. Protokolliert werden Arten- und Individuenzahlen der gefangenen Tiere. Man gruppiert die Tiere nach phytophager und carnivorer Lebensweise. Bestimmt werden Familien, bei Carabiden und Lycosiden Arten.

Versuchsweise stellt man einige Barberfallen mit Köder auf. Als Köder empfiehlt sich Speck, rohe Schweineleber, frisch getötete Schnecken oder eine Mischung von Schwarzbier mit Honig, die vor allem die großen Carabiden anlocken soll.

Zur Abschätzung, ob die Beutedichte mit der Dichte der Räuberpopulationen (bezogen hauptsächlich auf Lycosiden und Carabiden) korreliert ist, werden einerseits die Fänge in den Barberfallen, andererseits standardisierte Streifzüge mit einem Fangnetz entlang der Bodenoberfläche v. a. hinsichtlich der Collembolen bzw. kleinen Fliegen ausgewertet. Die Relationen zwischen Beute- und Räuberdichte wird als Biovolumen der beiden Gruppen gemessen, indem man die Verdrängung in Wasser oder Alkohol registriert.

3.2.1.6. Auswertung

Die Verteilung einiger häufiger Arten bzw. Gruppen entlang des Umweltgradienten bzw. in den verschiedenen Zonen stellt man mit einem Histogramm graphisch dar. Die Abszisse wird in Klassen eingeteilt und für die Umweltgradienten bzw. die verschiedenen Zonen verwendet, die Ordinate für den jeweiligen prozentualen Anteil von der Gesamtzahl der gefangenen Individuen der untersuchten systematischen Gruppe. Wenn es möglich ist, 2 Umweltgradienten getrennt zu messen, soll für dominante Arten ihr Vorkommen in Abhängigkeit der beiden abiotischen Faktoren gesondert aufgeschlüsselt werden.

Die Prüfung, ob 2 Arten zufällig oder nicht zufällig zusammen vorkommen, erfolgt durch eine Assoziationsanalyse mittels des Vierfelder-χ^2-Tests (vgl. 4.1.7.1.).

Man berechne für einige Arten die Assoziationskoeffizienten nach Cole, Southwood und Halbach (vgl. 4.2.5.).

Eine Möglichkeit, Gruppen aufgrund ihrer Häufigkeit gemeinsamen Vorkommens ihrer Glieder voneinander zu trennen und damit Zonationsbiozönosen aufzustellen, bietet die Berechnung der „recurrent groups" (vgl. 4.2.6.).

Unterschiede in den Fangergebnissen zwischen hell- und dunkelabgedeckten Barberfallen prüfe man mit dem U-Test (vgl. 4.1.2.3.).

Beziehungen zwischen Räuber- und Beutedichte in verschiedenen Zonen werden über Korrelation und Regression analysiert (vgl. 4.1.8.).

3.2.1.7. Weiterführende Literatur

Balogh, J., 1958
Boas, F., 1958
Collier, B. D., et al., 1973
Dahl, F. und *M.,* 1927
Den Boer, P. J., 1965
Engelhardt, W., 1964
Fager, E. W., 1957
Freude, H., et al., *1965*
Greenslade, P. J. M., 1964
Halbach, U., 1972
Heydemann, B., 1956
Kontkanen, P., 1957

Kuenzler, E. J., 1958
MacArthur, R., 1967
Mrozek-Dahl, T., 1928
Schäfer, M., 1972, 1974
Simon, H. R., 1964
Stammer, H. J., 1949
Thiele, H. U., 1964, 1968
Thiele, H. U., Weber, F., 1968
Tretzel, E., 1955 a, 1955 b
Whittaker, R. H., 1967
Wilmanns, O., 1973

3.2.2. Ökologische Sonderung

Sympatrisch lebende Arten müssen nach dem *Konkurrenzausschluß-prinzip* verschiedene ökologische „Planstellen" besetzen. Die Mechanismen, welche zu einer ökologischen Isolation der Arten führen, können in einer räumlichen oder zeitlichen Sonderung bestehen oder zu einer unterschiedlichen Nutzungsweise der vorhandenen *Ressourcen* führen. Eine unterschiedliche Ressourcen-Nutzung im gleichen Gebiet und zur gleichen Zeit kann durch folgende Möglichkeiten zustandekommen: morphologische Differenzen (z. B. verschiedene Schnabellängen bei Vögeln), physiologische Eigenschaften (z. B. Verwertung verschiedener Nahrung), unterschiedliche Verhaltensweisen (z. B. Nahrungssuche durch langsames Absuchen einer Stelle oder durch schnelleres Erbeuten mit häufigem Ortswechsel).

Um die *ökologische Sonderung* der Arten innerhalb eines *Ökosystems* zu charakterisieren, ist es notwendig, wenigstens einige Dimensionen der ökologischen *Nischen* von den jeweiligen Arten quantitativ zu erfassen. Das Problem der *Nischenüberlappung* wird dabei besonders deutlich zwischen nah verwandten, sympatrischen Arten.

Die Nutzung des im Ökosystem vorhandenen Futterangebotes stellt eine Dimension der ökologischen Nische dar, die bei Vögeln gut erfaßbar ist. Daß zwei Vogelarten einer *Biozönose* im Durchschnitt unterschiedliche Nahrung aufnehmen, kann von der Dauer des Aufenthalts an verschiedenen Nahrungsorten und von spezifischen Verhaltensweisen bei der Nahrungsaufnahme abhängen.

Vögel eignen sich für derartige Untersuchungen besonders gut, da sie im Feld leicht zu determinieren und ihre Verhaltensweisen gut zu beobachten sind. Weitere Hilfen zu ihrer ökologischen Charakterisierung kann man der ornithologischen Literatur entnehmen.

3.2.2.1. Untersuchungsobjekte

Vögel (Aves).

3.2.2.2. Gelände

Grundsätzlich alle Gebiete, in denen mehrere Vogelarten sympatrisch und gleichzeitig vorkommen, z. B. lockeres Buschgelände, Waldränder, Parklandschaften, verlandende Seeufer.

3.2.2.3. Methoden

Feldornithologische Beobachtungen über Verhaltensweisen und Aufenthaltsorte bei der Nahrungssuche; Populationsschätzungen durch direktes Zählen.

3.2.2.4. Spezielle Problemstellung

1. Welche Vogelarten kommen im Untersuchungsgebiet gleichzeitig vor?
2. Wieviel Individuen der jeweiligen Arten halten sich durchschnittlich im Untersuchungsgebiet auf?
3. Welche Nahrung nehmen die einzelnen Arten auf?
4. Nach welchen Gesichtspunkten lassen sich die Vögel bezüglich ihres Nahrungserwerbs ökologischen Gruppen zuordnen?
   Kann man die vorhandenen Arten in Universalisten und Spezialisten einteilen?

5. Wo suchen die einzelnen Arten innerhalb ihres Lebensraumes die Nahrung?
6. Wie lange halten sich die beobachteten Individuen bei der Nahrungssuche an bestimmten Orten auf? Wie oft wechseln sie bei der Nahrungssuche den Ort?
7. Welche Strecke legt ein Individuum durchschnittlich zurück, wenn es bei der Nahrungssuche von einem Ort zum andern wechselt?
8. Mit welchen verschiedenen Verhaltensweisen suchen nah verwandte Arten ihre Nahrung?
9. Welche Ressourcen bietet das Untersuchungsgebiet für Vögel? Werden alle Ressourcen durch die beobachteten Arten genutzt?
10. In wieweit gibt es Nischenüberlappungen bei den untersuchten Arten?
11. Überwiegt bei der ökologischen Sonderung der Arten die räumliche Isolation oder die verschiedene Nutzung der Nahrung?
12. Ist in verschiedenen Ökosystemen der Grad der ökologischen Sonderung zwischen den Arten gleich?
13. Welche Ökosysteme enthalten mehr Universalisten, welche mehr Spezialisten?
14. Welche Fehlerquellen entstehen bei der quantitativen Erfassung der Nischenüberlappung durch praktische Unterteilung des Untersuchungsgebietes in verschieden große Raumeinheiten?

3.2.2.5. Ausführung

Für die Untersuchung wählt man sich nach Möglichkeit 2 Beobachtungsgebiete in verschiedenen Ökosystemen. Das Untersuchungsgebiet teilt man in verschiedene Zonen ein. Als Grundlage für eine derartige Unterteilung dienen die einzelnen Strata und evtl. Biochorien des Ökosystems. Eine möglichst feingestufte Unterteilung ist anzustreben. Einen Baum z. B. kann man noch in verschiedene vertikale und horizontale Zonen gliedern, wobei die Wuchsform (blattfreie Stammzone, alte Blattzone, Zone der Jungtriebe usw.) berücksichtigt wird.

Das Verhalten der Vögel bei der Nahrungssuche soll quantitativ durch eine Einteilung in verschiedene Verhaltensmuster erfaßt werden. Als Verhaltensmuster wählt man z. B. kurzes Auffliegen zum Erjagen vorbeifliegender Insekten, Absammeln oberflächlich lebender Insekten, Schwirren in der Luft vor Pflanzenteilen, Beutesuche durch Graben, Hacken oder Aufstöbern aus Schlupfwinkeln. Unterschieden wird ferner zwischen langdauernder Nahrungssuche an einer

Stelle oder schnellem Ortswechsel bei der Nahrungssuche mit kleinen bzw. großen Distanzen.

Zur Protokollführung während der Beobachtungen spricht man am besten auf einen Kassetten-Recorder. Steht kein solches Gerät zur Verfügung, bereitet man Tabellen mit entsprechenden Zeilen und Spalten so weit vor, daß man nur noch Striche bzw. Zahlen während der Beobachtung einzutragen braucht. Von den verschiedenen Vogelarten werden im wesentlichen folgende Daten gesammelt: a) Zahl der an Individuen beobachteten Gesamtabläufe der Nahrungssuche, b) Gesamtzeit der Nahrungssuche in den verschiedenen Zonen, c) Aufgewendete Zeit für verschiedene Verhaltensmuster bei der Nahrungssuche.

Um das quantitative Verhältnis zwischen den einzelnen ökologischen Gruppen abzuschätzen, versuche man die Individuenzahlen der Vögel im Untersuchungsgebiet durch direktes Zählen festzustellen. Dazu führt man an mehreren Tagen Kontrollgänge entlang vorgegebener Linien (Streifenlinienmethode) durch. Kein Teil der Untersuchungsfläche sollte mehr als 50 m von der Kontrollroute in offenem und mehr als 20 m in geschlossenem Gelände entfernt sein.

3.2.2.6. Auswertung

Man versuche, die beobachteten Vogelarten terrestrischer Ökosysteme qualitativ folgenden ökologischen Gruppen in bezug auf die Ernährungsweise zuzuordnen. (s. S. 64)

Zur weiteren ökologischen Charakterisierung verschaffe man sich aus der Literatur eine Übersicht über die Zusammensetzung der Nahrung und Nistorte der beobachteten Arten (vgl. z. B. Voous 1962, Niethammer u. Blotzheim 1966, Schuster 1930).

Die Aufenthaltsdauer in den einzelnen Zonen drückt man in Prozent von der Gesamtbeobachtungsdauer der Vögel aus. Die Überlappungen zwischen den einzelnen Arten werden ebenfalls in Prozent ausgedrückt. In gleicher Weise wertet man die Häufigkeiten angewendeter Verhaltensmuster bei der Nahrungssuche für die Arten aus. Die Daten werden zunächst in Tabellen zusammengestellt. Signifikante Unterschiede zwischen einzelnen Arten prüfe man mit dem Vierfelder-χ^2-Test (vgl. 4.1.7.1.).

Die Ergebnisse der Untersuchungen über die ökologische Sonderung sollen auch graphisch dargestellt werden. Es wird ein Schema für die Anordnung der Zonen, z. B. ein in verschiedene Abschnitte eingeteilter Baum, entworfen und in die einzelnen Zonen die Prozente

Ort des Nahrungserwerbs	Art des Nahrungserwerbs	hauptsächlich aufgenommene Nahrung	Beispiele
Luftraum	Dauerflug	Insekten	Mauersegler
	Auffliegen von einer Sitzwarte	Insekten	Grauschnäpper
Blattbereich von Bäumen und Sträuchern	Absuchen	Insekten	Blaumeise
	Absuchen	Samen, Knospen Beeren	Gimpel
Stämme, Rinde	Absuchen	Insekten	Baumläufer
	Aufhacken	Insekten	Buntspecht
Bodennähe, Boden	Erjagen	Kleinsäuger	Mäusebussard
	Absuchen	Kleintiere	Bachstelze
	Aufstöbern durch Graben, Scharren	Kleintiere Regenwürmer	Amsel
	Absuchen	Samen	Hänfling

der Gesamtzahl von Beobachtungen und Prozente der Gesamtzahl von beobachteten Sekunden eingetragen. Durch Schattierung kann man beispielsweise für einzelne Arten diejenigen Zonen hervorheben, in denen sich die Art zu mehr als 50% aufgehalten hat.

Die Aufteilung der Häufigkeiten dreier angewendeter Verhaltensmuster bei der Nahrungssuche läßt sich mit einem gleichseitigen Dreieck darstellen. Die drei Seiten bestimmen drei verschiedene Verhaltensmuster. Die proportionale Aufteilung der vorgefundenen Häufigkeiten wird als Längen von Linien dargestellt, die senkrecht von den Seiten nach innen ziehen. Die 3 Linien schneiden sich in einem für die jeweilige Art charakteristischen Punkt, da die Summe der Entfernungen zu den 3 Seiten von im gleichseitigen Dreieck liegenden Punkten immer gleich ist. Diese Art der Darstellung läßt sich auch für drei andere Merkmale anwenden, z. B. zur morphologischen Charakterisierung der Vogelarten (nach Literaturangaben): Schnabellänge und -dicke (gemessen an der Schnabelwurzel) und Körperlänge.

3.2.2.7. Weiterführende Literatur

Berthold, P. et al., 1974
Berthold, P., 1976

Cody, M. L., 1968
Colwell, R. K., Futuyma, D. J., 1971

Emlen, J. T., 1971
Klopfer, P. H., 1968
MacArthur, R. H., 1958, 1967, 1972
McNaughton, S. J., Wolf, L. L., 1970
Naumann, J. F., 1905 ff.
Niethammer, G., v. Blotzheim, U. G.,
    1966 ff.

Salt, G. W., 1953
Schildmacher, H., 1970
Schuster, L., 1970
Svensson, L., 1970
Voous, K. H., 1962
Wüst, W., 1970

3.2.3. Konkurrenz

Konkurrenz ist ebenso wie ein *Räuber*-Beute-System ein wesentlicher
Regulationsfaktor des Populationswachstums. Nach dem *Konkurrenzausschlußprinzip* können zwei Arten mit gleichen ökologischen An-
sprüchen nicht lange koexistieren. In der Evolution sind ökologische
Isolationsmechanismen entwickelt worden, die ein *sympatrisches* Vorkommen vieler Arten ermöglichen. Durch die *ökologische Sonderung*
ist interspezifische Konkurrenz zwischen koexistierenden Arten weitgehend reduziert. Sie kann daher im Freiland nur selten nachgewiesen
werden. Intraspezifische Konkurrenz dagegen existiert immer bei Begrenzung bestimmter *Ressourcen,* da die Individuen einer Art einander ähnlich sind und somit gleiche Ansprüche an ihre Umwelt stellen.
Konkurrenz kann dann innerhalb einer Population auch zum dichte-
regulierenden Faktor werden.

Die Problematik läßt sich sehr gut an Ameisenpopulationen
(Formicidae) studieren. Einerseits kann das räumliche *Verteilungsmuster* der Kolonien einer Art Ausdruck bestehender Konkurrenz
sein, andererseits deuten Jagdgebiete der Kolonien, die sich nicht
überschneiden, auf Vermeidung von Konkurrenz hin. Die Verhaltensmuster bei der Ausbeutung künstlicher Nahrungsquellen geben Hinweise auf die unterschiedliche Nutzung gleicher Ressourcen durch
verschiedene Arten.

3.2.3.1. Untersuchungsobjekte

Verschiedene Ameisenkolonien (Formicidae).

3.2.3.2. Gelände

Offenes, trockenes Gelände mit freien übersichtlichen Bodenflächen;
Wiesen mit kurzem Graswuchs, Felder; unterholzfreie Wälder oder
Kahlschläge.

3.2.3.3. Methoden

Ameisennester und deren Ausfallrouten kartieren; künstliche Freiland-
fütterungen mit Zeitprotokollen; Ameisen markieren; künstliche
Nester anlegen.

3.2.3.4. Spezielle Problemstellung

1. Welche Ameisenarten leben im Biotop?
2. Wie ist das räumliche Verteilungsmuster der einzelnen Ameisennester?
3. Welche Bereiche werden von einzelnen Kolonien belaufen?
4. Gibt es Wegüberschneidungen zwischen Kolonien dergleichen Art
   bzw. Kolonien verschiedener Arten?
5. Gibt es tageszeitliche Aktivitätsunterschiede zwischen den einzelnen Arten?
6. Wie hängen Aktivität und Witterungsfaktoren (Temperatur, Feuchtigkeit, Sonneneinstrahlung) zusammen?
7. Wie wird eine künstliche Nahrungsquelle ausgebeutet? Welche Arten kommen zum Futterplatz? Nach welcher Zeit wird die Futterquelle entdeckt? In welcher Reihenfolge erscheinen die Arten?
   Gibt es Konkurrenz unter den Arten am Futterplatz?
8. Wie verhalten sich die einzelnen Arten am Futterplatz? Welche
   Arten sind Einzeljäger, welche werben Nestgenossinnen durch
   Spurlegen an?
9. Welche Unterschiede bestehen in der Ausbeutung der Nahrungsquelle, wenn entweder Honigwasser oder Fleischkost angeboten
   werden?
10. Von welchen Arten werden künstliche Nestplätze besiedelt?
11. Gibt es Raumkonkurrenz bei künstlichen Nestgelegenheiten?

3.2.3.5. Ausführung

Das gewählte Untersuchungsgebiet wird abgesteckt, seine Ameisenarten bestimmt und die Nester kartiert. Eine Methode, Nester zu finden, besteht darin, mit Beute beladene oder an einer künstlichen
Nahrungsquelle (s. u.) angefütterte Ameisen auf ihrem „Heimweg"
zu verfolgen. In manchen Fällen kann ein am Tier angebundenes
Wollfadenstückchen seine Verfolgung erleichtern. Die künstliche Frei-
landfütterung nimmt man auf einem kleinen, ausgelegten Glasplättchen
vor. Als Futter bietet man wahlweise Honigwasser (1:1) und Fleisch-

kost, z. B. in Form von Insektenlarven. Die Futterplätze werden gleichmäßig im Gelände verteilt angeboten. Am Futterplatz werden genaue Zeitprotokolle erstellt: Dauer, nach der die Futterquelle entdeckt wird, Zeitpunkt, in der weitere Tiere an der Futterquelle erscheinen, Geschwindigkeit, in der die Futterquelle von verschiedenen Arten ausgebeutet wird. Außerdem wird das Verhalten der Arten zueinander an der Futterquelle registriert.

Ob sich die Ameisen an chemischen Duftspuren orientieren oder nicht, kann man im Vorversuch einfach durch Überschütten der vermuteten Spur mit Sand testen. Als weiterer Versuch kann man das Findertier von der Futterquelle über einen Pappstreifen (am besten als Brücke) ein Stück in Richtung Nest laufen lassen und mit diesem Streifen Nestgenossinnen fehlleiten.

Durch Farbmarkierungen einer Reihe von Individuen können nah beieinanderliegende Kolonien einer Art auseinandergehalten werden. Belaufene Ausfallrouten können mit buntköpfigen Stecknadeln markiert werden.

Nächtliche Aktivitäten kontrolliere man durch direktes Beobachten vor allem der Nesteingänge.

Als künstliche Nester legt man Glasplatten von etwa 30 x 30 cm Größe 0,5 bis 1 cm über den Boden und deckt sie mit gleichgroßen Holzplatten ab. Sie haben einen ähnlichen Effekt wie im Gelände liegende Steine, können aber ohne Störung der Ameisen kontrolliert werden.

3.2.3.6. Auswertung

Anhand der kartierten Nester werden die Koloniedichten der einzelnen Arten bestimmt. Ob die einzelnen Kolonien zufällig, regelmäßig oder kumulativ im Gelände verteilt sind, prüfe man mit der Nearest-neighbour Methode (vgl. 4.2.7.).

Das Zeitprotokoll über das Erscheinen der Ameisen an der Futterquelle stelle man graphisch dar. Unterschiede zwischen Arten in der Zeitdauer für die Entdeckung einer Futterquelle und für das Auftreten des Maximums der Individuen an der Futterquelle prüfe man nach dem U-Test (vgl. 4.1.2.3.) bzw. nach dem Conover-Test (vgl. 4.1.4.1.).

Die Verhaltensweisen, in der einzelne Arten die Futterquelle ausbeuten, kann man nach Wilson (1971) folgendermaßen klassifizieren: Opportunisten (opportunists), Vernichter (extirpators) und Einschleicher (insinuators).

3.2.3.7. Weiterführende Literatur

Andrewartha, H. G., und Birch, L. C., 1961
Bernard, F., 1968
Brian, M. V., 1952, 1955, 1958
Brian, M. V., et al., 1965, 1966
Bzuder, K. W., und Gypta, A. P., 1972
Cammaerts-Tricot, M. C., 1974
De Bach, P., 1963, 1966
Dobrzanska, J., 1958
Elmes, G. W., 1971
Franz, J. M., 1964/65
Fründ, H. C., 1974

Gößwald, K., 1941
Hangartner, W., und Bernstein, S., 1964
Miller, R. S., 1967
Poole, R. W., 1974
Pschorn-Walcher, H., und Zwölfer, H., 1968
Stitz, H., 1939
Szlep, R., und Jacobi, T., 1967
Wallis, P. J., 1964
Waloff, N., und Blackith, R. E., 1962
Wilson, E. O., 1962, 1971
Yasuno, M., 1965

3.2.4. Blütenökologie

Blütenökologie beschäftigt sich mit den Wechselbeziehungen zwischen Blüten und ihrer abiotischen und biotischen *Umwelt*. Selektionsdruck für die Entwicklung enger Beziehungen zwischen Blüten und Tieren besteht in der Notwendigkeit, die Pollenübertragung zu sichern. Es sind in der Evolution viele Bestäubungsmechanismen entwickelt worden (Lage der Nektarien, Blütenform und -farbe, Duftstoffe usw.), unter denen spezielle Anpassungen zwischen Blütenmerkmalen und Insektenbestäubern eine besondere Rolle spielen. Anpassungen bei den Insekten betreffen v. a. morphologische Merkmale (Mundwerkzeuge, Sammelvorrichtungen) und Verhaltensweisen (Schweben vor der Blüte, Hineinkriechen in die Blüte, tageszeitlich abhängige Sammelperioden, Lernvorgänge usw.). Wie sich nah verwandte Arten in ihren Anpassungen unterscheiden, läßt sich am besten an Bienen (Apidae) und Hummeln (Bombus spp.) untersuchen.

3.2.4.1. Untersuchungsobjekte

Verschieden blühende Pflanzenarten; blütenbesuchende Insekten, bes. Hautflügler (Hymenoptera) und Zweiflügler (Diptera).

3.2.4.2. Gelände

Blühende Wiesen, Wegraine, Waldränder.

3.2.4.3. Methoden

Genaues Beobachten und Zählen; Präparieren und Messen; Farbmarkierungen; Versuche über den Einfluß von Ort, Struktur, Farbe und Duft einer Blüte auf den Insektenbesuch.

3.2.4.4. Spezielle Problemstellung

1. Welche Insektenarten gehen an welche Blütenarten?
2. Besuchen bestimmte Insektenarten immer die gleichen Blütenarten?
3. Nehmen die einzelnen Arten an den Blüten Nektar und/oder Pollen auf?
4. Welche morphologischen Anpassungen gibt es zwischen den Insekten und Blüten: a) Wie lang sind die Insektenmundteile, wie lang die Blütenröhren? b) Wo sind an der Blüte die Nektarquellen? c) Welche Sammelvorrichtung haben die untersuchten Bienenarten?
5. Welche Mechanismen besitzen einzelne Blütenarten, um die Bestäubung durch Insekten zu sichern? Auf welchem Weg gelangt der Pollen auf den Insektenkörper und zur Narbe anderer Blüten?
6. Was ist das Ergebnis eines Blütenbesuches durch ein Insekt? Wie unterscheidet sich der Zustand der Blüte vor und nach dem Besuch?
7. Welche Mengen an Pollen und Nektar bieten einzelne Blüten?
8. Wie oft und in welchen Zeitabständen wird eine bestimmte Blüte hintereinander vom gleichen Individuum bzw. von der gleichen Art besucht?
9. Sind bestimmte Insektengruppen auf bestimmte Blütenfarben spezialisiert? Sind Blütenfarben und -typ miteinander korreliert?
10. Werden die Insekten optisch oder über den Geruchsinn zu den Blüten gelockt?
11. Welche Bedeutung haben Blütenumrisse (z. B. kreis- oder sternförmig)?
12. Wann landen Insekten bevorzugt auf dem Rand, wann auf der Mitte der Blüte? Welche Rolle spielen dabei Saftmale?
13. Sind einzelne Individuen einer Insektenart (z. B. Sammelbienen) auf unterschiedliche Blüten spezialisiert?
14. Welche ethologischen Anpassungen gibt es bei den Blütenbesuchern?
15. Merken sich manche Insekten die Standorte einzelner Pflanzen?
16. Bei welchen Arten findet sich Nektardiebstahl?
17. Welche Hummelarten fliegen im Biotop und wie unterscheiden sie sich beim Blütenbesuch?

18. Werden auch windblütige Pflanzen von Bienen zum Pollensammeln besucht?

3.2.4.5. Ausführung

Im Untersuchungsgebiet werden nach Möglichkeit Insektenblüten mit folgenden Gestalttypen aufgesucht und bestimmt:

1. Scheiben-Schalenblumen,
2. Trichterblumen,
3. Glockenblumen,
4. Stieltellerblumen,

5. Lippenblumen,
6. Schmetterlingsblumen,
7. Köpfchenblumen.

Es werden die an den genannten Blütenarten häufigsten Insektenbesucher gefangen, bestimmt und deren Morphologie (speziell Rüssellänge) mit der Morphologie der Blüten (insbes. Nektarort) verglichen. Reihenmessungen werden v. a. mit den Hummelarten und solitären Bienenarten vorgenommen.

Mit Hilfe von Dauerbeobachtungen an einzelnen, häufig vertretenen Blüten werden Korrelationen zwischen Besucher und Blütenart festgestellt. Dabei soll sehr genau darauf geachtet werden, ob die Blütenbesucher den Pollen und/oder den Nektar aufnehmen. Man muß beim Studium des Blütenbesuches v. a. bei Bienen und Hummeln eine klare Vorstellung darüber bekommen, ob und wie das individuelle Verhalten des Insekts an der Blüte zur Bestäubung der Blüte beiträgt.

Durch Farbmarkierungen von Hummel- und Honigbienen-Individuen kann man Blumenstetigkeit prüfen. Ein Teil des Versuchsgeländes wird mit den Standorten der angeflogenen Blüten skizziert und der Blütenbesuch der Hummeln oder Bienen mit Hilfe eines Kassettenrecorders protokolliert.

Es gibt eine Reihe von Experimenten, die sich zum Studium der für den Blütenbesuch determinierenden Faktoren eignen: Versetzen von Blumen, Beschneiden von Blüten, Überkleben oder Bemalen von Blütenblättern, Darbieten von Blütenattrappen verschiedener Form, Farbe und mit und ohne künstliche Saftmale; Darbieten von duftenden Blüten in Leinensäckchen und Blütenextrakten. Damit Farbversuche mit Blütenattrappen reproduzierbar sind, müssen Farbpapiere einer genormten Serie (z. B. Heringsfarbpapierreihe, Hesselgrens Farbsystem, Oswald-Farbenatlas) verwendet werden. Zur Prüfung der Blütenbesucher auf UV-Empfindlichkeit kann man künstliche Blüten mit

Bleiweiß und Zinkweiß anfärben. Ultraviolett wird nur von Bleiweiß reflektiert. Für die Wahlversuche ist eine Stecktafel geeignet. Blütenduftstoffe kann man mit Äther extrahieren.

Um zu erfahren, ob es die optischen oder chemischen Eigenschaften einer bestimmten Blüte sind, die das Insekt zu den Blüten lenken, bietet sich folgender Versuch an (Schremmer 1941): Man stülpt über die Blüten nur nach unten offene Glasröhren und beobachtet, ob sich das angeflogene Insekt der unteren Öffnung der Glastube (Duftanlockung ausschlaggebend) zuwendet oder die Blüte direkt durch das Glasröhrchen zu erreichen versucht (optische Beschaffenheit der Blüte ausschlaggebend). Die Glastube wird durch einen im Boden steckenden Eisendraht gehalten.

Um die Nektarproduktion einer Blüte festzustellen, kann man einzelne Blüten vom Blütenbesuch durch Insekten mit Gazebeutelchen ausschließen und selbst mit Kapillaren (oder sehr feinen Spritzen bzw. Glaspipetten) den Nektar aus der Blüte in bestimmten Zeitabständen aufsaugen und die Kapillarröhrchen vor und nach der Füllung wiegen. In manchen Fällen läßt sich auch der Pollen abwiegen, wenn man ihn in kleine, selbstgemachte Trichterchen aus Silberpapier füllt.

3.2.4.6. Auswertung

Längsschnitte durch einzelne Blütentypen mit Lage der Nektarien werden halbschematisch gezeichnet. Blütenarten und dazugehörige Blütenbesucher stellt man am besten tabellarisch zusammen. Unterschiede in der Rüssellänge nah verwandter Arten werden mit dem t-Test geprüft (vgl. 4.1.2.1.). Ob ein Zusammenhang zwischen Rüssellänge und Körperlänge oder Rüssellänge und Länge der besuchten Blumenkrone besteht, prüft man über Korrelation und Regression (vgl. 4.1.8.). Inwieweit Blumenarten und bestimmte Blumenbesucher, Blütenfarben und Blütenbesucher zusammenhängen, kann man über die Assoziationsanalyse prüfen (vgl. 4.2.5.). Ebenso über die Vierfeldertafel vergleicht man Besuchshäufigkeiten an unveränderten und experimentell veränderten Blumen bzw. an verschiedenen Blütenattrappen (4.1.7.1.).

3.2.4.7. Weiterführende Literatur

Aichele, D., 1973

Ehrlich, P. R., und *Raven, P. H.,* 1964

Free, J. B., und *Butler, C. G.,* 1959

Gerner, W., 1972

Knoll, F., 1956

Kugler, H., 1970

Manning, A., 1956a, 1956b   Schremmer, F., 1941, 1949, 1955,
Percival, M. S., 1965   1961, 1973
Pittioni, B., 1942   Tinbergen, N., 1964
Proctor, M., und Yeo, P., 1973

3.2.5. Nahrungsnetz und Produktion

Um das Funktionieren eines *Ökosystems* zu verstehen, ist es notwendig, die Rate des *Energieflusses* im Ökosystem zu kennen. Es ist allerdings schwer und nur über Umwege möglich, den Energiefluß quantitativ zu erfassen. Einen Hinweis dafür, welchen Weg der Energiestrom im Ökosystem nimmt, findet man durch die Nahrungsbeziehungen zwischen den einzelnen Organismen. Da ein *Konsument* in seiner Nahrung meist nicht nur auf eine Pflanzen- oder Tierart beschränkt ist und sich oft nicht nur einer *Trophieebene* zuordnen läßt, lassen sich Nahrungsbeziehungen nur in einem Netz darstellen. Stellt man auch nur die *Dominanten* in jeder trophischen Stufe fest, lassen sich bereits qualitative Aussagen über die Energieverteilung im Ökosystem machen.

Der zweite Schritt zur Untersuchung des Energiestroms im Ökosystem ist die Messung der Produktion. Während sich die *Sekundärproduktion* in terrestrichen Ökosystemen nur sehr umständlich erfassen läßt, ist die *Primärproduktion* der vorherrschenden *Produzenten* meist in kürzerer Zeit meßbar. Zu einer ersten Schätzung der Energieinhalte kann man die bestimmte *Biomasse* in Kalorien nach Erfahrungswerten für die hauptsächlich vorgefundenen Pflanzenorgane (z. B. Blätter, Wurzeln usw.) umrechnen.

3.2.5.1. Untersuchungsobjekte

Pflanzenbestand; herbivore, saprovore und carnivore Gliederfüßer (Arthropoda); Vögel (Aves).

3.2.5.2. Gelände

Ein möglichst einheitlicher, einfach strukturierter Pflanzenbestand; Grasland, Schilfgürtel, bewachsene Sanddünen, Moor.

3.2.5.3. Methoden

Arthropodenfang mit Streifnetz, Klopfschirm, Wasserschalen, Barberfallen u. a.; Feststellung der Vogelarten im Gebiet; Messungen der Primärproduktion nach der Erntemethode.

3.2.5.4. Spezielle Problemstellung

1. Welche Arten dominieren innerhalb der Biozönose und welchen trophischen Ebenen sind sie zugeordnet?
2. Von welchem Herbivor wird die dominante Pflanzenart am stärksten genutzt?
3. Welche Gallenbildungen treten an der dominanten Pflanzenart auf?
4. An welchem Standort wird die dominante Pflanzenart am stärksten von Pflanzenschädlingen befallen?
5. Wie kann man die vorgefundenen Arten des untersuchten Ökosystems durch ein Nahrungsnetz verknüpfen?
6. Entsprechen die Nahrungsbeziehungen in der studierten Biozönose mehr einer Detritus- oder einer Weide-Nahrungskette?
7. Wie groß ist die Primärproduktion im Ökosystem?

3.2.5.5. Ausführung

Das komplexe Thema läßt verschiedene Spezialisierungen bei seiner Ausführung zu. Grundsätzlich kann es innerhalb des Kurses auf zwei verschiedenen Wegen angegangen werden. Ist das Untersuchungsgebiet reich strukturiert, empfiehlt es sich, die Fang- und Beobachtungsergebnisse anderer Arbeitsgruppen, vor allem die mit den Themen Mannigfaltigkeit, Zonationsbiozönosen, Ökologische Sonderung, Flächenabhängigkeit und Ressourcenangebot, zu verwerten. Findet sich ein einfach strukturiertes, relativ gut abgrenzbares Klein-Ökosystem, wie ein Schilfbestand, eine bewachsene Sanddüne, ein Moor usw., dann lohnt es sich, dieses Ökosystem auch unabhängig von anderen Themen zu bearbeiten.

Das Untersuchungsgebiet wird mit seinen verschiedenen Sammelstellen skizziert. Zur Erfassung des Ökosystems ist zunächst eine Bestandsaufnahme nötig. Dafür soll die dominierende Pflanzenart untersucht und die Tierwelt hauptsächlich qualitativ studiert werden. Die im Boden lebenden Arten werden aus praktischen Gründen vernachlässigt. Zum Fang der Tiere verwendet man möglichst verschiedene Geräte (vgl. 5.2.). Im Boden werden einige Barberfallen angebracht. Eine evtl. vorhandene Streuschicht siebe man mit dem Käfersieb nach größeren Arthropoden und Schnecken aus. Im Gebiet stellt man einige Wasserschalen (vgl. 5.2.10.) auf.

Mit dem Streifnetz werden wiederholt standardisierte Kescherfänge vorgenommen. An Sträuchern und kleinen Bäumen wird mit dem Klopfschirm, der Klopfschachtel und der Klappschachtel gesammelt. Unter größere Bäume legt man ein weißes Leinentuch und sammelt die durch Schlag gegen den Baum herunterfallenden Insekten und Spinnen. In allen Fällen begnügt man sich, beim Sortieren der Arthropoden einzelne Gruppen oder Arten mit „überaus zahlreich, häufig, gelegentlich oder selten" zu klassifizieren und versucht, nur die Arten (bzw. Gruppen) der ersten beiden Kategorien zu bestimmen. Die vorhandenen Vogelarten stellt man durch Beobachtungsgänge entlang von Transektlinien fest (vgl. 3.2.2.5.).

Die dominante Pflanzenwelt untersuche man auf die wichtigsten Pflanzenschädlinge und registriere Blattlausbefall und Gallenbildungen. Mit Quadratuntersuchungen (vgl. Tab. 5.10.8.) prüfe man, ob sich der Befall in den Randzonen quantitativ von dem in der Mittelzone des Bestandes unterscheidet. Bei Schilf z. B. wird dazu jeweils ein Quadratmeter aus verschiedenen Zonen abgemäht, die Halme vermessen und der Befall nach Untersuchung der äußeren und durch Aufschlitzen auch der inneren Pflanzenteile protokolliert.

Die Nettoproduktion eines Graslandes oder Schilfbestandes mißt man unter der vereinfachenden Annahme, daß in der Untersuchungszeit die Zersetzung von sterbenden Pflanzenteilen vernachlässigbar ist, folgendermaßen: Von 2 abgesteckten, gleichartigen Versuchsflächen entfernt man von Fläche 1 alles tote Pflanzenmaterial zu Beginn des Experiments. Von Fläche 2 wird zu Beginn alles lebende Pflanzenmaterial (b_0) und Wurzelmaterial (r_0) gemessen. Die Wurzelmasse bestimmt man, nachdem man alles Erdmaterial von den Wurzeln gewaschen hat. Am Ende der Versuchsperiode wird von Fläche 1 alles lebende Pflanzenmaterial (b_1), totes Pflanzenmaterial (d) und die Wurzelmasse (r_1) gesammelt und gewogen. Man mißt stets nur das Trockengewicht des Pflanzenmaterials nach etwa 48stündiger Trocknung im Wärmeschrank bei 100 °C.

Bei der Untersuchung eines überfluteten Schilfbestandes wird man die unterirdische Biomasse, die ohnedies aus Anteilen mehrerer Jahre besteht, aus technischen Gründen meist vernachlässigen.

3.2.5.6. Auswertung

Die gesammelten und beobachteten Tiergruppen ordnet man einer bestimmten trophischen Stufe zu, wobei man mit Hilfe der Literatur die Nahrungsbeziehungen der häufigsten Arten aufklären kann. Erstes Ziel der Untersuchung soll es sein, die Kompartimente des Ökosystems-Modells von Ellenberg (1973) mit eigenen Ergebnissen auszufüllen. Dabei werden nur die Dominanten und Influenten berücksichtigt. Als zweite Stufe der Auswertung konstruiere man, ausgehend von der dominanten Pflanzenart, ein detailliertes Nahrungsnetz für die gesammelten und beobachteten Tiergruppen. Soweit es möglich war, berücksichtigt man auch die relativen Häufigkeiten der Tiergruppen.

Bei der Untersuchung eines Schilfbestandes prüfe man Abhängigkeitsbeziehungen zwischen Halmdicken, Halmdichten, Standorten und Fraß- bzw. Gallenhäufigkeit über eine Regressionsanalyse (vgl. 4.1.8.2.).

Die Nettoprimärproduktion (P_N) errechnet sich folgendermaßen:

$$P_N = (b_1 - b_o) + d + (r_1 - r_o)$$

Erläuterung der Buchstaben s. 3.2.5.5.

Es ist üblich, die gewonnenen Daten über den Biomassenzuwachs in Kalorien umzurechnen. Als Richtwerte für Pflanzenmaterial gelten für

Blätter	4,2 kcal/g Trockengewicht
Stengel und Stämme	4,3 kcal/g Trockengewicht
Wurzeln	4,7 kcal/g Trockengewicht
Samen	5,1 kcal/g Trockengewicht
Streu	4,3 kcal/g Trockengewicht

(aus Southwood 1971).

3.2.5.7. Weiterführende Literatur

Berthold, P., 1976
Brauns, A., 1970
Collier, B. D., et al., 1973
Coupland, R. T., et al., 1969
Dylla, K., und *Krätzner, G.,* 1972
Ellenberg, H., 1973
Falkenberg, H., 1968
Hanson, H. C., 1950
Jacobs, W., Renner, M., 1974
Löffler, H., 1974
Lomnicki, A., et al., 1968
Mook, J. H., 1967

Odum, E. P., 1971
Poole, R. W., 1974
Schremmer, F., 1949
Schubert, P., 1970
Smith, F. E., 1970
Van Dyne, G. M., 1966, 1969
Waitzbauer, W., 1972
Watt, K. E. F., 1966
Wiegert, R. G., 1962
Wilmanns, O., 1973
Woodwell, G. M., 1970

3.2.6. Sukzession

Unter ökologischer *Sukzession* versteht man die zeitliche, aperiodische Umwandlung eines *Ökosystems.* Sie äußert sich in einer Änderung der Artenzusammensetzung. Meist ist die Änderung oder Entwicklung eines Ökosystems ein vieljähriger Prozeß, der von der jeweils vorhandenen *Biozönose* beeinflußt wird. Physikalische Faktoren bestimmen u. a. die Geschwindigkeit der Umwandlung und die Grenzen des Endstadiums der Entwicklung. Folgen mehrjähriger Sukzession lassen sich in kurzer Zeit nur mit statischer Betrachtungsweise am Vergleich verschiedener Sukzessionsstadien studieren, wie z. B. die Untersuchung von Baumstümpfen verschiedener Altersklassen. Dynamische Erscheinungen der Sukzession lassen sich besonders gut an Aas (oder Kuhfladen) untersuchen, da diese *Biochorien* einem schnellen Abbau unterliegen. Während aber Ökosysteme im Verlauf einer Sukzession einem nahezu stabilen Endzustand zustreben, gehen diese Kleinbestände vollständig im Ökosystem auf.

Die Untersuchungen an Aas bieten auch Gelegenheit, durch Markieren und Aussetzen der angeflogenen Aasbesucher (Fliegen (Diptera), Käfer (Coleoptera)) Aussagen über deren *Dispersions*dynamik und Geruchsanlockung zu machen.

3.2.6.1. Untersuchungsobjekte

Kleinsäugeraas, Froschaas, Schneckenaas; Tierexkremente (z. B. Kuhfladen); Baumstümpfe verschiedener Altersklassen.

3.2.6.2. Gelände

Grundsätzlich ist jede Art von natürlichem Gelände geeignet für die Untersuchung. Am vorteilhaftesten für Aasversuche ist jedoch offenes Gelände, da sich dort die Duftanlockung der Aasbesucher am besten verfolgen läßt. Da Tierexkremente zu Beginn der Untersuchung frisch sein müssen, empfiehlt sich diese Arbeit in der Nähe einer Kuhherde.

Baumstümpfe verschiedener Altersklassen findet man am besten innerhalb eines Forstbetriebes, wo man zudem das Alter einzelner Schläge erfahren kann.

3.2.6.3. Methoden

Fallenfang; genaues Absammeln, Zählen und Sortieren des Tiermaterials.

3.2.6.4. Spezielle Problemstellung

Für Aas (bzw. Kuhfladen):
  1. Welche Insektenarten kommen zum Aas?

2. In welcher Reihenfolge und in welcher Individuenzahl kommen die einzelnen Arten? Welche Gruppen dominieren?
3. Lassen sich einzelne Sukzessionsstadien unterscheiden?
4. In welchem quantitativen Verhältnis stehen Aasverwerter und Räuber?
5. Läßt sich unter den Räubern am Aas Konkurrenz nachweisen?
6. Wie lange verweilen die einzelnen Arten am Aas?
7. Verläuft die Sukzession anders, wenn a) keine Aasbesucher abgefangen werden oder b) keine Insekten an das Aas gelassen werden?
8. Was lockt die Insekten an das Aas: Aasgeruch durch entstehende Gase, Bakteriengeruch, Fliegenmadengeruch?
9. Fliegen die Insekten das Aas direkt an oder landen sie in der Umgebung und laufen zum Aas?
10. Gibt es Unterschiede in der Tag-Nacht-Aktivität der Aasanflüge?
11. Aus welcher Entfernung kommen einzelne Aasbesucher?
12. Wie streng sind Windrichtung und Anfluggebiet gekoppelt?
13. Wie unterscheidet sich die Sukzession bei Ratten-, Frosch- und Schneckenaas?

Für Baumstümpfe:
14. Wie unterscheidet sich die Kleintierfauna (Arthropoden, Regenwürmer, Schnecken) verschieden alter Baumstümpfe?
15. Welche Tierarten greifen den Baumstumpf von der Rinde, welche vom Holz oder von der Wurzel aus an?
16. In welchem quantitativen Verhältnis stehen Holz- bzw. Rindenverwerter und Räuber am Baumstumpf?
17. Läßt sich unter den Räubern am Baumstumpf Raumkonkurrenz nachweisen?
18. Wie beeinflussen Ameisen, die einen Baumstumpf besiedeln, die übrige Fauna?
19. Von wo aus wird der Baumstumpf am schnellsten abgebaut?
20. Verläuft die Sukzession an feuchten Standorten schneller?
21. Wie unterscheidet sich die Fauna an Koniferen- und Laubbaumstümpfen?

3.2.6.5. Ausführung

Im folgenden soll nur näher auf die praktische Arbeit an Aas eingegangen werden. Die meisten Arbeitsgänge lassen sich auf Untersuchungen an Tierexkrementen übertragen, wobei man allerdings beachten muß, daß der Fangkasten bereits in den ersten Minuten nach Anfallen der Exkremente aufgebaut werden muß (gilt speziell für Kuhfladen).

Die Arbeit am Baumstumpf erfordert v. a. bereits am Arbeitsort eine genaue Protokollführung. Arbeitsgeräte beim Zerlegen eines Baumstumpfs sind hauptsächlich ein starkes Messer, eine kleine Schaufel, Exhaustor und lange Pinzetten.

Als Aas verwendet man am besten Laborratten, die man zu Beginn des Versuches mechanisch abtötet. Eine Ratte wird frei zur Beobachtung (im offenen, grobmaschigen Gitterkäfig) ausgelegt. Ein Fangkasten (s. 5.2.19.) wird als Kontrolle leer (ohne Aas) aufgestellt. Weitere Fangkästen werden mit Rattenaas bestückt, evtl. je 1 Kasten mit Frosch- und Schneckenaas, sofern man diese Tiere am Ort leicht beschaffen kann. Schubläden und Nochtgläser werden täglich einmal abgesammelt und das gefangene Tiermaterial später gezählt und bestimmt. An einem Rattenaas, das erhöht auf einem weitmaschigen Gitter über einer Wanne liegt, werden die nach unten fallenden Fliegenmaden entnommen, gereinigt und isoliert in einer weiteren Falle für Aasbesucher ausgelegt.

Um Anflüge bei Tag oder Nacht festzustellen, müssen zu entsprechenden Zeiten die Fallen geleert werden.

Um zu untersuchen, aus welcher Entfernung und Richtung Aasbesucher anfliegen, fängt man eine Anzahl (z. B. Lucilia, Histeriden, Silphiden) lebend am Aas ab, markiert sie und läßt sie an der gewünschten Stelle wieder frei. Zur Markierungstechnik vergleiche Kapitel 3.1.2.5.

3.2.6.6. Auswertung

Die Auswertung erfolgt über genaues Auflisten der gefangenen Tiere mit Berücksichtigung des Zeitpunktes, zu dem das Versuchsobjekt getötet wurde (Tabelle anlegen). Der Anflug von Gruppen mit mehr als 5 Individuen wird graphisch in der Weise dargestellt, daß die Ordinate den Anflug der einzelnen Gruppen in % vom Gesamtanflug ihrer Gruppe und die Abszisse die Tage nach Versuchsbeginn angeben. Unterschiede zwischen einzelnen Sukzessionsversuchen werden wegen der geringen Versuchsanzahl nur an den graphischen Darstellungen diskutiert. Können zahlreiche Experimente mit markiert freigelassenen Aasbesuchern gemacht werden, empfiehlt sich eine Auswertung über die Kreisstatistik, siehe dazu Batschelet (1965).

3.2.6.7. Weiterführende Literatur

Batschelet, E., 1965
Bornemissza, G. F., 1957
Chapman, R. F., Sankey, J. H. P.,
  1955
Fuller, M., 1934
Hennig, W., 1950

Kühnelt, W., 1950
Likovsky, Z., 1967
Lundt, H., 1964
Pukowski, E., 1933
Steiner, G., 1953
Walsh, G. B., 1931, 1933

3.3. Vorschläge für weitere Untersuchungen

Variationen der in Kapitel 3.1. und 3.2. angesprochenen Problemstellungen und deren Bearbeitung ergeben sich zwangsläufig aus dem gewählten Gelände und den von dort kommenden Tierarten. Mit den ausgearbeiteten Themen sind natürlich noch nicht alle terrestrischökologischen Probleme in einem Kurs behandelt. Daher sollen noch einige weitere Untersuchungsmöglichkeiten angedeutet werden. Mit Farbschalen läßt sich ein Versuch aufbauen, in dem die verschieden starke Anlockung durch einzelne Farben und die unterschiedliche Flughöhe einzelner Insekten getestet werden.

Beziehungen der Tiere zu ihrer abiotischen Umwelt können über die angegebenen Versuche hinaus noch in vielerlei Hinsicht aufgedeckt werden. Für Messungen von Unterschieden in der Besiedlung und Aktivität der Kleintiere auf der Ost- oder Westseite von Baumstämmen eignen sich Baumeklektoren. Das großräumige Sammeln von Schnecken (möglichst in Gelände mit deutlichen Höhenunterschieden) kann deren Beziehung zu Bodenverhältnissen (Feuchtigkeit, Kalkgehalt) und Klimafaktoren aufklären.

Kleinsäuger eignen sich für Populationsschätzungen. Hierbei setzt man unter Anwendung der Wiederfang-Methode Kastenfallen und Fallgruben ein, letztere vor allem für Wühlmäuse. Die Vikarianz zweier Mäusearten läßt sich mit Schlagfallen untersuchen, wobei sich die Fragestellung ergibt, inwieweit zwei Arten (z. B. Waldmaus und Gelbhalsmaus oder Erdmaus und Feldmaus) sich durch gleiche Lebensweise ökologisch vertreten, aber verschiedene Ansprüche an die abiotische Umwelt stellen.

Taufliegenarten (Drosophila) eignen sich zum Studium der Dispersionsdynamik. Die Zuchten werden markiert (z. B. mit fluoreszierendem Farbstoff), freigelassen und das Eintreffen der Individuen an verschiedenen Köderstellen registriert. Durch Beobachtungen von Drosophila-Arten an den Fangstellen bekommt man auch Hinweise zu deren Verbreitung und Konkurrenz.

Aktivitätsmessungen an Grabwespen (Sphecidae) und solitären Bienen (Apidae) lassen sich mit an den Erdnestern angebrachten Lichtschranken (Abb. 5.3.5.) vornehmen.

Versuche zur Bienenorientierung und -kommunikation mit einem geliehenen Bienenstock (Apis mellifica) und im Gelände aufgestellten Futterschälchen streifen zwar ökologische Fragen nur am Rande, können ein Freilandpraktikum aber sinnvoll ergänzen.

In einem Laub- oder Mischwald kann man Versuche zur Laubstreuzersetzung durchführen, indem man einzelne Parzellen nur mit bestimmten Tiergruppen z. B. Doppelfüßer (Diplopoda), Asseln (Isopoda), Regenwürmern (Lumbricidae) oder nur Springschwänzen (Collembola), Milben (Acari) und Mikroorganismen besetzt. Mit zahlreich aufgestellten Bodeneklektoren lassen sich Artenzusammensetzungen und Phänologie schlüpfender Insekten vergleichen. Als Beispiel für den Befall einer Pflanze durch verschiedene parasitische Tierarten fällt man (in Zusammenarbeit mit der zuständigen Forstverwaltung) am besten einen jüngeren Laubbaum und erfaßt alle minierten Blätter und Blattgallen in den einzelnen Kronenbereichen. Ebenso lassen sich Zahl und Zustand der angefressenen Blätter bestimmen.

Die Entwicklung eines Mikroökosystems läßt sich auch an Einzellern (Protozoa) und Rädertieren (Rotatoria) an künstlich im Gelände installierten kleineren Frischwasserstellen studieren.

4. Quantitative Auswertung

Die Ausführungen dieses Kapitels ersetzen kein statistisches Lehrbuch, sondern bieten die nötige Mindestmenge an Statistik und eine kleine Auswahl von Berechnungen für die Bearbeitung der in Kapitel 3 angesprochenen Fragestellungen.

4.1. Statistische Auswertungsmethoden

Zur Beurteilung von Messungen oder Zählungen sind statistische Methoden notwendig. Es werden damit hauptsächlich die Fragen untersucht, ob erhaltene Werte von beobachteten Erscheinungen oder Unterschiede in den *Stichproben* als Zufallsergebnisse gelten können oder typisch bzw. signifikant sind. Mit Hilfe eines statistischen Tests prüft man, mit welcher Wahrscheinlichkeit eine aufgestellte *Nullhypothese* (H_0) gestützt oder abgelehnt werden muß. Die Nullhypothese besagt, daß zwei Stichproben in einem oder mehreren Merkmalen übereinstimmen. Man berechnet eine *Prüfgröße* und vergleicht diese mit Tafelwerten, die angeben, mit welcher Wahrscheinlichkeit eine ebenso große Prüfgröße erwartet werden kann. Der Wahrscheinlichkeitswert der Prüfgröße ist abhängig von den bestehenden *Freiheitsgraden* (ν), der Anzahl frei wählbarer Stichprobenwerte. Ist die Wahrscheinlichkeit für den Wert der Prüfgröße kleiner als 5% (oder 1%), so lehnt man anhand der vorliegenden Stichprobe H_0 vereinbarungsgemäß auf dem 5%- (oder 1%-) *Signifikanz*niveau ab und nimmt mit der entsprechenden Irrtumswahrscheinlichkeit P von 5% (oder 1%, $P \leqq 0,05$ oder $P \leqq 0,01$) die *Alternativhypothese* H_A an. Mit H_A wird behauptet, daß zwei Stichproben in einem oder mehreren Merkmalen nicht übereinstimmen.

Um eine statistische Auswertung vornehmen zu können, muß bereits die Fragestellung exakt und quantitativ gefaßt sein. Eine statistische Bearbeitung der Ergebnisse beseitigt niemals methodische oder *systematische Fehler* bei der Untersuchung.

Definitionen und Beschreibungen der im Text erwähnten Fachausdrücke finden sich im Kapitel 5.9.

4.1.1. Kenngrößen

Aus einer Reihe von Beobachtungen bildet man meist folgende *Kenngrößen:* Arithmetischer *Mittelwert* (bei symmetrischer *Häufigkeitsverteilung*):

$$\overline{x} = \frac{\Sigma x}{n}$$

Median $\widetilde{x}$ (bei schiefer und einseitiger Verteilung): der in der Mitte liegende Zentralwert von den nach der Größe geordneten n Stichprobenwerten. Bei geradem n das arithmetische Mittel der beiden zentralen Werte $(\widetilde{x}) = n \cdot 0,5 + 0,5)$.

Varianz:

$$s^2 = \frac{\Sigma(x - \overline{x})^2}{n-1} = \frac{\Sigma x^2 - \frac{(\Sigma x)^2}{n}}{n-1}$$

Standardabweichung: $s = \sqrt{\text{Varianz}}$

Variationskoeffizient (in %): $V_r = \frac{s \cdot 100}{\overline{x} \cdot \sqrt{n-1}}$

Standardfehler: $s_{\overline{x}} = \sqrt{\frac{s^2}{n}}$

Vertrauensbereich des Mittelwerts μ:

— bei angenähert normalverteilter Grundgesamtheit

$\overline{x} - t \cdot s_{\overline{x}} \leqq \mu \leqq \overline{x} + t \cdot s_{\overline{x}}$

für 95% — Vertrauensbereich (t_ν; 0,05) s. Tabelle 5.10.1.;
die Freiheitsgrade sind $\nu = n - 1$.

— bei nicht normalverteilter Grundgesamtheit

$x_{(h+1)} \leqq \mu \leqq x_{(n-h)}$ $x_{1,2,..n}$ = aufsteigend angeordnete Stichprobenwerte

für $h_{n; 0,05}$ s. Tabelle 5.10.1.

Um die Streuung zu berücksichtigen, gibt man Mittelwert und Standardabweichung üblicherweise in folgender Form an: $\overline{x} \pm s$

4.1.2. Vergleich zweier unabhängiger Stichproben (Mittelwertsvergleich stetiger Merkmalsreihen)

Aufgabe der statistischen Tests für den Vergleich zweier unabhängiger *Stichproben* ist es zu prüfen, ob die beiden Stichproben hinsichtlich ihrer Variabilität unterschiedlichen *Grundgesamtheiten* angehören. Bei angenäherter *Normalverteilung* vergleicht man die gebildeten *Mittelwerte* der beiden Beobachtungsreihen und prüft, ob sie mit einer bestimmten Wahrscheinlichkeit signifikant voneinander verschieden sind oder ob die Unterschiede auch zufällig bedingt sein können. Mit dem verteilungsfreien U-Test prüft man die Stichproben hinsichtlich der Gleichheit ihrer Verteilungsfunktionen und damit auch hinsichtlich der Gleichheit ihrer Median- oder Mittelwerte.

Bevor entschieden wird, welchen Test man anwendet, muß entschieden werden, ob die Stichproben aus angenähert normalverteilten oder aus unbekannt verteilten Grundgesamtheiten entstammen. Tests, die in der Normalverteilung wurzeln, sind genauer. Ob die Daten angenähert normalverteilt sind, läßt sich u. a. mit Hilfe der Summenprozentkurve im Wahrscheinlichkeitsnetz prüfen (4.1.3.1.).

4.1.2.1. Mittelwertsvergleich für angenähert normalverteilte Grundgesamtheiten

4.1.2.1.1.

Mit Hilfe des F-Tests wird geprüft, ob die Varianzen der beiden Beobachtungsreihen gleich oder ungleich sind. Je nach Ausgang des F-Tests wird die entsprechende Formel des t-Tests benutzt.

F-Test: Vergleich zweier Varianzen: $(s_1^2 > s_2^2)$

Bei $\hat{F} = \dfrac{s_1^2}{s_2^2} \geqq F_{\nu_1; \nu_2; \alpha}$ werden ungleiche Varianzen angenommen mit Signifikanz auf dem α-%-Niveau.

F-Werte s. Tabelle 5.9.2.

4.1.2.1.2.

t-Test: Vergleich zweier unabhängiger Stichproben:

für gleiche Varianzen: $(\overline{x}_1 > \overline{x}_2)$

$$\hat{t} = \frac{\overline{x}_1 - \overline{x}_2}{\sqrt{\dfrac{(n_1 - 1)s_1^2 + (n_2 - 1)s_2^2}{n_1 + n_2 - 2} \left[\dfrac{1}{n_1} + \dfrac{1}{n_2}\right]}} \qquad \nu = n_1 + n_2 - 2$$

bei $n_1 = n_2$ errechnet sich t einfacher nach:

$$\hat{t} = \frac{\overline{x}_1 - \overline{x}_2}{\sqrt{\dfrac{s_1^2 + s_2^2}{n_1}}} \qquad\qquad \nu = 2\,n_1 - 2$$

für ungleiche Varianzen:

$$\hat{t} = \frac{\overline{x}_1 - \overline{x}_2}{\sqrt{\dfrac{s_1^2}{n_1} + \dfrac{s_2^2}{n_2}}} \qquad\qquad \nu = \frac{\left(\dfrac{s_1^2}{n_1} + \dfrac{s_2^2}{n_2}\right)^2}{\dfrac{\left(\dfrac{s_1^2}{n_1}\right)^2}{n_1 + 1} + \dfrac{\left(\dfrac{s_2^2}{n_2}\right)^2}{n_2 + 2}} - 2$$

bei $n_1 = n_2$:

$$\hat{t} = \frac{\overline{x}_1 - \overline{x}_2}{\sqrt{\dfrac{s_1^2 + s_2^2}{n_1}}} \qquad\qquad \nu = \frac{(n_1 - 1)\,(s_1^2 + s_2^2)^2}{(s_1^2)^2 + (s_2^2)^2}$$

Bei $\hat{t} \geqq t_{\nu;\,\alpha}$ liegt Signifikanz auf dem α-% Niveau vor.

t-Werte s. Tabelle 5.10.1.

4.1.2.2. Rechenbeispiel

An 3 Schmetterlingspopulationen wurden die Flügelspannweiten gemessen: Man teilt die Meßwerte in Klassen ein und legt eine Tabelle über die Häufigkeitsverteilung an s. S. 83.

Berechnung des Mittelwerts $\overline{x}_A$:

$$\overline{x}_A = \frac{\Sigma x}{n} = \frac{1 \times 41 + 3 \times 42 + \ldots + 1 \times 47}{35}$$

Berechnung der Varianz s_A^2:

$$s^2 = \frac{\Sigma x^2 - \dfrac{(\Sigma x)^2}{n}}{n - 1} = \frac{(41^2 + 3 \times 42^2 + \ldots + 47^2) - \dfrac{1544}{35}}{34}$$

Flügelspannweite mm	Population A			Population B			Population C		
	Ind.-Zahl	Σ kum.	Σ %	Ind.-Zahl	Σ kum.	Σ %	Ind.-Zahl	Σ kum.	Σ %
37,0−37,9				1					
38,0−38,9				1	2	0,7			
39,0−39,9				2	4	2,2	1		
40,0−40,9				3	7	4,8	4	5	3,6
41,0−41,9	1			2	9	8,2	6	11	11,5
42,0−42,9	3	4	3,0	3	12	12,7	12	23	28,0
43,0−43,9	6	10	10,4	6	18	19,4	8	31	50,3
44,0−44,9	12	22	26,7	6	24	28,4	3	34	74,8
45,0−45,9	8	30	48,8	4	28	38,8	1	35	100
46,0−46,9	4	34	74,0	2	30	50,0			
47,0−47,9	1	35	100	2	32	61,9			
48,0−48,9				1	33	74,2			
49,0−49,9				1	34	86,9			
50,0−50,9				1	35	100			
	$\bar{x} = 44,1$ $s^2 = 1,751$			$\bar{x} = 43,3$ $s^3 = 9,104$			$\bar{x} = 42,0$ $s^2 = 1,765$		

Frage: Unterscheiden sich die Mittelwerte $\bar{x}_A$ und $\bar{x}_C$ der Meßreihen in den Populationen A und C signifikant voneinander?

Prüfvorgang:
1. Prüfung auf Normalverteilung,
2. Vergleich der beiden Varianzen,
3. t-Berechnung,
4. Vergleich von $\hat{t}$ mit Tabellenwerten,
5. Annahme von H_0 bzw. Ablehnung von H_0 und Annahme von H_A.

zu 1.: Eine Normalverteilung wird im Beispiel vorausgesetzt (zur Prüfung vgl. 4.1.3.1.)

zu 2.: $\hat{F} = \dfrac{s_C^2}{s_A^2} = \dfrac{1,765}{1,751} = 1,008 < 1,78 = F_{34;\,34;\,0,05}$

Die beiden Varianzen unterscheiden sich nicht ($P < 0,05$)

zu 3.: $\hat{t} = \dfrac{\bar{x}_A - \bar{x}_C}{\sqrt{\dfrac{s_A^2 + s_C^2}{n_A}}} = \dfrac{44,1 - 42,0}{\sqrt{\dfrac{1,751 + 1,765}{35}}} = 6,626$

$= 2\,n_A - 2 = 2 \times 35 - 2 = 68$

zu 4.: $\hat{t} = 6{,}626 > 2{,}650 = t_{68;\,0{,}01}$

zu 5.:   Die Mittelwerte $\overline{x}_A$ und $\overline{x}_C$ sind signifikant voneinander unterschieden ($P < 0{,}01$).

4.1.2.3. Vergleich zweier unabhängiger Stichproben bei nicht bekannter Verteilungsform der Grundgesamtheiten

Sofern das Merkmal mehr oder weniger stetig ist und die beiden
Grundgesamtheiten gleiche Verteilungsform haben, wendet man den
U-Test *(Rangtest)* an.

U-Test:
Die Stichprobenwerte beider Beobachtungsreihen werden in eine
gemeinsame aufsteigende Rangfolge gebracht und jedem Wert eine
Rangzahl [von 1 bis $(n_1 + n_2)$] zugeordnet, wobei man festhalten
muß, welche Rangzahl zu welcher Stichprobenreihe gehört. Treten
gleiche Rangzahlen auf, weist man jedem Beobachtungswert den
Durchschnitt der Rangzahlen zu, die sie haben würden, wenn sie verschieden wären.
    Man bildet

$$U_1 = n_1 n_2 + \frac{n_1 (n_1 + 1)}{2} - R_1 \qquad R_1 (R_2) = \text{Summe der Rang-}$$

zahlen in der Reihe
vom Umfang n_1, n_2

und

$$U_2 = n_1 n_2 + \frac{n_2 (n_2 + 1)}{2} - R_2 \qquad U_1 + U_2 = n_1 n_2$$

Ist der kleinere der beiden U-Werte gleich oder kleiner als der
Tabellenwert (s. Tab. 5.10.3.), dann wird bei entsprechendem
Signifikanzniveau ein Unterschied der Mittelwerte angenommen.
    Für größere Stichprobenumfänge ($n_1 + n_2 > 60$) benützt man die
Gleichung:

$$U_{(n_1, n_2, \alpha)} = \frac{n_1 n_2}{2} - Z \sqrt{\frac{n_1 n_2 (n_1 + n_2 + 1)}{12}}$$

Z-Werte sind für $P = 0{,}05$ (0,01) bei einseitiger Fragestellung 1,6449
(2,3263), bei zweiseitiger Fragestellung 1,960 (2,5758).

Nur wenn in beiden Stichproben Beobachtungswerte einander gleich sind, wird der Wert von U beeinflußt. Es gilt dann die korrigierte Formel:

$$U = \frac{n_1 n_2}{2} - Z \sqrt{\left[\frac{n_1 n_2}{(n_1 + n_2)(n_1 + n_2 - 1)}\right]\left[\frac{(n_1 + n_2)^3 - (n_1 + n_2)}{12} - \sum \frac{t_r^3 - t_r}{12}\right]}$$

t_r = Anzahl der Werte, die gleiche Rangzahlen besitzen.
r = 1., 2., 3., . . . Gruppe gleicher Rangzahlen

4.1.2.4. Rechenbeispiel

In 4 Biotopen A, B, C, D wurden jeweils auf mehreren Probeflächen die Aktivitätsdichten von Carabiden ermittelt. Oder: An 4 Blütenattrappen wurde mehrmals von Blütenbesuchern die Zahl der Anflüge in einer bestimmten Zeiteinheit gezählt.

Man legt eine Tabelle an. Die Beobachtungswerte sind nicht normalverteilt.

	A	B	C	D
	20	31	9	32
	28	29	15	22
	44	31	11	22
	36	27	8	16
	29	34	12	27
	33		8	19
	31		14	
	34			
$\overline{x}$ =	31,9	30,4	11,0	23,0

Frage: Unterscheidet sich die mittlere Aktivitätsdichte bzw. die mittlere Anflugszahl pro Zeiteinheit von B und D signifikant?

Prüfvorgang:
1. Zuordnung von Rangzahlen zu den Beobachtungswerten,
2. Berechnung der U-Werte,
3. Vergleich von $\hat{U}$ mit Tabellenwerten,
4. Annahme von H_0 bzw. Ablehnung von H_0 und Annahme von H_A.

zu 1.:	B					27	29	31	31		34	$n_1 = 5$
	D	16	19	22	22	27				32		$n_2 = 6$
Rangzahl						5,5	7	8,5	8,5		11	$R_1 = 25,5$
		1	2	3,5	3,5	5,5				10		$R_2 = 40,5$

zu 2.:

$$U_1 = n_1 n_2 + \frac{n_1(n_1 + 1)}{2} - R_1 = 30 + \frac{5 \times 6}{2} - 40,5 = 4,5$$

$$U_2 = n_1 n_2 - U_1 = 25,5$$

zu 3.: $\quad U_1 < U_2 \, ; \; \hat{U}_1 = 4,5 < 5 = U_{6;\,5;\,0,05}$

zu 4.: Die Mittelwerte sind ungleich. $\overline{x}_B$ ist signifikant größer als $\overline{x}_D$ ($P < 0,05$).

4.1.3. Graphische Prüfung einer Häufigkeitsverteilung

4.1.3.1. Normalverteilung

Beobachtete Häufigkeiten lassen sich auch graphisch auf Zufallsverteilung prüfen. Man überträgt die Häufigkeitswerte von einzelnen Klassen in eine Tabelle und summiert sie schrittweise auf. Dann rechnet man die aufsummierten Werte in Prozent um und überträgt sie in ein Wahrscheinlichkeitsnetz. Man entnimmt der Kurve folgende x-Werte: $\overline{x}$ = *Mittelwert* bei 50%, s = *Standardabweichung* bei 16% und 84% (Abb. 4.1.3.1.).

Nur bei *Normalverteilung* (Zufallsverteilung) bildet die *Häufigkeits-Verteilung*skurve im Wahrscheinlichkeitsnetz eine Gerade.

4.1.3.2. Aufspaltung einer zweigipfeligen Häufigkeitsverteilung

Liegen bei einer beobachteten *Häufigkeitsverteilung* 2 *Grundgesamtheiten* vor (z. B. durch Unterschiede bei ♂ und ♀ oder durch Vermischung von 2 Populationen), entsteht bei Übertragung der Werte in das Wahrscheinlichkeitsnetz eine sigmoide Kurve. Man trennt die zwei Komponenten, indem man den Summenprozentanteil bis zum Wendepunkt (W%) zu einer vollen 100% Verteilung umrechnet (einzelne Summenprozentwerte multipliziert mit $\dfrac{100\,\%}{W\%}$), wieder ins Wahrscheinlichkeitsnetz einträgt und über die Punkte eine Gerade zeichnerisch extrapoliert. Die Werte oberhalb des Wendepunktes (2. Grundgesamtheit) werden von 100% subtrahiert und mit $\dfrac{100\%}{100\% - W\%}$ multipliziert,

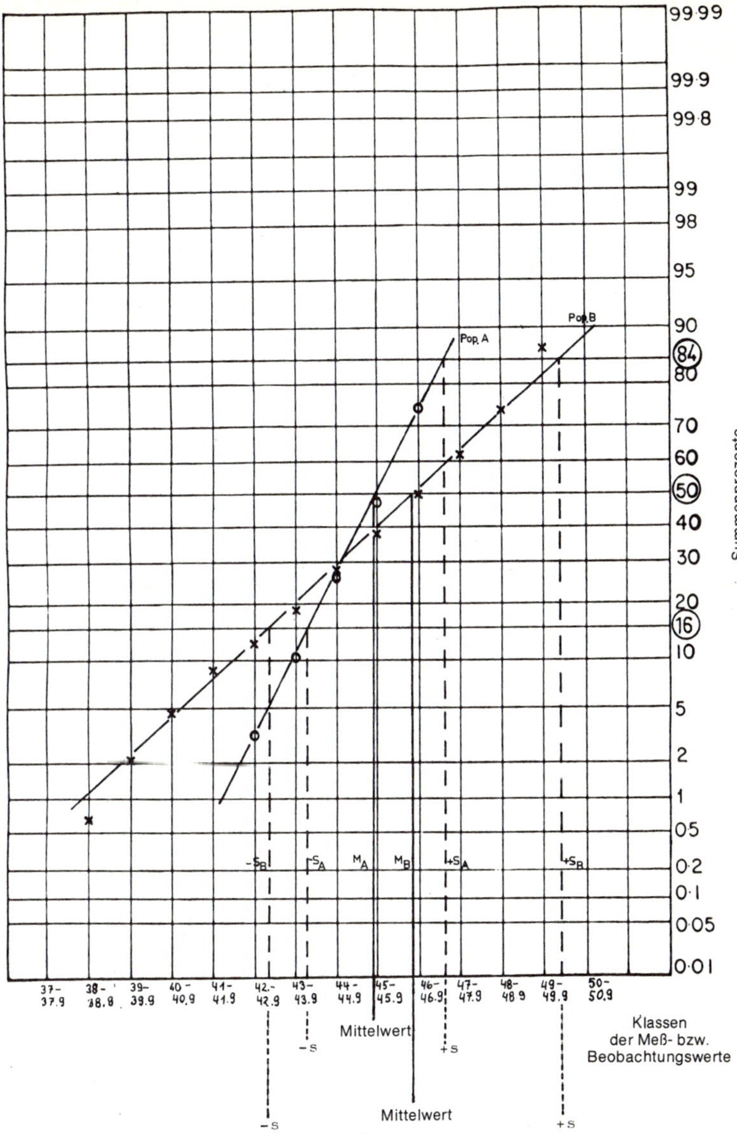

Abb. 4.1.3.1. Beispiel für Summenprozentkurven in einem Wahrscheinlichkeits-netz. s = Standardabweichung. Die Werte beziehen sich auf Tab. 4.1.2.2.

87

um sie ebenfalls auf eine 100%-Verteilung zu bringen. Sie werden dann von oben nach unten ins Wahrscheinlichkeitsnetz eingetragen und eine Gerade wird durch Verlängerung in beide Richtungen extrapoliert. Aus den neuen Werten im Wahrscheinlichkeitsnetz für 2 Verteilungen kann man dann im normalen Koordinatensystem beide Verteilungen mit getrennten Maxima aufzeichnen (s. Abb. 4.1.3.2.).

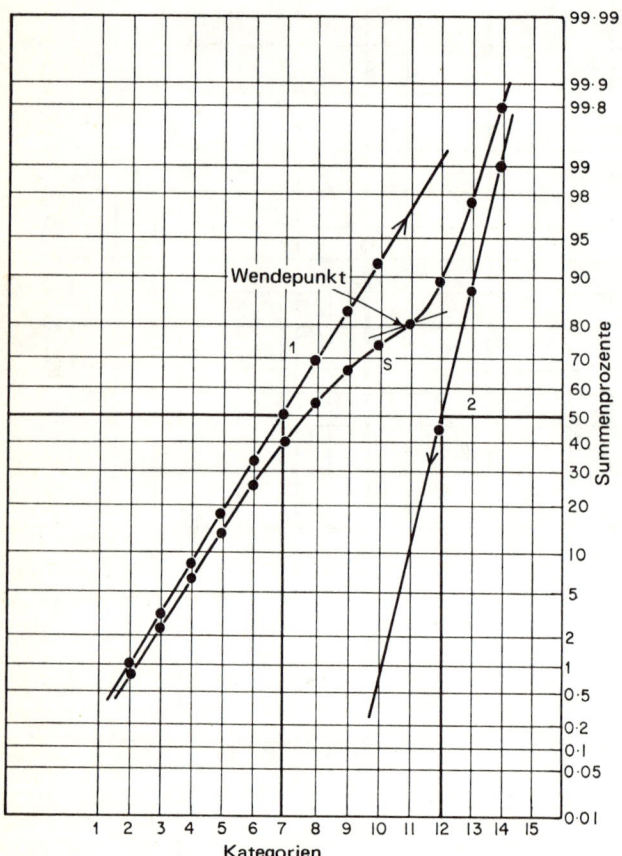

Abb. 4.1.3.2. Aufspaltung einer zweigipfeligen Häufigkeitsverteilung (sigmoide Kurve S in der Abb.). Erläuterungen im Text (aus Lewis und Taylor 1972).

4.1.4. Vergleich mehrerer unabhängiger Stichproben

4.1.4.1. Multipler Vergleich nach Conover

Will man gleichzeitig mehrere Beobachtungsreihen auf Unterschiede hin untersuchen, ohne auf den Einzelvergleich zweier Reihen zu verzichten, empfiehlt sich der „k-sample slippage Test" nach Conover (1968).

Man ordnet die Beobachtungsreihen in der Reihenfolge ihrer jeweiligen Maximalwerte und gibt dann jeder Beobachtungsreihe einen Rang j (j = 1, 2, . . ., k), wobei j = 1 die Probe mit dem größten Maximalwert erhält. Wenn mehrere Beobachtungsreihen dieselben Maxima haben, kann man die Ränge auch nach den zweitgrößten (oder drittgrößten usw.) Werten zuteilen.

Der Umfang einer Beobachtungsreihe ist n_i. Mit r_i bezeichnet man die Anzahl der Stichprobenwerte von der Beobachtungsreihe j, die größer sind als der Maximalwert der Beobachtungsreihe j + 1. Die Irrtumswahrscheinlichkeit P, d. h. das Signifikanzniveau für den Nachweis eines Unterschiedes zwischen den Reihen j und j + 1 berechnet man nach

$$P = \frac{A(A-1)(A-2)\ldots[A-(r_i-1)+1]}{B(B-1)(B-2)\ldots[B-(r_i-1)+1]}$$

wobei $A = (n_i - 1)$ und $B = \left(\sum\limits_{i=j}^{k} n_i - 1\right)$

für r = 1 ist P = 1.

Sofern nur einmal ein Unterschied zwischen zwei benachbarten Reihen als signifikant gelten kann, ist zumindest auch die Gesamtgruppe der Beobachtungsreihen mit niedrigeren Rangwerten signifikant unterschieden von der Gruppe der Beobachtungsreihen mit höheren Rangwerten als die entsprechenden beiden geprüften Nachbarreihen.

4.1.4.2. Rechenbeispiel

Verwendet wird die Tabelle aus 4.1.2.4. mit den 4 Beobachtungsreihen A, B, C, D.

Prüfvorgang:

1. Beobachtungsreihen nach Maximalwerten rangieren,
2. r_i auszählen,

3. Irrtumswahrscheinlichkeit P (= Signifikanzniveau für Unterschied) berechnen.

	Reihe A = I	Reihe B = II	Reihe D = IV	Reihe C = III
j	1	2	3	4
n_i	8	5	6	7
r_i	2	1	6	
A	7	4	5	6
B	25	17	12	6
P	0,28	1,00	0,001	

zu 1.: vgl. Tab. 1. Zeile

zu 2.: vgl. Tab. 3. Zeile

zu 3.: $$P = \frac{A(A-1)(A-2)\ldots(A-(r_i-1)+1)}{B(B-1)(B-2)\ldots(B-(r_i-1)+1)}$$

$A = n_i - 1; B = n_i - 1$

$A_I = 8 - 1 = 7; B_I = (8 + 5 + 6 + 7 +) - 1 = 25$

$$P_{I/II} = \frac{7}{25} = 0,28$$

$P_{II/IV} = 1$, da für $r_i = 1$ gilt: $P = 1$

$$P_{IV/III} = \frac{5(5-1)(5-2)(5-3)(5-4)}{12(12-1)(12-2)(12-3)(12-4)} = 0,0013$$

bei $r_i = 6$ geht die Reihe bis $(A - (6-1) + 1)$, also bis $(A - 4)$

Die Ergebnisse von Punkt 3 sind oben in die Tabelle (letzte Zeile) eingetragen.

4.1.5. Vergleich zweier verbundener Stichproben

Die bisherigen Tests sind geeignet für unabhängige *Stichproben*. Für *verbundene Stichproben* benutzt man bei *Normalverteilung* den t-Test für den Vergleich zweier *Mittelwerte* für verbundene Stichproben (Sachs 1972, S. 56–58). Ist die Art der Verteilung nicht bekannt, empfiehlt sich die Anwendung des *verteilungsfreien* Vorzeichentests.

4.1.5.1. Vorzeichentest

Beim Vorzeichentest vergleicht man die Differenzen von den sich entsprechenden Werten zweier *verbundener Stichproben* oder Meßreihen. Die Beobachtungsreihen brauchen nicht aus angenähert normalverteilten *Grundgesamtheiten* entstammen. n ist die Anzahl der positiven und negativen Differenzen. Ein auf dem 5%-Niveau signifikanter Unterschied besteht zwischen den beiden Reihen, wenn das seltenere Vorzeichen von den n gebildeten Differenzen kleiner oder gleich $h_{0,05}$ ist. Der Wert für die *Prüfgröße* h bei gegebenen n entnehme man der Tabelle 5.10.1. Für die Anwendbarkeit des Tests müssen mindestens 6 Paare von Beobachtungen vorliegen.

4.1.5.2. Rechenbeispiel

Zwei verschiedene Fallen wurden mehrfach am gleichen Ort und zu gleicher Zeit eingesetzt. Es liegen verbundene Stichproben vor, da gleiches Material (gleiche Tierobjekte zu gleicher Zeit, individuelle Verhaltensunterschiede ausgeschlossen) mit zwei verschiedenen Mitteln behandelt wurde.

Die Fangergebnisse (z. B. Blattläuse) sind in einer Tabelle aufgelistet:

Falle A	Falle B	Differenzen (A − B)
32	25	+
46	35	+
16	13	+
25	24	+
23	23	0
35	30	+
48	33	+
12	15	−
10	8	+
19	11	+

Frage: Fängt Falle A signifikant verschieden von Falle B?

Prüfvorgang:

1. Vorzeichen der Differenzen feststellen,
2. Anzahl (h) des selteneren Vorzeichen bestimmen,
3. Vergleich von $\hat{h}$ mit Tabellenwerten,
4. Annahme von H_0 bzw. Ablehnung von H_0 und Annahme von H_A.

zu 1.:   s. Tabelle 3. Spalte

zu 2.: $\hat{h} = 1$

zu 3.: $\hat{h} = 1 = h_{9;\,0,05}$

zu 4.:   Die Falle A fängt signifikant mehr Tiere als Falle B
         (P = 0,05).

4.1.6. *Vergleich von Abundanzen. Chiquadrat-Test*

Bei einem Vergleich von Abundanzen soll geprüft werden, ob man bei
den beobachteten Dichtewerten verschiedener Probeflächen eine
Gleichverteilung im Rahmen des Zufalls annehmen muß oder ob echte
Unterschiede in der Siedlungsdichte vorliegen. Zur Prüfung geeignet
ist der χ^2-*Test*.

4.1.6.1. Chiquadrat-Test

Allgemein vergleicht man bei einem χ^2-Test beobachtete (empirische)
Werte mit zu erwartenden (hypothetischen) Werten. Mit der *Prüfgröße*
χ^2 (s. Tab. 5.10.1.) ermittelt man, ob die Unterschiede zwischen Beobachtungswerten und Erwartungswerten nur zufällig oder bei einer
Wahrscheinlichkeit von z. B. 95% signifikant sind.

$$\chi^2 = \Sigma \frac{(B - E)^2}{E}$$

B = Beobachtungswert, E = Erwartungswert. Die Freiheitsgrade sind
FG = k − 1, k = Zahl der Klassen (z. B. Biotope).

   Bei einer Berechnung der Erwartungswerte müssen natürlich Grö-
ßenunterschiede der Probeflächen berücksichtigt werden.

4.1.6.2. Rechenbeispiel

Auf 3 unterschiedlich großen Sandflächen wurde die Siedlungsdichte
von Sandlaufkäfern untersucht.

Fläche	m^2	Individuen-zahl gesamt	Individuen pro 100 qm	berechn. Erwartungs-werte, Ind.-Zahl ges.
A	840	303	36,1	290,6
B	105	27	27,7	36,3
C	425	144	33,9	147,1
Summe	1370	474	($\bar{x}$ = 31,9)	474

Frage: Sind die Flächen signifikant unterschiedlich dicht besiedelt?

Prüfvorgang:
1. Errechnung der Erwartungswerte bei angenommener Gleichverteilung (Nullhypothese H_0),
2. Berechnung von χ^2,
3. Vergleich von $\hat{\chi}^2$ mit Tabellenwerten,
4. Annahme von H_0 bzw. Ablehnung von H_0 und Annahme von H_A.

zu 1.:   Da zur Errechnung der Erwartungswerte nicht schon umgerechnete Werte verwendet werden dürfen, gilt als jeweiliger Erwartungswert bei angenommener, völlig gleicher Siedlungsdichte (H_0) der Durchschnittswert aus Gesamtbestand pro Gesamtfläche multipliziert mit der jeweiligen Probefläche.

$$\text{Durchschnittswert} = \frac{474}{13{,}70} = 34{,}6 \text{ Individuen pro 100 m}^2$$

$$\text{Erwartungswerte: für Fläche A: } 34{,}6 \cdot \frac{840}{100} = 290{,}6;$$

für Fläche B: $34{,}6 \cdot 1{,}05 = 36{,}3$;
für Fläche C: $34{,}6 \cdot 4{,}25 = 147{,}1$

zu 2.:
$$\chi^2 = \sum \frac{(B-E)^2}{E} = \frac{(303-290{,}6)^2}{290{,}6} + \frac{(27-36{,}3)^2}{36{,}3} +$$

$$+ \frac{(144-147{,}1)^2}{147{,}1} = 2{,}977$$

zu 3.: $\hat{\chi}^2 = 2{,}977 < 5{,}991 = \chi^2_{2;\,0,05}$

zu 4.:   Da das berechnete $\hat{\chi}^2$ kleiner ist als der Tabellenwert, kann H_0 nicht abgelehnt werden. Die Siedlungsdichte auf den 3 Sandflächen unterscheidet sich nicht signifikant von zufälligen Abweichungen.

4.1.7. *Vergleich zweier beobachteter relativer Häufigkeiten* (diskrete Merkmale)

4.1.7.1. Vierfelder-Chiquadrattest

Bei einem Vergleich zweier beobachteter relativer Häufigkeiten geht es darum, die Abhängigkeit einer für ein Merkmal beobachteten Häufigkeit im Vergleich nachzuweisen. Das gleiche Problem liegt vor, wenn man zwei verschiedene Antreffhäufigkeiten für ein Merkmal, welches in zwei Ausprägungen vorkommt, auf *Signifikanz* überprüft. Man ordnet die zwei Merkmalspaare in einer Vierfeldertafel in folgender Form an:

Merkmals-paar A Merkmals-paar B	A +	A −	
B +	a	b	a + b
B −	c	d	c + d
	a + c	b + d	a + b + c + d = n

Die Beurteilung der Abweichung der Beobachtungsdaten von den zu den Randsummen proportional verteilten Felderhäufigkeiten (das bedeutet Unabhängigkeit beider Merkmalsalternativen) erfolgt über die *Prüfgröße* χ^2.

Die für die Vierfelder-Tafel umgerechnete Formel von χ^2 lautet:

$$\chi^2 = \frac{n\,(ad - bc)^2}{(a + b)\,(c + d)\,(a + c)\,(b + d)} \quad \text{(mit einem \textit{Freiheitsgrad})}$$

Wenn das berechnete $\hat{\chi}^2 \geqq 3{,}841 = \chi^2_{1;\,0,05}$, wird Abhängigkeit der einen Stichprobe von einer Merkmalsausprägung mit 95%-Wahrscheinlichkeit angenommen.

Voraussetzungen für die Anwendbarkeit des Test sind $n > 20$ und Erwartungshäufigkeiten > 3. Die Erwartungshäufigkeit berechnet sich z. B. nach

$$a_E = \frac{(a + c)\,(a + b)}{n}\,.$$

4.1.7.2. Rechenbeispiel

Mit zwei verschieden hoch aufgehängten Lichtfallen wurde geprüft, ob bei einzelnen Nachtschmetterlingsarten die Männchen in der Regel höher fliegen als die Weibchen.

Die Antreffhäufigkeiten werden in einer Vierfeldertafel zusammengestellt.

	Männchen	Weibchen
Falle hoch	25	6
Falle niedrig	11	18

Zu einer gleichen Vierfeldertafel kann man bei der Untersuchung folgender Probleme kommen: Suchen Blaumeisen im Vergleich zu Kohlmeisen mehr in der Peripherie der Bäume als in Stammnähe nach Nahrung? (Die Klassen für die Vierfeldertafel wären dann: Merkmal A+, A— = Kohlmeise, Blaumeise; Merkmal B+, B— = Baumstammzone, Baum-Peripherie). Ebenso lassen sich Fragen bearbeiten, wie Abhängigkeit des Landens bei Blütenbesuchern von 2 verschiedenen Blütenattrappen, Abhängigkeit der einen Art von der Anwesenheit einer anderen Art (Assoziationsanalyse s. 4.2.5.), usw.

Prüfvorgang:
1. Berechnung der Zeilen- und Spaltensummen der Vierfeldertafel,
2. Berechnung von $\hat{\chi}^2$,
3. Vergleich von $\hat{\chi}^2$ mit Tabellenwerten,
4. Annahme von H_0 oder Ablehnung von H_0 und Annahme von H_A.

zu 1.:

	A+	A—	
B+	25	6	31
B—	11	18	29
	36	24	60

zu 2.:
$$\chi^2 = \frac{n\,(ad - bc)^2}{(a+b)\,(c+d)\,(a+c)\,(b+d)} = \frac{60\,(25 \times 18 - 6 \times 11)^2}{31 \times 29 \times 36 \times 24} =$$
$$= 11,39$$

zu 3.: $\hat{\chi}^2 = 11,39 > 6,635 = \chi^2_{1;\,0,01}$

zu 4.: Es besteht eine signifikante Abhängigkeit zwischen Merkmal A+ und B+, d. h. für oben genanntes Beispiel: Die Schmetterlings-Männchen einiger Arten fliegen signifikant höher als ihre Weibchen (P < 0,01).

4.1.8. Einfache Korrelations- und Regressionsanalyse

Mit Korrelation und Regression prüft man den Zusammenhang bzw. die Abhängigkeit zwischen zwei *stetigen Merkmalen* eines Individuums,

eines Prozesses oder dergleichen. Üblicherweise trägt man die Meßwerte in ein Koordinatensystem ein und gewinnt dadurch eine Vorstellung über Streuung und Form der Punktwolke.

4.1.8.1. Korrelationsanalyse

Ein Maß für den linearen Zusammenhang zwischen zwei Zufallsvariablen (x und y) ist der Korrelationskoeffizient r. r kann die Werte von
−1 bis +1 annehmen. Ist r = 0, dann sind die zwei Merkmale nicht
korreliert, wie z. B. zwei unabhängige Zufallsvariable.

Die Berechnung von r erfolgt nach folgenden Formeln (Voraussetzung sind weitgehend *normalverteilte Grundgesamtheiten*):

$$Q_x = \Sigma x^2 - \frac{(\Sigma x)^2}{n}$$

$$r = \frac{Q_{xy}}{\sqrt{Q_x Q_y}} \qquad Q_y = \Sigma y^2 - \frac{(\Sigma y)^2}{n}$$

$$Q_{xy} = \Sigma xy - \frac{(\Sigma x)(\Sigma y)}{n}$$

Ob der Korrelationskoeffizient nur zufällig von Null abweicht,
prüft man durch Vergleich mit tabellierten Werten für das *Signifikanz*-
niveau $\alpha = 0,05$ oder $\alpha = 0,01$ bei zweiseitiger Fragestellung. Sobald
$|r|$ den Tabellenwert bei $\nu = n - 2$ *Freiheitsgraden* erreicht oder überschreitet, ist Signifikanz nachgewiesen. (s. Tab. 5.10.1.).

Entstammen die Meßreihen aus nicht normalverteilten Grundgesamtheiten, dann benutzt man als *verteilungsfreies* Abhängigkeits-
maß den Rangkorrelationskoeffizienten von Spearman (r_s). Da er
weit schneller errechnet werden kann als der gewöhnliche Korrelationskoeffizient r und fast die gleiche Aussageschärfe besitzt, empfiehlt sich, ihn allgemein anzuwenden. r_s berechnet sich nach:

$$r_s = 1 - \frac{6 \Sigma D^2}{n(n^2 - 1)} \qquad r_s \text{ liegt zwischen } -1 \text{ und } +1$$

Man wandelt die beiden Reihen von je n-Werten durch Zuordnung
von Rangzahlen zu jedem Wert einer Reihe in zwei Rangreihen um,
bildet die n-Differenzen (D) zwischen den jeweiligen Rangzahlen und
setzt dann die errechnete Summe $\overset{n}{\underset{1}{\Sigma}} D^2$ in die obige Formel ein. Glei-

chen Rangzahlen werden gemittelte Rangplätze zugeordnet (vgl. 4.1.2.3.).

Die *Signifikanz* von r_s überprüft man an Hand der Tabelle 5.10.4. bei n $\leqq$ 30 Wertepaaren.

4.1.8.2. Rechenbeispiel

Es gibt zahlreiche Fragestellungen, die durch Korrelation und Regression analysiert werden können. Folgende Probleme seien als Beispiele genannt: Zusammenhang zwischen Flügel- und Schwanzlängen bei Vögeln, zwischen Rüssellängen und Längen der besuchten Blumenkronen, zwischen Lichthelligkeit und Gesangsbeginn bei Vögeln, zwischen Entwicklungsdauer und Temperatur, zwischen Nachkommenzahl pro Weibchen und Dichte der Population, usw.

Die Wertepaare werden tabellarisch zusammengestellt.

x	10	45	20	30	30	60	70	70	90	90	
y	30	25	50	60	80	60	90	120	110	70	n = 10
Rangzahlen	1	5	2	3,5	3,5	6	7,5	7,5	9,5	9,5	
	2	1	3	4,5	7	4,5	8	10	9	6	
Differenzen	1	4	1	1	3,5	1,5	0,5	2,5	0,5	3,5	ΣD^2 = 52,5

Frage: Wie stark ist der Zusammenhang zwischen den Meßwerten x und y? Ist die Korrelation signifikant?

Prüfvorgang:
1. Zuordnung von Rangzahlen zu den Meßwerten,
2. Berechnung der Differenzen zwischen den Rangzahlen,
3. Berechnung der Summe der Quadrate der Differenzen,
4. Berechnung von r_s,
5. Bestimmung des Signifikanzniveaus durch Vergleich von r_s mit Tabellen.

zu 1.: s. 2. und 3. Zeile in der Tabelle

zu 2.: s. 5. Zeile in der Tabelle

zu 3.: $\Sigma D^2 = 1^2 + 4^2 + \ldots + 3,5^2 = 52,5$

zu 4.: $r_s = 1 - \dfrac{6 \times 52,5}{10\,(100 - 1)} = 0,682$

zu 5.: für n = 10: $0,7333 > 0,682 = \hat{r}_s > 0,6364; \alpha < 0,025$

4.1.8.3. Regressionsanalyse

Bei der *Regressionsanalyse* untersucht man, um wieviel Maßeinheiten sich eine abhängige Variable (Zielgröße y) im Mittel ändert, wenn die Einflußgröße (x) um eine Maßeinheit verändert wird.

Bei der linearen Regression bemüht man sich, die Art des Zusammenhangs zwischen zwei Variablen, ihre stochastische Beziehung, mit Hilfe einer angenäherten Geraden darzustellen.

Die allgemeine Gleichung der Regressionsgeraden lautet:

$$y = a + b_y x$$

4.1.8.3.1. Berechnung der Regressionsgeraden

Die Berechnung der Kennzahlen der Geraden erfolgt nach:

$$a = \frac{\Sigma y - b_y \Sigma x}{n} \quad \text{und} \quad b_y = \frac{Q_{xy}}{Q_x}$$

Bei Signifikanz des Korrelationskoeffizienten erübrigt sich die Signifikanzprüfung des Regressionskoeffizienten b_y. Als Maß für die Streuung um die Regressionsgerade berechnet man die Restvarianz s_{yx}^2 nach

$$s_{yx}^2 = \frac{Q_y - \dfrac{(Q_{xy})^2}{Q_x}}{n - 2} \qquad \text{Gleichungen für } Q_x, Q_y; Q_{xy} \text{ s. 4.1.8.1}$$

4.1.8.3.2. Graphische Darstellung

Nach Übertragung der x- und zugehörigen y-Werte in ein Koordinatensystem ergibt sich das Streudiagramm. Liegen die Punkte nahezu auf einer Geraden, zeichne man nach Augenmaß eine Ausgleichsgerade. Geht aus dem Streudiagramm nicht augenscheinlich eine Abhängigkeit zwischen den zwei Variablen hervor, kann man eine signifikante Abhängigkeit dadurch prüfen, daß man die Punktwolke durch ein achsenparalleles Kreuz so in 4 Quadranten teilt, daß oben und unten bzw. rechts und links die gleiche Punktzahl vorhanden ist. Man zählt die Zahl der Punkte in jedem Quadranten und vergleicht die Zahl mit Tabellenwerten (Tab. 5.10.5.).

Wenn irgendein Quadrant soviel oder mehr als die obere Quantität der Tabelle enthält, oder soviel oder weniger als die untere Quantität, dann sind die 2 Variablen signifikant ($\alpha = 0,05$) voneinander abhängig.

Um eine Regressionsgerade durch die Punktwolke zu zeichnen, kann man die Abszisse durch 2 Vertikallinien so einteilen, daß 3 gleiche Gruppen von Punkten entstehen. Nun bearbeitet man die zwei Endgruppen: man sucht deren Mittelpunkt, indem man Kreuze zeichnet, die oben und unten bzw. rechts und links Quadranten mit gleichen Punktzahlen entstehen lassen. Die Mittelpunkte der beiden

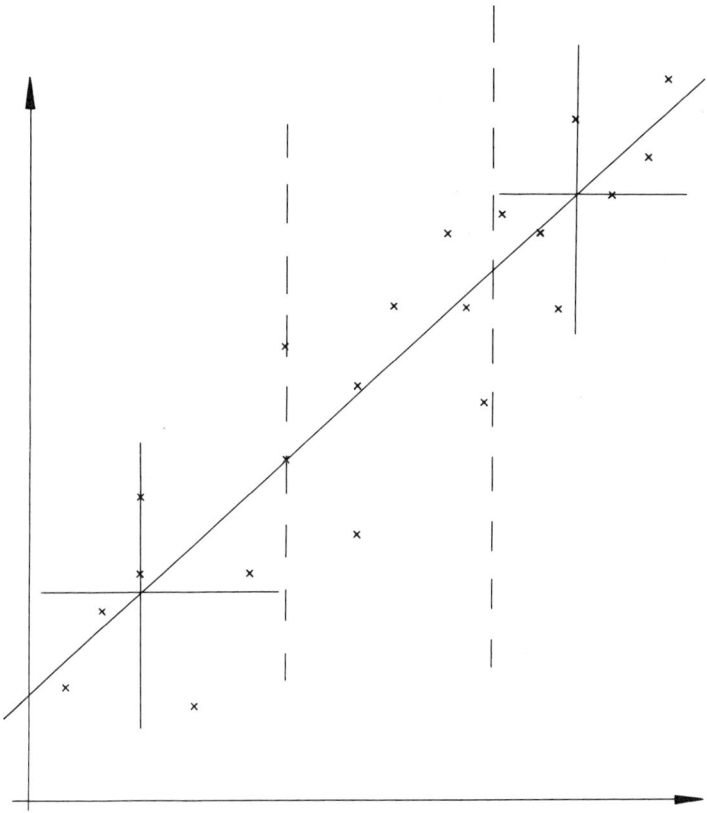

Abb. 4.1.8.3.2. Graphische Konstruktion der Regressionsgeraden. Erläuterungen im Text. Die ersten 10 Punkte entsprechen den Meßwertpaaren im Rechenbeispiel 4.1.8.2.

Kreuze werden verbunden; die so entstandene Gerade wird verlängert bis zum Schnittpunkt mit der y-Achse und entspricht in Annäherung der Regressionsgeraden. Man liest den Schnittpunkt der Geraden mit der y-Achse a und den Steigungswinkel β (tan des Steigungswinkels β = Regressionskoeffizient b) ab.

Wenn auf linearem (arithmetischen) Koordinatenpapier durch Regression keine Gerade zustandekommt, prüfe man, ob die Regression z. B. im Logarithmen-Papier eine Gerade ergibt.

Zur schnellen Prüfung kann man die Mittelwerte von etwa 5 gleichen Anteilen der Wertepaare berechnen und diese 5 Punkte in verschiedene lineare oder logarithmische Koordinatensysteme eintragen und beobachten, bei welcher Achseneinteilung sie eine Gerade ergeben. Manchmal hilft auch eine Quadratwurzeltransformation.

4.1.9. Partielle und multiple Korrelation

4.1.9.1. Partielle Korrelation

Bei der Bearbeitung ökologischer Fragestellungen sind häufig Abhängigkeiten von mehr als zwei Zufallsvariablen zu beachten. Die Berechnung des partiellen Korrelationskoeffizienten gestattet es, den Zusammenhang zwischen zwei beliebig wählbaren Zufallsvariablen zu bestimmen, nachdem die Abhängigkeit von den restlichen Variablen ausgeschaltet wurde.

Der partielle Korrelationskoeffizient setzt sich aus dem jeweiligen Korrelationskoeffizienten niedrigerer Ordnung nach folgendem Schema zusammen:

$$r_{12.34\ldots n} = \frac{r_{12.34\ldots(n-1)} - r_{1n.34\ldots(n-1)} \cdot r_{2n.34\ldots(n-1)}}{\{1 - r_{1n.34\ldots(n-1)}^2\}^{1/2} \cdot \{1 - r_{2n.34\ldots(n-1)}^2\}^{1/2}}$$

Für den Fall von drei Variablen (x, y und z) drückt

$$r_{xy.z} = \frac{r_{xy} - r_{xz} \cdot r_{yz}}{\sqrt{(1 - r_{xz}^2) \cdot (1 - r_{yz}^2)}}$$

die lineare Korrelation zwischen den Variablen x und y nach Ausschluß des Einflusses von z aus.

Es sind also zunächst alle einfachen Korrelationen zu berechnen, die als Hilfsgrößen in die Formel eingehen.

Durch zyklische Vertauschung der Indizes erhält man die Formeln für die beiden anderen partiellen Korrelationen.

4.1.9.2. Rechenbeispiel

Zwischen Artenzahl (x), Inselfläche (y) (vgl. 4.2.3) und Inselhöhe (z) besteht ein Zusammenhang. Es soll geklärt werden, ob Artenzahl und Inselfläche oder Artenzahl und Inselhöhe stärker miteinander korreliert sind.

Eine Untersuchung ergab folgende Werte:

Artenzahl	log S	Inselfläche	log F	Inselhöhe	log H
2	0,301	12	1,08	2	0,301
6	0,778	269	2,43	8	0,903
8	0,903	813	2,91	30	1,477
10 ·	1,0	2291	3,36	19	1,279
19	1,279	15488	4,19	75	1,875

Hieraus errechnen sich nach 4.1.8.1. die Korrelationskoeffizienten als Hilfsgrößen.

$$r_{xy} = 0,9972$$
$$r_{xz} = 0,9681$$
$$r_{yz} = 0,9645$$

Die partielle Korrelation zwischen x und y nach Ausschluß von z ist dann:

$$r_{xy.z} = \frac{0,9972 - (0,9681 \cdot 0,9645)}{0,0628 \cdot 0,0697} = 0,9588$$

Die partielle Korrelation zwischen x und z nach Ausschalten von y ist dann:

$$r_{xz.y} = \frac{0,9681 - (0,9645 \cdot 0,9972)}{0,0697 \cdot 0,0056} = 0,3183$$

Das Ergebnis besagt, daß die Artenzahl mit der Inselfläche stärker korreliert ist als mit der Inselhöhe.

Zur Bestimmung des Signifikanzniveaus muß von der Anzahl der Freiheitsgrade für jede ausgeschaltete Variable zusätzlich eine Einheit abgezogen werden. Bei n = 5 Stichproben ist f = n − 2 − 1 (eine Variable wurde in dem berechneten Beispiel jeweils ausgeschaltet) = 2 Freiheitsgrade (s. 4.1.8.1. und Tab. 5.10.1.).

4.1.9.3. Multiple Korrelation

Der multiple Korrelationskoeffizient $R^2_{1, 2, 3 \ldots q}$ gestattet eine Aussage über den gemeinsamen Einfluß aller unabhängigen Variablen (.2, 3 . . . q) auf die abhängige Variable (im Index links vom Punkt).

Berechnungen dieser Art setzen Kenntnisse in Matrizenrechnung voraus und lassen sich für mehr als 3 unabhängige Variable nur noch mit Hilfe von Rechenanlagen lösen.

Für Multiple Regressions- und Korrelations-Berechnungen ist ein linearer additiver Zusammenhang zwischen abhängiger und unabhängigen Variablen ebenso Voraussetzung wie Unabhängigkeit der unabhängigen Variablen untereinander.

Beide Forderungen sind in der Praxis oft nur zum Teil erfüllt. Bei zu großer Abweichung müssen einzelne Variable transformiert werden, bis ein additiver linearer Zusammenhang hergestellt ist.

Zunächst sind für alle Variablen die *Varianzen* und Kovarianzen zu berechnen:

$$\text{var } y = \frac{\sum\limits_{i}^{n} Y_i^2 - \frac{\left(\sum\limits_{i}^{n} Y_i\right)^2}{n}}{n - 1}$$

$$\text{cov } yx = \frac{\sum\limits_{i}^{n} \left(X_i Y_i - \frac{\left(\sum\limits_{i}^{n} X_i \quad \sum\limits_{i}^{n} Y_i\right)}{n}\right)}{n - 1}$$

Die Werte sind in eine Matrix S nach folgendem Muster einzutragen:

$$S \quad = \quad \begin{bmatrix} \text{var x} & \text{cov xy} & \text{cov xz} & \text{cov xq} \\ \text{cov yx} & \text{var y} & \text{cov yz} & \text{cov yq} \\ \text{cov zx} & \text{cov zy} & \text{var z} & \text{cov zq} \\ \text{cov qx} & \text{cov qy} & \text{cov qz} & \text{var q} \end{bmatrix}$$

Die Matrix S kann in 4 Teile unterteilt werden:

$$S = \begin{bmatrix} s_1^2 & s_{12}' \\ s_{12} & S_{22} \end{bmatrix}$$

wobei s_1^2 die Varianz der abhängigen Variablen, s_{12} und s_{12}' doe Kovarianzen zwischen abhängiger und unabhängigen Variablen und S_{22} die Kovarianzen und Varianzen zwischen den unabhängigen Variablen darstellen.

s_{12}' ist eine Zeilenmatrix, s_{12} eine Spaltenmatrix und S_{22} eine Untermatrix von S mit einer um 1 erniedrigten Ordnung.

$$R_{1.23\ldots q}^2 = \frac{s_{12}' \, S_{22}^{-1} \, s_{12}}{s_1^2}$$

Der multiple Korrelationskoeffizient $R_{1.23\ldots q}^2$ errechnet sich also aus der Multiplikation der Zeilenmatrix s_{12}' mit der inversen Matrix S_{22}^{-1}. Das Ergebnis ist eine Zeilenmatrix und wird mit einer Spaltenmatrix s_{12} multipliziert. Der gebildete Skalar wird durch einen Skalar (s_1^2) dividiert.

Die *Signifikanz* ist nach der F-Statistik (4.1.2.1.1.) zu prüfen:

$$F = \left(\frac{n-q}{q-1} \right) \left(\frac{R^2}{1-R^2} \right).$$

Signifikanz ist nachgewiesen, wenn der berechnete Wert den Tabellenwert für $q - 1$ Zählerfreiheitsgrade (ν_1) und $n - q$ Nennerfreiheitsgrade (ν_2) übertrifft (Tab. 5.10.2.).

4.1.9.4. Rechenbeispiel

Es soll die multiple Korrelation zwischen Artenzahl (abhängige Variable x), Inselfläche (unabhängige Variable y) und Inselhöhe (unabhängige Variable z) festgestellt werden.

Die Rechnung wird an dem Zahlenmaterial aus 4.1.9.2. demonstriert, die Varianzen nach 4.1.1. berechnet.

var (x)   =   0,1289
var (y)   =   1,338
var (z)   =   0,3574

Die Kovarianzen errechnen sich entsprechend nach der Formel aus 4.1.9.3.

$$\text{cov (xy)} = 0,4143$$
$$\text{cov (xz)} = 0,2078$$
$$\text{cov (yz)} = 0,667$$

Mit diesen Werten wird die Matrix S erstellt.

$$S = \begin{bmatrix} 0,1289 & 0,4143 & 0,2078 \\ 0,4143 & 1,338 & 0,667 \\ 0,2078 & 0,667 & 0,3574 \end{bmatrix}$$

Sie setzt sich aus folgenden Teilen zusammen:

dem Skalar $s_1^2 (= \text{var(x)})$ $= 0,1289$

der Zeilenmatrix s_{12}' $= [0,4143 \quad 0,2078]$

der Spaltenmatrix s_{12} $= \begin{bmatrix} 0,4143 \\ 0,2078 \end{bmatrix}$

der Submatrix S_{22} $= \begin{bmatrix} 1,338 & 0,667 \\ 0,667 & 0,3574 \end{bmatrix}$

Aus der Submatrix S_{22} ist die Inverse S_{22}^{-1} zu bilden:

$$S_{22}^{-1} = \frac{1}{(1,338 \cdot 0,3574) - (0,667 \cdot 0,667)} \cdot \begin{bmatrix} 0,3574 & -0,667 \\ -0,667 & 1,338 \end{bmatrix} =$$

$$= \begin{bmatrix} 10,729 & -20,023 \\ -20,023 & 40,165 \end{bmatrix}$$

Die Inverse S_{22}^{-1} ist mit der Spaltenmatrix s_{12} zu multiplizieren:

$$\begin{bmatrix} 10,729 & -20,023 \\ -20,023 & 40,165 \end{bmatrix} \begin{bmatrix} 0,4143 \\ 0,2078 \end{bmatrix} = \begin{bmatrix} 0,2838 \\ 0,0508 \end{bmatrix}$$

Die gewonnene Spaltenmatrix ist mit der Zeilenmatrix s_{12}' zu multiplizieren:

$$\begin{bmatrix} 0,2838 \\ 0,0508 \end{bmatrix} \ [0,4143 \quad 0,2078] = 0,1281$$

Division durch s_1^2 ergibt $R_{x.yz}^2 = 0,9935$

Zur Prüfung der Signifikanz wird F berechnet:

$$F = \frac{2}{2} \cdot \frac{0,9935}{1 - 0,9935} = 152,85$$

$\nu_1 = q - 1 = 2$

$\nu_2 = n - q = 2$

$\hat{F} = 152,85 > 99,0 = F_{2;\,2;\,0,01}$

Eine Signifikanz auf dem 1%-Niveau ist nachgewiesen.

4.2. Ausgewählte Berechnungsmethoden

In diesem Kapitel werden Berechnungsmethoden behandelt, die sich aus spezifischen, im Kapitel 3 aufgeworfenen Fragestellungen und genannten Indices ergeben.

4.2.1. Wiederfang-Methoden

4.2.1.1. Lincoln-Schätzung („Lincoln-Index")

Zur Bestimmung der Populationsgröße gilt die Formel:

$$\frac{P}{n} = \frac{a}{r} \rightarrow P = \frac{a \cdot n}{r}$$

P = Gesamtpopulation,
a = Gesamtzahl der markierten Tiere nach der 1. Probe,
n = Gesamtzahl der gefangenen Tiere bei der 2. Probe,
r = Zahl der markiert wiedergefangenen Tiere bei der 2. Probe.

Die *Varianz* s^2 wird berechnet nach (n sollte ziemlich nahe an a liegen, r möglichst > 20)

$$\text{var } P = s^2 = \frac{a^2 \, n \, (n - r)}{r^3}$$

Daraus ergibt sich die *Standardabweichung* s.

Die Lincoln-Methode erfordert einen Markierungsfang und einen Wiederfang. Sie berücksichtigt keinerlei Populationsdynamik.

4.2.1.2. Jolly-Methode

Die Jolly-Methode basiert auf der Grundgleichung des Lincoln-Index. Die Gleichung lautet hier:

$$P_i = \frac{M_i n_i}{r_i}$$

P_i = Populationsschätzung am Tag i,

r_i = Zahl der markiert wiedergefangenen Tiere am Tag i,

n_i = Gesamtzahl der gefangenen Tiere am Tag i,

M_i = Geschätzte Anzahl aller in der Population markierten Tiere am Tag i.

$$M_i = \frac{a_i Z_i}{R_i} + r_i$$

daher

$$P_i = \left(\frac{a_i Z_i}{R_i} + r_i \right) \frac{n_i}{r_i}$$

a_i = Gesamtzahl der am Tag i freigelassenen Tiere (neumarkierte Tiere und markiert wiedergefangene Tiere).

Z_i = Summe aller Tiere, die vor dem Tag i markiert und nach dem Tag i wiedergefangen wurden, also nicht in der Probe des i-ten Tages sind.

R_i = Summe aller Tiere aus a_i, die am Tag i markiert und freigelassen und nach dem Tag i zuletzt wiedergefangen wurden.

Die Werte für Z_i bzw. R_i erhält man durch tabellarisches Auflisten der Markierungen und Wiederfänge. Man legt dazu zwei Tabellen an (vgl. Tab. 4.2.1.2.). Die erste Tabelle enthält in Spalten (Markierungstag 1, 2, 3, . . .) die Anzahl der Tiere, die am 1., 2., 3., . . . Tag markiert und später wiedergefangen wurden. R_i erhält man durch vertikale Addition der entsprechenden Spalte i.

Die 2. Tabelle dient zur Berechnung von Z_i. Man addiert schrittweise die Zahlen einer Zeile von Tabelle 1 von links nach rechts und protokolliert die aufsummierten Zahlen. Die letzte Zahl jeder Zeile

Tab. 4.2.1.2. a) Aufstellung der Wiederfang-Daten in Übereinstimmung mit den Tagen, an denen die Tiere zum letzten Mal gefangen wurden für die Analyse nach der Jolly-Methode (aus Southwood 1971 nach Jolly 1965).

Gesamtzahl gefangen n_i	Gesamtzahl entlassen a_i	letzter Fangtag j												
		1	*2*	*3*	*4*	*5*	*6*	*7*	*8*	*9*	*10*	*11*	*12*	*13*
54	54	*1*												
146	143	10	*2*											
169	164	3	34	*3*										
209	202	5	18	33	*4*									
220	214	2	8	13	30	*5*								
209	207	2	4	8	20	43	*6*							
250	243	1	6	5	10	34	56	*7*						
176	175	0	4	0	3	14	19	46	*8*					
172	169	0	2	4	2	11	12	28	51	*9*				
127	126	0	0	1	2	3	5	17	22	34	*10*			
123	120	1	2	3	1	0	4	8	12	16	30	*11*		
120	120	0	1	3	1	1	2	7	4	11	16	26	*12*	
142		0	1	0	2	3	3	2	10	9	12	18	35	*13*
R_i =			80	70	71	109	101	108	99	70	58	44	35	

(Fangtag i)

Tab. 4.2.1.2. b) Errechnete Tabelle der Gesamtzahl markierter-wiedergefangener Tiere an einem bestimmten Tag (aus Southwood 1971 nach Jolly 1965).

	1						Tag $i-1$						
	10	*2*											
	3	37	*3*										
	5	23	56	*4*									
	2	10	23	53	*5*								
	2	6	14	34	77	*6*							
	1	7	12	22	56	112r_7	*7*						
	0	4	4	7	21	40	86	*8*					
	0	2	6	8	19	31	59	110	*9*				
	0	0	1	3	6	11	28	50	84	*10*			
	1	3	6	7	7	11	19	31	47	77	*11*		
	0	1	4	5	6	8	15	19	30	46	72	*12*	
	0	1	1	3	6	9	11	21	30	42	60	95	*13*
$Z(i-1)+1$ =	14	57	71	89	121	110	132	121	107	88	60		
	Z_2	Z_3	Z_4	Z_5	Z_6	Z_7	Z_8	Z_9	Z_{10}	Z_{11}	Z_{12}		

(Tag i)

ergibt dann r_i. Z_i berechnet sich durch vertikale Addition der Spalte $i-1$ ohne r_i.

Die Gleichung für M_i schließt durch den Faktor $\dfrac{Z_i}{R_i}$ auch eine populationsdynamische Aussage ein, denn es werden Individuenverluste (Tod oder Abwanderung) und Individuengewinne (Geburt oder Einwanderung) mit berücksichtigt.

Die Jolly-Methode verlangt eine Serie von Fängen und Wiederfängen über einen größeren Zeitraum, wobei an jedem Fangtag verschieden markiert wird.

4.2.1.3. Bailey's triple-catch Methode

Bedingung dieser Methode ist ein Fangen und Markieren an drei aufeinanderfolgenden Zeitpunkten, zwischen denen ein im Prinzip beliebig langer Zeitraum liegen kann. Die 3 Fangtage seien d_1, d_2, d_3. Bei großen Sammelproben schätzt man die Populationsgröße P am 2. Tag nach

$$P_{d_2} = \frac{a_2\, n_2\, r_{31}}{r_{21}\, r_{32}}$$

Bei geringen Wiederfangzahlen (kleine r_i) verwendet man die korrigierte Formel

$$P_{d_2} = \frac{a_2\,(n_2 + 1)\,r_{31}}{(r_{21} + 1)\,(r_{32} + 1)}$$

a_2 = Zahl der markiert entlassenen Tiere am 2. Tag,
n_2 = Gesamtzahl der gefangenen Tiere am 2. Tag,
r_{21} = Zahl der wiedergefangenen Tiere am 2. Tag, die am 1. Tag markiert wurden,
r_{31}, r_{32} = Zahl der wiedergefangenen Tiere am 3. Tag, die am 1. bzw. 2. Tag markiert wurden.

Die *Varianz* schätzt man über die Gleichung

$$\mathrm{var}\,(P_{d_2}) = P_{d_2}^2 - \frac{a_2^2\,(n_2 + 1)\,(n_2 + 2)\,r_{31}\,(r_{31} - 1)}{(r_{21} + 1)\,(r_{21} + 2)\,(r_{32} + 1)\,(r_{32} + 2)}$$

4.2.1.4. Rechenbeispiel

Die Beispiele werden mit den Werten aus den Tabellen 4.2.1.2. a und b durchgerechnet.

Frage: Wie groß war die Population am 7. Fangtag?

1. Berechnung nach der Lincoln-Methode:

$$P_{d_7} = \frac{a \times n}{r} = \frac{207 \times 250}{56} = 924{,}1$$

2. Berechnung nach der Jolly-Methode:

$$P_{d_7} = \left(\frac{a_7 Z_7}{R_7} + r_7 \right) \frac{n_7}{r_7} = \left(\frac{243 \times 110}{108} + 112 \right) \frac{250}{112} = 802{,}5$$

3. Berechnung nach Bailey's triple-catch-Methode (ausgewählt wurden die Tage 6, 7, 8):

$$d_6 \triangleq d_1$$
$$d_7 \triangleq d_2: n_2 = 250;\ a_2 = 243;\ r_{21} = 56$$
$$d_8 \triangleq d_3: r_{31} = 19;\ r_{32} = 46$$

$$P_{d_2} = \frac{a_2(n_2 + 1)r_{31}}{(r_{21} + 1)(r_{32} + 1)} = \frac{243(250 + 1)\,19}{(56 + 1)(46 + 1)} = 432{,}6 \triangleq P_{d_7}$$

Wie aus einem Methodenvergleich von Parr (1965) hervorgeht, berechnet man mit der Bailey-Methode meist zu niedrige Populationswerte. Genauere Schätzungen können mit dieser Methode nur erreicht werden, wenn die Wiederfangzahlen, die Gesamtfangzahlen und die Zahl der markierten Tiere sehr hoch sind. In solchen Fällen hat die Bailey-Methode gegenüber anderen Methoden den Vorteil, daß sie einfach zu handhaben ist und sie trotzdem erlaubt, die Standardabweichung zu berechnen.

4.2.2. Quadratmethoden

Quadratmethoden dienen dazu, die Populationsgröße durch Sammeln auf einem bekannten Teil zu schätzen. Man mißt dazu das Gesamtgebiet, für das die Populationsgröße bestimmt werden soll, aus, und

steckt einige Quadrate oder andere Einheitsflächen möglichst zufalls-
verteilt innerhalb des Gesamtgebietes ab. Die Individuen der Beobach-
tungsflächen werden direkt ausgezählt und über die einfache Beziehung

$$P = \frac{F \times n}{q}$$

die Populationsgröße des Gesamtgebietes geschätzt.

P = Gesamtpopulation, F = Gesamtfläche, n = gezählte Tiere in der
Beobachtungsfläche, q = Beobachtungsfläche.

Für quantitative Untersuchungen verschiedener Biozönosen sind
Quadratmethoden vor allen anderen Methoden die genauesten und am
besten vergleichbaren.

4.2.3. Fläche – Artenkurve

Die Beziehung zwischen Fläche (A) und Anzahl der Arten (S) beschreibt Wilson (1961) mit der Gleichung

$$S = c \, A^z \quad \text{bzw.} \quad \log S = \log c + z \log A$$

wobei c von der jeweiligen Tiergruppe, dem biogeographischen Bereich
und der Populationsdichte abhängt. Der Parameter z soll sich nur ge-
ringfügig zwischen verschiedenen Tiergruppen und verschiedenen Teilen der Welt ändern. Die bisherigen Erfahrungswerte für Inseln schwanken um 0,3, innerhalb von Festlandsgebieten zwischen 0,12 und 0,17
(MacArthur & Wilson 1971).

4.2.4. Mannigfaltigkeitsindices

Für die Berechnung der Mannigfaltigkeit sind verschiedene Indices entwickelt worden. Geeignet sind nur solche Maße, die sowohl Artenzahl
als auch Individuenverteilung unter den Arten berücksichtigen.

4.2.4.1. Mannigfaltigkeitsindex (D) nach Hurlbert

Hurlbert (1971) geht aus von der Wahrscheinlichkeit der interspezifischen Begegnungen und gibt folgende Berechnung an:

$$D = \left(\frac{N}{N-1} \right) \left[1 - \sum_{i=1}^{S} \left(\frac{n_i}{N} \right)^2 \right] = \sum_{i=1}^{S} \left(\frac{n_i}{N} \right) \left(\frac{N - n_i}{N - 1} \right)$$

S = Gesamtzahl der Arten,
N = Gesamtzahl der Individuen,
n_i = Zahl der Individuen von der i-ten Art,
D = Wahrscheinlichkeit, daß bei einer Probenentnahme 2 Individuen zu 2 Arten gehören. D hängt ab von dem Umfang (N) der Probe, was durch den Faktor (N/N−1) ausgedrückt ist.

D liegt zwischen 0 und 1. Die Grenzwerte sind:

S = 1, n_1 = N → D = 0;

alle n_i = N/S → $D = \dfrac{N}{N-1} - \left(1 - \dfrac{1}{S}\right)$, strebt gegen 1 für große N und S.

4.2.4.2. Mannigfaltigkeitsindex (H_s) nach Shannon-Weaver

Die Shannon-Weaver-Formel entstammt der Informationstheorie und beschreibt den mittleren Grad der Ungewißheit, irgendeine bestimmte Art von den S Arten bei zufälliger Probenentnahme anzutreffen.

$$H_s = - \sum_{i=1}^{S} p_i \log p_i$$

H_s = Diversität in Hinblick auf Artenzahlen,
S = Gesamtzahl der Arten,
p_i = Wahrscheinlichkeit des Auftretens der Art i, d. i. die relative Häufigkeit der i-ten Art von der Gesamtindividuenzahl, gemessen von 0,0 bis 1,0.

$$p_i = \frac{n_i}{N}; \quad \sum_{i=1}^{S} p_i = 1$$

Grenzwerte:
1. S = 1 → p_1 = 1 → H_s = 0
2. Eine maximale Diversität ist gegeben, wenn in einer S-Arten enthaltenden Biozönose alle Arten im gleichen quantitativen Verhältnis vorhanden sind. Das bedeutet (vgl. Pielou 1969)

$$\text{alle} \quad p_i = \frac{1}{S} \to H_s = H_{max} = -\sum \frac{1}{S} \log \frac{1}{S} = \log S$$

Der Maximalwert bei Gleichverteilung ist also gleich dem Logarithmus der Artenzahl.

Der Logarithmus kann auf die Basis 2, e oder 10 bezogen sein. Der in der Shannon-Weaver-Formel benutzte Logarithmus ist der Logarithmus zur Basis 2, welcher in der Informationstheorie angewendet wird. Vor allem in der angelsächsischen Literatur wird aber ohne Umrechnungsfaktor meist der natürliche Logarithmus (ln) für den Logarithmus dualis in die Formel eingesetzt. Daher wird auch im folgenden der Einfachheit halber ln verwendet.

Der Index H hat den Vorteil allgemeiner Anwendbarkeit, z. B. auch zur Charakterisierung der Diversität einer Landschaft oder dergleichen. Außerdem kommen große Schwankungen in der Individuenzahl einer Art in der Berechnung von H_s nur abgeschwächt zum Ausdruck. H_s ist nicht vom Umfang (N) der Probe abhängig.

4.2.4.3. Diversitätsvergleich zweier Untersuchungsgebiete

Für den Vergleich zweier Untersuchungsgebiete empfiehlt sich die Berechnung von H_{diff} (MacArthur 1965):

$$H_{diff} = H_t - \frac{H_1 + H_2}{2}$$

$$H_t = -\sum_i^S \frac{p_i + p_i'}{2} \ln \frac{p_i + p_i'}{2}$$

$H_1 =$ Index vom Untersuchungsgebiet 1 (mit p_i),
$H_2 =$ Index vom Untersuchungsgebiet 2 (mit p_i'),
$S \quad =$ Gesamtzahl der vorgefundenen Arten aus Gebiet 1 und Gebiet 2. Für Arten, die in beiden Standorten vorkommen, gibt es jeweils ein $p_i \neq 0$ und $p_i' \neq 0$. Arten, die nur in einem der beiden Gebiete vorkommen, haben entweder p_i oder $p_i' = 0$.

Eine weitere Möglichkeit zum Diversitätsvergleich besteht in der Berechnung von Genus- und Spezies-Diversität:

$$H(GS) = H(G) + H_G(S)$$

4.2.4.4. Vergleich von Mannigfaltigkeitsindices

Um den Unterschied zweier H_S-Werte auf Signifikanz zu überprüfen, kann ein t-Test (4.1.2.1.2.) benutzt werden (Poole 1974):

$$\hat{t} = \frac{|\,H_1 - H_2\,|}{\sqrt{\operatorname{var}(H_1) + \operatorname{var}(H_2)}}$$

H_1 = Diversitätsindex der Probe 1,
H_2 = Diversitätsindex der Probe 2,
$\operatorname{var}(H_S)$ = Varianz des H_S-Wertes,
N_1, N_2 = Gesamtzahl der Individuen der Probe 1 bzw. 2

$$\operatorname{var}(H_S) = \frac{\left[\sum_{i=1}^{S} p_i \ln^2 p_i\right] - (H_S)^2}{N} + \frac{S-1}{2\,N^2} + \ldots$$

Es genügt gewöhnlich, nur den ersten Ausdruck zu berechnen.

$$\nu = \frac{[\operatorname{var}(H_1) + \operatorname{var}(H_2)]^2}{\dfrac{\operatorname{var}(H_1)^2}{N_1} + \dfrac{\operatorname{var}(H_2)^2}{N_2}}$$

Bei $\hat{t} \gtreqless t_{\nu;\alpha}$ liegt Signifikanz des Unterschiedes vor. t-Werte s. Tab. 5.10.1.

4.2.4.5. Evenness

Da bei einem Vergleich verschiedener Ökosysteme der Mannigfaltigkeitsindex (H_S) allein nicht erkennen läßt, ob sein Wert aufgrund einer hohen Artenzahl mit jeweils unterschiedlicher Individuenzahl oder durch gleichmäßige Verteilung der Individuen auf wenige Arten entstanden ist, benutzt man als Vergleichsmaß die berechnete Evenness. Man setzt den H_S-Wert in Relation zu einem maximalen H_S-Wert, der sich bei gleicher Artenzahl, aber unter größtmöglicher Gleichverteilung der Individuen auf die bestehenden Arten ergeben würde. Die Evenness (E) wird auch als „Ausbildungsgrad der Diversität" angesehen.

$$E = \frac{H_s}{H_{max}} = \frac{H_s}{\ln S}$$

Der Wert von E liegt zwischen 0 und +1.

4.2.4.6. Rechenbeispiel

In zwei Untersuchungsgebieten A und B wurden jeweils 6 Arten und 100 Individuen gefunden. Die Verteilung der Individuen auf die Arten ist in einer Tabelle zusammengestellt.

Art	n_i Individuen Gebiet A	n_i' Individuen Gebiet B
i = 1	1	14
i = 2	3	15
i = 3	5	16
i = 4	10	17
i = 5	21	18
i = 6	60	20
Summe 6	100	100

1. Berechnung nach Hurlbert

$$D = \sum_{i=1}^{S} \left(\frac{n_i}{N} \right) \left(\frac{N - n_i}{N - 1} \right) = \sum_{i=1}^{6} \left(\frac{n_i}{100} \right) \left(\frac{100 - n_i}{100 - 1} \right)$$

	Gebiet A			Gebiet B		
	$\frac{n_i}{100}$	$\frac{100 - n_i}{99}$	$\left(\frac{n_i}{100} \right) \cdot \left(\frac{100 - n_i}{99} \right)$	$\frac{n_i}{100}$	$\frac{100 - n_i}{99}$	$\left(\frac{n_i}{100} \right) \cdot \left(\frac{100 - n_i}{99} \right)$
i = 1	0,01	1	0,01	0,14	0,869	0,1216
i = 2	0,03	0,980	0,0294	0,15	0,859	0,1288
i = 3	0,05	0,960	0,0480	0,16	0,848	0,1358
i = 4	0,10	0,909	0,0909	0,17	0,838	0,1425
i = 5	0,21	0,798	0,1676	0,18	0,828	0,1491
i = 6	0,60	0,404	0,2424	0,20	0,808	0,1616
Summe			0,4375			0,8394

Ergebnis: D_A = 0,4375
D_B = 0,8394

2. Berechnung nach Shannon-Weaver

$$H_s = - \sum_{i=1}^{S} p_i \ln p_i = - \sum_{i=1}^{6} p_i \ln p_i$$

	Gebiet A			Gebiet B		
	p_i	$\ln p_i$	$p_i \ln p_i$	p_i	$\ln p_i$	$p_i \ln p_i$
$i = 1$	0,01	$-4,605$	$-0,0461$	0,14	$-1,9661$	$-0,2753$
$i = 2$	0,03	$-3,5066$	$-0,1052$	0,15	$-1,8971$	$-0,2846$
$i = 3$	0,05	$-2,9957$	$-0,1498$	0,16	$-1,8326$	$-0,2932$
$i = 4$	0,10	$-2,3026$	$-0,2303$	0,17	$-1,7720$	$-0,3012$
$i = 5$	0,21	$-1,5606$	$-0,3277$	0,18	$-1,7148$	$-0,3087$
$i = 6$	0,60	$-0,5108$	$-0,3065$	0,20	$-1,6094$	$-0,3219$
Summe			$-1,1655$			$-1,7848$

Ergebnis: Gebiet A: $H_s = -(-1,1655) = 1,1655$
Gebiet B: $H_{s'} = 1,7848$

3. Berechnung der Evenness

$$E = \frac{H_s}{\ln S} = \frac{H_s}{\ln 6} \qquad\qquad E_A = \frac{1,1655}{1,7918} = 0,6505$$

$$E_B = \frac{1,7848}{1,7918} = 0,9961$$

4. Berechnung von H_{diff}

Von den 6 Arten aus Gebiet A und den 6 Arten aus Gebiet B seien die Arten $i = 1, 2, 3, 4$ an beiden Standorten vertreten, während die Arten 5A, 5B und 6A, 6B jeweils nur in einem Gebiet vorkommen.

Arten	$n_i(A)$	$n_i(B)$	p_i	p_i'	$\frac{p_i + p_i'}{2}$	$\ln \frac{p_i + p_i'}{2}$	$\frac{p_i + p_i'}{2} \times \ln \frac{p_i + p_i'}{2}$
$i = 1$	1	14	0,01	0,14	0,075	$-2,5903$	$-0,1943$
$i = 2$	3	15	0,03	0,15	0,09	$-2,4079$	$-0,2167$
$i = 3$	5	16	0,05	0,16	0,105	$-2,2538$	$-0,2366$
$i = 4$	10	17	0,10	0,17	0,135	$-2,0025$	$-0,2703$
$i = 5A$	21	–	0,21	0	0,105	$-2,2538$	$-0,2366$
$i = 5B$	–	18	0	0,18	0,09	$-2,4079$	$-0,2167$
$i = 6A$	60	–	0,60	0	0,30	$-1,2040$	$-0,3612$
$i = 6B$	–	20	0	0,20	0,10	$-2,3026$	$-0,2303$
Σ 8	100	100					$-1,9628$

$$H_t = -\sum_{i=1}^{8} \frac{p_i + p_i{'}}{2} \ln \frac{p_i + p_i{'}}{2} = 1,9628$$

Nach Berechnung in Punkt 2: $H_A = 1,1655$; $H_B = 1,7848$

$$H_{diff} = H_t - \frac{H_A + H_B}{2} = 1,9628 - \frac{1,1655 + 1,7848}{2} = 0,4877$$

5. Vergleich von H_S mit $H_S{'}$

Zur Prüfung, ob sich $H_S{'}$ signifikant von H_S unterscheidet, wird der t-Test für das Beispiel 4.2.4.6.2. berechnet:

$$H_{S'} = H_1 = 1,7848$$

$$H_S = H_2 = 1,1655$$

$$var(H_1) = \frac{[0,14 \cdot (-1,9661)^2 + 0,15 \cdot (-1,8971)^2 + \ldots] - (1,7848)^2}{100} +$$

$$+ \frac{6-1}{2 \cdot 100^2} = \frac{3,1995 - (1,7848)^2}{100} + 0,00025 = 0,00039$$

$$var(H_2) = \frac{2,2279 - (1,1655)^2}{100} + \frac{6-1}{2 \cdot 100^2} = 0,00895$$

$$\hat{t} = \frac{1,7848 - 1,1655}{\sqrt{0,00039 + 0,00895}} = 6,4081; \quad \nu = \frac{[0,00039 + 0,00895]^2}{\frac{0,00039^2}{100} + \frac{0,00895^2}{100}} = 108,7$$

$$\hat{t} = 6,4081 > 3,382 = t_{109;\,0,001}.$$

Der Unterschied der beiden H_S- Werte ist hoch signifikant ($P < 0,001$).

4.2.5. Interspezifische Assoziationskoeffizienten

Mit der Berechnung von interspezifischen Assoziationskoeffizienten soll ein quantitatives Maß gefunden werden, das die Assoziation zwischen zwei oder drei Arten angibt. Praktisch prüft man die Assoziation

durch Auswertung der Antreffhäufigkeiten zweier Arten in den Proben.
Der berechnete Koeffizient sagt nichts über die Art der Beziehungen
zwischen den beiden Arten aus. Eine positive Assoziation kann auch
nur bedeuten, daß beide Arten gleiche Ansprüche an den Lebensraum
oder das Kleinklima stellen. Werden beide Arten selten gemeinsam in
den Proben gefunden, obwohl sie jeweils einzeln gut vertreten sind,
ergibt sich eine negative Assoziation. Sie läßt vermuten, daß sich beide
Arten aus irgendeinem Grund ausschließen.

4.2.5.1. Assoziationskoeffizient (C_{AB}) nach Cole (1949)

Nach Prüfung der Assoziation zweier Arten mit dem Vierfelder-χ^2-
Test (s. 4.1.7.) berechnet sich C_{AB} und die Standardabweichung s
folgendermaßen:

Wenn $ad \gtreqless bc$:

$$C_{AB} = \frac{ad - bc}{(a + b)\,(b + d)} \pm s =$$

$$C_{AB} = \frac{ad - bc}{(a + b)\,(b + d)} \pm \sqrt{\frac{(a + c)\,(c + d)}{n\,(a + b)\,(b + d)}}$$

Wenn $bc > ad$ und $d \gtreqless a$:

$$C_{AB} = \frac{ad - bc}{(a + b)\,(a + c)} \pm \sqrt{\frac{(b + d)\,(c + d)}{n(a + b)\,(a + c)}}$$

Wenn $bc > ad$ und $a > d$:

$$C_{AB} = \frac{ad - bc}{(b + d)\,(c + d)} \pm \sqrt{\frac{(a + b)\,(a + d)}{n(b + d)\,(c + d)}}$$

Die Grenzwerte von C_{AB} sind -1 und $+1$.

4.2.5.2. Rechenbeispiel

In 60 Proben wurde die Assoziation zwischen der Art A und B bestimmt. Die Werte stammen aus der Vierfeldertafel von 4.1.7.2., wo
die signifikante Abhängigkeit zwischen A und B bereits nachgewiesen
wurde. Da $ad > bc$ gilt die Formel:

$$C_{AB} = \frac{ad - bc}{(a + b)(b + d)} \pm \sqrt{\frac{(a + c)(c + d)}{n(a + b)(b + d)}} = \frac{25 \cdot 18 - 6 \cdot 11}{(25 + 6)(6 + 18)} \pm$$

$$\pm \sqrt{\frac{(25 + 11)(11 + 18)}{60(25 + 6)(6 + 18)}} = 0{,}516 \pm 0{,}153$$

4.2.5.3. Partielle Assoziationskoeffizienten nach Cole (1957)

Wenn geprüft werden soll, ob die Assoziation zweier Arten von der gleichen Wahl des Lebensraumes (bestimmte Kleinklimafaktoren) oder von der Anwesenheit einer dritten Art abhängt, berechnet man den partiellen Assoziationskoeffizienten, der eine Erweiterung des interspezifischen Assoziationskoeffizienten (4.2.5.1.) darstellt. Es gibt bei drei Arten (A, B, C) folgende Möglichkeiten der Assoziation (C kann auch ein Klimafaktor o. ä. sein):

C_{AB} bei An- oder Abwesenheit von C
C_{AC} bei An- oder Abwesenheit von B
C_{BC} bei An- oder Abwesenheit von A

Die verschiedenen *Kontingenztafeln* lauten:

	C+				C−	
	B+	B−			B+	B−
A+	a_1	b_1		A+	a_2	b_2
A−	c_1	d_1		A−	c_2	d_2
		N_{C+}				N_{C-}

	B+				B−	
	C+	C−			C+	C−
A+	a_1	a_2		A+	b_1	b_2
A−	c_1	c_2		A−	d_1	d_2
		N_{B+}				N_{B-}

	A+				A−	
	C+	C−			C+	C−
B+	a_1	a_2		B+	c_1	c_2
B−	b_1	b_2		B−	d_1	d_2
		N_{A+}				N_{A-}

N ist die Summe der Werte in den jeweiligen 4 Feldern.
a_1, b_1, c_1, d_1 = Antreffhäufigkeiten in den Proben mit C+
a_2, b_2, c_2, d_2 = Antreffhäufigkeiten in den Proben mit C−

Die Formeln für die einzelnen Koeffizienten sind:

Koeffizient	Berechnung von x	Wert des Koeffizienten bei $x > 0$	bei $x < 0$
$C_{AB \cdot C+}$	$\dfrac{a_1 d_1 - b_1 c_1}{N_{c+}}$	$\dfrac{x}{z_2 + x}$	$\dfrac{x}{z_1 - x}$
$C_{AB \cdot C-}$	$\dfrac{a_2 d_2 - b_2 c_2}{N_{c-}}$	$\dfrac{x}{z_1 + x}$	$\dfrac{x}{z_2 - x}$
$C_{AC \cdot B+}$	$\dfrac{a_1 c_2 - a_2 c_1}{N_{B+}}$	$\dfrac{x}{z_2 + x}$	$\dfrac{x}{z_1 - x}$
$C_{AC \cdot B-}$	$\dfrac{b_1 d_2 - b_2 d_1}{N_{B-}}$	$\dfrac{x}{z_1 + x}$	$\dfrac{x}{z_2 - x}$
$C_{BC \cdot A+}$	$\dfrac{a_1 b_2 - a_2 b_1}{N_{A+}}$	$\dfrac{x}{z_2 + x}$	$\dfrac{x}{z_1 - x}$
$C_{BC \cdot A-}$	$\dfrac{c_1 d_2 - c_2 d_1}{N_{A-}}$	$\dfrac{x}{z_1 + x}$	$\dfrac{x}{z_2 - x}$

z_1 = entweder a_1 oder d_1 oder b_2 oder c_2, je nachdem, welcher Wert kleiner ist.
z_2 = entweder b_1 oder c_1 oder a_2 oder d_2, je nachdem, welcher Wert kleiner ist.

4.2.5.4. Assoziationskoeffizienten nach Southwood und Halbach

Southwood (1971) und Halbach (1972) geben die Berechnung eines Assoziationskoeffizienten an, der nicht nur die An- und Abwesenheit einer Art in den Proben berücksichtigt, sondern auch die vorgefundenen Individuenzahlen der einzelnen Art.

Nach Southwood:

$$C_{J, AB} = 2 \left[\frac{J_i}{a + b} - 0{,}5 \right]$$

Nach Halbach:

$$C_{J, AB} = 2 \left[\frac{\Sigma \log J_A + \Sigma \log J_B}{\Sigma \log a + \Sigma \log b} - 0{,}5 \right]$$

J_i = Zahl der Individuen von A und B in den Proben, wo beide Arten gemeinsam vorkommen,

J_A, J_B = Zahl der Individuen von der Art A bzw. B in den Proben, wo
beide Arten gemeinsam vorkommen,

a, b = Gesamtzahl der Individuen von A bzw. B in allen Proben.

4.2.5.5. Rechenbeispiel

In 60 Proben wurde die Assoziation zwischen der Art A und B bestimmt (vgl. 4.2.5.2.). Die Verteilung der Individuenzahlen auf die einzelnen Proben gibt die Tabelle wieder.

Klassen	Zahl der Proben	Individuenzahlen Art A	Art B
A+, B+	25	266	45
A+, B−	6	57	−
A−, B+	11	−	28
A−, B−	18	−	−
Summe	60	323	73

Berechnung nach Southwood:

$$C_{J; AB} = 2 \left[\frac{J_i}{a+b} - 0,5 \right] = 2 \left[\frac{266 + 45}{323 + 73} - 0,5 \right] = 0,571$$

4.2.6. Recurrent groups

4.2.6.1. Signifikanz der Assoziation

Es sind einige Fälle denkbar, in denen die Prüfung einer Assoziation nach Cole keine signifikante Abhängigkeit erkennen läßt, obwohl z. B. ca. 70% aller genommenen Proben beide Arten gemeinsam enthalten. Zum Beispiel ist das berechnete $\hat{\chi}^2$ aus der Vierfeldertafel mit den Werten

	A+	A−
B+	50	10
B−	9	2

kleiner als der Tabellenwert. Andererseits kann eine Assoziation rechnerisch immer signifikant werden, wenn die Antreffhäufigkeit in der

Probenklasse A−/B− genügend hoch ist. Proben, in denen beide auf Assoziation zu untersuchenden Arten fehlen, sind ökologisch oft nicht relevant, da die Stichproben z. B. aus Gebieten stammen können, in denen beide Arten nicht mehr vorkommen. Wegen dieser Schwierigkeiten prüft Fager (1957) die *Signifikanz* positiver Assoziation (= Affinität nach Fager) nur mit Probenwerten, in denen wenigstens eine der beiden Arten vorhanden ist. Zur schnellen Prüfung auf dem 5%-Niveau kann man die Tabelle 5.10.6. benutzen, mit der man Minimumwerte von $\hat{J}$ mit den vorgefundenen Werten von J vergleicht.

4.2.6.2. Rechenbeispiel

Aus der allgemeinen Anordnung einer Vierfeldertafel werden folgende Werte benötigt:

	A+	A−	
B+	a = J	b	n_B
B−	c	d	−
	n_A	−	n

n = Zahl der Stichproben

n_A, n_B = Zahl, inwieviel Stichproben die Art A bzw. B insgesamt vertreten ist

J = Zahl der Stichproben, in denen die Arten A und B gemeinsam vertreten sind.

Verwendet werden die Werte der Vierfeldertafel aus 4.2.6.1.

$$J = 50; n_A = 59; n_B = 60; n = 71; n_A \leqslant n_B$$

Man bildet $\dfrac{n_B}{n_A} = \dfrac{60}{59} \approx 1$ und entnimmt in der entsprechenden Spalte der Tabelle 5.10.6. für $n_A \approx 60$ den Minimumwert von J.

$$J = 50 > 36 = J_{60;1}$$

Ergebnis: Die Affinität zwischen den beiden Arten ist signifikant ($P < 0,05$).

Nicht eindeutige Zwischenwerte kann man mit einem t-Test überprüfen:

$$t = \left[\frac{(n_A + n_B)(2J - 1)}{2\, n_A n_B} - 1 \right] [\sqrt{n_A + n_B - 1}]$$

n_A = Zahl der Proben mit der Art A,
n_B = Zahl der Proben mit der Art B,
J = Zahl der Proben, in denen die Arten A und B gemeinsam vorkommen.

Positive Affinität zwischen 2 Arten ist auf dem 5%-Niveau nachgewiesen, wenn $\hat{t}$ mindestens den Wert 1,645 erreicht.

4.2.6.3. Abgrenzung von Assoziationsgruppen

Für quantitative Aussagen über die Abgrenzung einer Lebensgemeinschaft bietet Fager (1957) eine Möglichkeit über die Berechnung sog. „recurrent groups". Es geht dabei um einen Artenvergleich in verschiedenen Sammelproben, wobei die einzelnen Arten nach der Häufigkeit ihres gemeinsamen Vorkommens mit anderen Arten gruppiert werden.

Nach der Prüfung der Affinität zwischen den Arten (4.2.6.1.) stellt man ein Affinitätsdiagramm in der Weise auf, daß die Arten in der Reihenfolge von der größten bis zur kleinsten Zahl der Affinitäten untereinander angeordnet werden (vgl. Tab. 4.2.6.).

Tab. 4.2.6. Ein Beispiel für die Affinität zwischen Artenpaaren, basierend auf der Signifikanz der Zahl gemeinsamen Auftretens. + = signifikante Affinität. (aus Fager 1957)

Arten	A	B	C	D	E	F	G	H	J	K	L	M	N	P	Q	Zahl der Affinitäten
A		+	+	+	+	+	+	+	+	+	+	+	−	−	+	12
B	+		+	+	+	−	+	+	+	−	+	−	−	−	+	9
C	+	+		+	+	+	−	+	+	+	+	+	−	−	−	9
D	+	+	+		+	−	+	+	+	+	−	+	−	−	−	9
E	+	+	+	+		−	−	−	+	−	+	−	+	−	+	8
F	+	−	+	−	−		+	+	−	+	−	−	+	+	−	7
G	+	+	−	+	−	+		−	−	−	−	+	+	+	−	7
H	+	+	+	+	−	+	−		−	−	−	−	−	+	−	6
J	+	+	+	+	+	−	−	−		−	−	−	−	−	−	5
K	+	−	+	+	−	+	−	−	−		−	−	−	+	−	5
L	+	+	+	−	+	−	−	−	−	−		−	−	−	−	4
M	+	−	−	+	−	−	+	−	−	−	−		+	−	−	4
N	−	−	−	−	+	+	+	−	−	−	−	+		−	−	4
P	−	−	−	−	−	+	+	+	−	+	−	−	−		−	4
Q	+	+	−	−	+	−	−	−	−	−	−	−	−	−		3

Eine recurrent group muß folgende Bedingungen erfüllen:

1. Alle möglichen Artenpaare innerhalb der Gruppe müssen signifikante Affinitäten haben.
2. Die Gruppe umfaßt die größtmögliche Zahl von Arten.
3. Wenn mehrere Gruppen mit derselben Zahl von Gliedern möglich sind, werden diejenigen ausgewählt, welche die größte Zahl von Gruppen ohne gemeinsame Glieder ergeben.
4. Wenn 2 oder mehr Gruppen mit derselben Zahl von Arten und mit gemeinsamen Gliedern möglich sind, wird diejenige ausgewählt, welche als Einheit in der größten Zahl der Sammelproben vorkommt.

Man geht dann in folgenden Schritten vor: Man zählt die Arten in absteigender Reihenfolge, bis die Nummer der Art X die Zahl der Affinitäten (Y) der vorhergehenden Art überschreitet (im Beispiel $X = 8$, $Y = 6$). Wenn $X \leqq Y + 2$, dann kann die größte potentielle Gruppe nur $Z = Y + 1$ Arten enthalten. (Wenn $X > Y + 2$, dann kann die größte potentielle Gruppe $X-1$ Arten enthalten). Nun wird die potentielle Gruppe überprüft. Man stellt sich dazu eine Tabelle auf mit den potentiellen Gliedern und ihrer jeweiligen Zahl der Affinitäten mit den Gruppengliedern. Im Beispiel folgendermaßen:

Arten	A	B	C	D	E	F	G	H	V = 8,
Affinitäten	7	6	6	6	4	4	4	5	Z = 7.

Um eine Gruppe zu bilden mit Z-Gliedern von V möglichen Gliedern, müssen wenigstens die Z-Glieder mehr als $Z-2$ Affinitäten mit anderen Gliedern der potentiellen Gruppe haben (Test 1). Im Beispiel gibt es nur 4 Arten, die mehr als $Z-2 = 5$ Affinitäten haben, d. h. eine Gruppe von 7 Gliedern kann nicht aufgestellt werden.

Für einen zweiten Test muß folgende Ungleichung gelten:

$$(V - 1)(2Z - V) < 1 + \sum_{1}^{Z} A_g - \sum_{1}^{V-Z} A_k \quad \text{(Test 2)}.$$

$\sum_{1}^{Z} A_g$ = Summe der Z-größten Affinitäten,

$\sum_{1}^{V-Z} A_k$ = Summe der restlichen, also der (V−Z)-kleinsten Affinitäten.

Nachdem die Tests ergeben haben, daß in dem angeführten Beispiel eine Gruppe mit 7 Gliedern nicht aufgestellt werden kann, muß man prüfen, ob die nächst kleinere Gruppe, also mit Z = 6 Arten, die Bedingungen erfüllt. Als mögliche Gruppe kommen alle Arten in Frage, die Z−1 Affinitäten haben, im Beispiel also auch J und K.

Man bildet wieder eine Tabelle:

Arten		A B C D E F G H J K	
Affinitäten	I	9 7 8 8 5 5 4 5 5 4	V = 10, Z = 6
	II	7 6 7 6 5 3 – 5 5 –	V = 8, Z = 6
	III	6 6 6 6 5 – – 4 5 –	V = 7, Z = 6
	IV	5 5 5 5 5 – – – 5 –	V = 6, Z = 6

Für Zeile I gilt Test 1 und Test 2.

Test 2 berechnet sich z. B. folgendermaßen:

$$(10-1)(2\cdot6-10) < 1+(9+8+8+7+5+5)-(5+5+4+4)$$

Da die zu bildende Gruppe nicht mehr als Z = 6 Glieder enthalten darf, eliminiert man schrittweise, zuerst die Arten, die nicht mehr als Z = 2 Affinitäten aufweisen, im Beispiel G und K. Die neue Tabellierung ergibt Zeile II in der Tab. Man wiederholt das Verfahren und eliminiert in weiteren Schritten, vgl. Zeile III und Zeile IV, die Arten, die nicht mehr als Z−2 Affinitäten mit den V-Gruppen-Gliedern haben. Man gelangt dann zur Gruppe ABCDEJ. Da die Bedingungen in Test (1) und Test (2) von dieser Gruppe erfüllt werden, stellen diese Arten die erste „recurrent group".

Nun wird untersucht, welche der restlichen Arten nur (d. h. ausschließlich) Affinitäten zu Arten der recurrent group haben. Sie wer-

Arten	F	G	P	N	H	K	M	Zahl der Affinitäten
F		+	+	+	+	+	·	5
G	+		+	+	·	·	+	4
P	+	+		·	+	+	·	4
N	+	+	·		·	·	+	3
H	+	·	+	·		·	·	2
K	+	·	+	·	·		·	2
M	·	+	·	+	·	·		2

+ = signifikante Affinität, · = keine signifikante Affinität.

den dieser Gruppe assoziiert, im Beispiel die Arten L und Q. Mit den verbliebenen Arten wird das ganze Verfahren nach Aufstellung einer neuen Tabelle (s. S. 124) wiederholt, in der die Affinitäten zu den bereits herausgenommenen Arten weggelassen werden.

Test (1) und (2) ergeben, daß im Beispiel nur eine Gruppe mit Z = 3 Gliedern möglich ist. Die 3 Glieder werden unter den im Beispiel zu untersuchenden 7 Gliedern (alle haben mindestens Z–1 Affinitäten) nach den oben genannten 4 Bedingungen für recurrent groups ausgewählt. Im Beispiel führt Bedingung (3) zur Auswahl von GMN und FHP oder FKP. Nach Bedingung (4) wird FHP statt FKP gewählt, so daß das behandelte Beispiel zu folgendem Ergebnis führt:

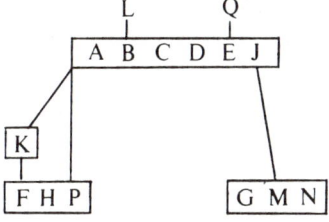

Wenn die Analyse mit einer großen Artenzahl ausgeführt wird, kann man die 3 Artengruppen mit ihren beigefügten Arten als 3 engere Lebensgemeinschaften betrachten.

4.2.7. Nearest-neighbour Methode

Mit der Nearest-neighbour Methode kann man entweder, eine angenäherte Zufallsverteilung vorausgesetzt, Populationsdichteschätzungen vornehmen, oder eine Population auf Zufallsverteilung prüfen, sofern deren Dichte bekannt ist.

Praktisch wählt man einige Zufallspunkte im Gelände und sucht dann jeweils in eng anliegenden, konzentrischen Kreisen nach einem Tier (Individuum der zu untersuchenden Population oder z. B. Nestkolonie von Ameisen). Von diesem Objekt aus wird – wieder mit Hilfe von konzentrischen Kreisen – ein 2. Objekt, der „nächste Nachbar" gesucht. Zwischen beiden Objekten (Tiere, Nestkolonien o. ä.) wird die Entfernung gemessen. Das Verfahren wird von anderen Zufallspunkten ausgehend wiederholt.

Die Berechnung erfolgt nach Clark und Evans (1954), angenäherte Zufallsverteilung vorausgesetzt, nach

$$m = \frac{1}{4\,\overline{r}^{\,2}}$$

m = Dichte pro Einheitsfläche,
$\overline{r}$ = Mittelwert der Distanzen zwischen nächsten Nachbarn.

Wenn die Dichte bekannt ist, kann man über eine Proportionalitäts-konstante p die Abweichung von zufälliger Verteilung bestimmen:

Es gilt $\overline{r}^{\,2} = \dfrac{p}{m}$

Bei p = 1,154 liegt gleichmäßige, hexagonale Verteilung vor, was auf Raumkonkurrenz schließen läßt. Bei p = 0,25 liegt Zufallsvertei-lung, bei p < 0,25 kumulative Verteilung vor. Nach Thompson (1956) kann man mit dem Ausdruck

$$2\,\pi\,m\,\frac{\Sigma\,r_n^2}{N}$$

N = Zahl der Beobachtungen,
r_n = Distanz zum 1. nächsten Nachbarn (n = 1) bzw. zum 2., 3.,
    . . . nten nächsten Nachbarn,

in einer χ^2-Tabelle bei 2 N *Freiheitsgraden* die Abweichung von Zu-fallsverteilung prüfen: Eine Wahrscheinlichkeit für χ^2 größer als 0,95 zeigt signifikant regelmäßige Verteilung, eine Wahrscheinlichkeit von weniger als 0,05 signifikante kumulative Verteilung an.

4.2.8. Ballungsindices

Das Verteilungsmuster der meisten Arten entspricht einer kumulativen Verteilung. Ein quantitatives Maß für die lokale Häufung (Kumulation, Aggregation, Ballung) der Individuen innerhalb einer Population soll durch den Ballungsindex gegeben werden.

4.2.8.1. Ballungsindex (b) nach Lloyd (1967)

$$b = \frac{m_c}{\overline{x}} = 1 + \frac{s^2 - \overline{x}}{\overline{x}^2}$$

$$m_c = \bar{x} + \left(\frac{s^2}{\bar{x}} - 1\right)$$

s^2 = Varianz der Individuenzahlen in den Stichproben,

$\bar{x}$ = mittlere Individuenzahl je Stichprobenfläche,

$m_c = b \cdot \bar{x}$ = „mean crowding".

Ein höheres b zeigt größere Kumulation an. Der Wert von b ist allerdings abhängig von der Ausdehnung der Teilflächen. Nur wenn die Größe der Teilflächen ungefähr mit der Ausdehnung der Aggregation zusammenfällt, wird diese deutlich angezeigt. Bei großen Teilflächen nähert sich b dem Wert 1, was eine Zufallsverteilung bedeutet.

4.2.8.2. Index nach Iwao:

Iwao (1972) schlägt einen abgewandelten Index ρ vor, mit dem man bei zunehmender Teilprobengröße folgende weitere Aussagen über die Verteilung machen kann: mittlere Ausdehnung der Aggregationen, Verteilung der Aggregationen über die Gesamtfläche und Verteilung der Individuen innerhalb der Aggregation, wenn die kleinste Teilprobengröße kleiner ist als die Ausdehnung einer Aggregation. Die Teilprobengrößen lassen sich rechnerisch vergrößern, indem man schrittweise die besammelten Flächeneinheiten zu nächst größeren zusammensetzt.

$$\rho = \frac{m_{ci} - m_{ci-1}}{\bar{x}_i - \bar{x}_{i-1}}$$

i = 1 für die kleinste Teilfläche

4.2.8.3. Rechenbeispiel

Die Verteilung von Individuen (Nestkolonien o. ä.) sei wie in Abbildung 4.2.8.3. (s. S. 128).

Fragen: Wie groß ist der Ballungsindex nach Lloyd bei verschieden großen Probeflächen? Wie ändert sich der Index nach Iwao bei zunehmender Teilprobengröße?

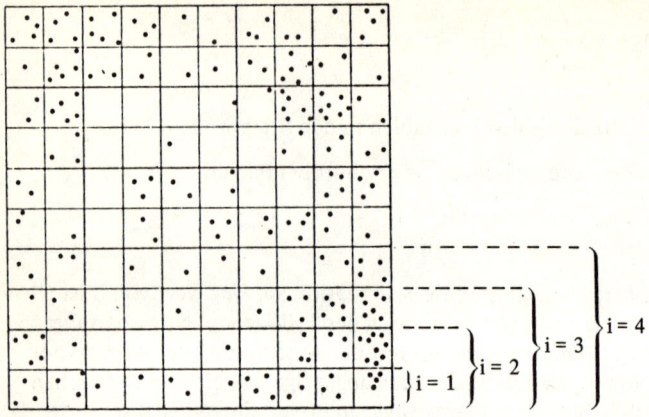

Abb. 4.2.8.3. Kumulative Verteilung von 200 Punkten (aus Lewis & Taylor 1972).

Die Häufigkeiten der Punkte in den einzelnen Quadraten beträgt für die Flächengröße i = 1:

4	4	5	3	1	1	3	2	1	4
1	5	2	2	1	1	2	5	2	1
2	5	0	0	0	1	1	6	7	2
0	3	0	0	1	0	0	2	2	3
2	0	0	3	2	2	0	0	4	4
2	1	0	2	0	3	2	4	2	1
2	2	0	1	1	1	1	0	2	4
1	2	0	0	1	0	1	3	5	7
5	1	0	0	0	1	0	3	3	9
3	3	1	1	2	1	4	3	3	4

$$\overline{x}_1 = \frac{200\ \text{Punkte}}{100\ \text{Einheitsflächen}} = 2$$

$$s_1^2 = 3,1$$

Flächengröße i = 2:

14	12	4	12	8
10	0	2	9	14
5	5	7	6	11

7	1	3	5	18
12	2	4	10	19

$$\overline{x}_2 = \frac{200}{25} = 8$$

$$s_2^2 = 28,1$$

Flächengröße i = 3:

17	7	30
9	12	21
8	10	40

$$\overline{x}_3 = \frac{154}{9} = 17,1$$

$$s_3^2 = 129,1$$

Flächengröße i = 4:

14	40
10	52

$$\overline{x}_4 = \frac{116}{4} = 29$$

$$s_4^2 = 412$$

Berechnung des Ballungsindex b nach Lloyd:

für i = 1:
$$b_1 = 1 + \frac{s_1^2 - \overline{x}_1}{\overline{x}_1^2} = 1 + \frac{3,1 - 2}{2^2} = 1,275$$

für i = 2:
$$b_2 = 1 + \frac{28,1 - 8}{8^2} = 1,314$$

für i = 3: $b_3 = 1,383$; für i = 4: $b_4 = 1,455$

Berechnung des Ballungsindex ρ nach Iwao:

$$\rho = \frac{m_{ci} - m_{ci-1}}{\overline{x}_i - \overline{x}_{i-1}}; \quad m_{c1} = \overline{x}_1 + \left(\frac{s_1^2}{\overline{x}_1} - 1\right) = 2 + \left(\frac{3,1}{2} - 1\right) = 2,55;$$

$$m_{c2} = 8 + \left(\frac{28,1}{8} - 1\right) = 10,5; \quad m_{c3} = 23,6; \quad m_{c4} = 42,2;$$

$$\rho_1 = \frac{m_{c1}}{\overline{x}_1} = \frac{2,55}{2} = 1,275; \quad \rho_2 = \frac{m_{c2} - m_{c1}}{\overline{x}_2 - \overline{x}_1} = \frac{10,5 - 2,55}{8 - 2} = 1,325;$$

$$\rho_3 = 1,440; \quad \rho_4 = 1,563.$$

Ergebnis: Die mit zunehmender Teilfläche leicht ansteigenden Werte von ρ deuten an, daß bei kleiner Teilfläche die Verteilung einer Zufallsverteilung sehr nahe kommt (ρ_1 liegt nahe bei 1) und daß die Ausdehnung der Aggregation größer als die Teilfläche i = 4 ist. Die Größe der Aggregation wird nämlich bei der Fläche erkennbar, nach der bei zunehmender Vergrößerung der Wert von ρ durch Ansteigen oder Abfallen gegen 1 strebt. Werte von $\rho < 1$ zeigen regelmäßige Verteilung an.

4.2.9. Nischenbreite und Nischenüberlappung

Zur Berechnung von Nischenbreite und -überlappung wird eine Ressource-Matrix nach folgendem Muster aufgebaut:

		Ressourcen-Klassen					
		RK1	RK2	RK3	...	RKr	
Arten	Art 1	N_{11}				N_{1j} ---- N_{1r}	Y_1
	Art 2						
	Art 3						
	.	N_{i1}				N_{1r}	Y_i
	.						
	.						
	Art S	N_{s1}			N_{sj}	N_{sr}	Y_s
		X_1		X_j	X_r		Z

N_{ij} = Anzahl der beobachteten Vorkommen von Art i in der Ressourcen-Klasse j,
X_j = Gesamtzahl der beobachteten Vorkommen aller Arten in Resourcen-Klasse
Y_i = Gesamtzahl der Individuen der Art i, die beobachtet wurden,
Z = Summe aller Beobachtungen.

4.2.9.1. Spezielle Nischenbreite (NB_i)

Zur Berechnung der Nischenbreite der Art i innerhalb einer Nischendimension kann man zwei unterschiedliche Formeln (Colwell und Futuyma 1971) verwenden:

$$NB_i = \frac{1}{\sum\limits_j p_{ij}^2} = \frac{Y_i^2}{\sum\limits_j N_{ij}^2} \qquad (1)$$

$$NB_i' = -\sum\limits_j p_{ij} \log p_{ij} \qquad p_{ij} = \frac{N_{ij}}{Y_i} \qquad (2)$$

Zu Vergleichszwecken darf nur jeweils eine der beiden Formeln angewandt werden, da sie nicht zu gleichen Absolutwerten führen. Formel (2) Standardisierung:

$$\text{stand. } NB_i = \frac{-\underset{j}{\Sigma}\, p_{ij} \log p_{ij}}{\log r} \qquad (r = \text{Zahl der RK})$$

4.2.9.2. Rechenbeispiel

Aus der Verteilung von 6 Arten auf 5 Ressourcen-Klassen sollen die Arten mit der größten und kleinsten Nischenbreite bestimmt werden.

	RK_1	RK_2	RK_3	RK_4	RK_5	Y_i
Art 1	–	–	3	5	23	31
Art 2	4	4	7	14	7	36
Art 3	–	6	6	12	12	36
Art 4	–	2	25	–	–	27
Art 5	6	19	8	–	1	34
Art 6	12	14	3	–	–	29
X_j	22	45	52	31	43	193

Berechnung nach Formel (1):

$$NB_1 = \frac{Y_1^2}{\underset{j=1}{\overset{5}{\Sigma}} N_{1,5}^2} = \frac{31^2}{(0^2 + 0^2 + 3^2 + 5^2 + 23^2)} = 1,7$$

$$NB_2 = \frac{36^2}{(4^2 + 4^2 + 7^2 + 14^2 + 7^2)} = 3,98$$

$NB_3 = 3,6$; $NB_4 = 1,16$; $NB_5 = 2,5$; $NB_6 = 2,41$.

Die größte Nischenbreite innerhalb dieser Nischendimension hat Art 2 mit 3,98, die geringste Art 4 mit 1,16.

Zur Berechnung nach Formel (2) ist es notwendig, die Ressource-Matrix umzuschreiben und statt N_{ij} das relative Vorkommen der Arten $p_{ij} = \frac{N_{ij}}{Y_i}$ einzutragen. Dabei muß $\underset{j}{\Sigma}\, p_{ij} = 1$ ergeben.

	RK_1	RK_2	RK_3	RK_4	RK_5	
Art 1	–	–	0,1	0,16	0,74	$\sum\limits_{j}^{5} p_{1j} = 1$
Art 2	0,11	0,11	0,19	0,39	0,19	
Art 3	–	0,17	0,17	0,33	0,33	
Art 4	–	0,07	0,93	–	–	
Art 5	0,18	0,56	0,24	–	0,03	
Art 6	0,41	0,48	0,1	–	–	

Berechnung nach Formel (2):

$$NB_1' = - \sum_{j=1}^{5} p_{1j} \ln p_{1j} = -[(0,1 \ln 0,1) + (0,16 \ln 0,16) +$$

$$(0,74 \ln 0,74)] = -[(-0,2303) + (-0,2932) + (-0,2228)]$$

$$= 0,746$$

$$NB_2' = -[(0,11 \ln 0,11) + (0,11 \ln 0,11) + (0,19 \ln 0,19) +$$

$$(0,39 \ln 0,39) + (0,19 \ln 0,19)] = -[(-0,2428)+(-0,2428)+$$

$$(-0,3155) + (-0,3672) + (-0,3155)] = 1,484$$

$$NB_3' = 1,334; \ NB_4' = 0,254; \ NB_5' = 1,081; \ NB_6' = 0,948.$$

Größte Nischenbreite in dieser Nischendimension: Art 2 mit 1,484, geringste Nischenbreite: Art 4 mit 0,254.

Eine spez. NB von Null ergibt sich, wenn eine Art ausschließlich in einer Ressourcenklasse vertreten ist.

4.2.9.3. Spezielle Nischenüberlappung (NU_{ih})

Zur Berechnung der Nischenüberlappung zweier Arten wird von Colwell und Futuyma (1971) folgende Formel angeboten:

$$NU_{ih} = 1 - \frac{1}{2} \sum_{j} |p_{ij} - p_{hj}|$$

$|p_{ij} - p_{hj}|$ = Absolutwert der Differenzen des relativen Vorkommens der beiden verglichenen Arten innerhalb einer Ressourcen-Klasse.

4.2.9.4. Rechenbeispiel

Es wird die Matrix mit den p_{ij}-Werten aus 4.2.9.2. verwendet.
Frage: Wie groß ist die Nischenüberlappung zwischen Art 3 und Art 6?

$$NU_{3,6} = 1 - \frac{1}{2} \sum_{j=1}^{5} |p_{3j} - p_{6j}| = 1 - \frac{1}{2}[|(0 - 0,41)| + |(0,17 - 0,48)| +$$

$$+ |(0,17 - 0,1)| \ |(0,33 - 0)| + |(0,33 - 0)|] =$$

$$= 1 - \frac{1}{2}(0,41 + 0,31 + 0,07 + 0,33 + 0,33) =$$

$$= 0,275$$

Nach dem gleichen Schema läßt sich die Überlappung beliebiger Arten der Ressource-Matrix errechnen. Die Berechnung aller möglichen Nischenüberlappungen des gewählten Beispiels läßt sich wie folgt darstellen und neben die Matrix schreiben:

	Art 1				
Art 1	–	Art 2			
Art 2	0,185	–	Art 3		
Art 3	0,59	0,81	–	Art 4	
Art 4	0,1	0,27	0,24	–	Art 5
Art 5	0,125	0,445	0,365	0,305	–
Art 6	0,105	0,335	0,275	0,175	0,76

Die größte Nischenüberlappung innerhalb der untersuchten Nischendimension hat in diesem Beispiel die Art 2 und 3 ($NU_{2,3} = 0,81$), die geringste die Art 1 mit 4 ($NU_{1,4} = 0,1$).

4.2.9.5. Durchschnittliche Nischenbreite ($\overline{NB}$)

Die durchschnittliche Nischenbreite aller in der Ressource-Matrix vertretenen Arten berechnet sich nach folgender Formel (Pielou 1972):

$$\overline{NB} = H_T - H_A \ ; \ H_T = \frac{1}{Z} \lg Z! - \frac{1}{Z} \sum_i \sum_j \lg N_{ij}!$$

$$H_A = -\sum_S \frac{Y_i}{Z} \lg \frac{Y_i}{Z}$$

In der Berechnung der durchschnittlichen Nischenbreite und Nischenüberlappung ist grundsätzlich $\log_{10}$ zu verwenden, da aufgrund der Fakultäten mit sehr großen Zahlen operiert wird und die zur Berechnung notwendigen Tabellen über log N! (Tab. 5.10.7.) ebenfalls Zehner-Logarithmen benutzen. Es ist zweckmäßig, die Ressource-Matrix für diese Berechnungen zu erweitern und die relativen Artenhäufigkeiten $\frac{Y_i}{Z}$ an jede Reihe anzuschließen.

4.2.9.6. Rechenbeispiel

Es ist die durchschnittliche Nischenbreite der Arten 1–6 aus der ursprünglichen Matrix (4.2.9.2.) zu berechnen.
Erweiterung der Matrix:

	RK_1	RK_2	RK_3	RK_4	RK_5	Y_i	$\frac{Y_i}{Z}$
Art 1	–	–	3	5	23	31	0,16
Art 2	4	4	7	14	7	36	0,187
Art 3	–	6	6	12	12	36	0,187
Art 4	–	2	25	–	–	27	0,14
Art 5	6	19	8	–	1	34	0,176
Art 6	12	14	3	–	–	29	0,15
X_j	22	45	52	31	43	Z = 193	
$\frac{X_j}{Z}$	0,114	0,233	0,269	0,16	0,223		

Berechnung von H_T nach der Formel

$$H_T = \frac{1}{193} \lg 193! - \frac{1}{193} \sum_{i=1}^{6} \sum_{j=1}^{5} \lg N_{ij}! = \frac{1}{193} \lg 193! -$$

$$\frac{1}{193} (\lg 0! + \lg 0! + \lg 3! + \lg 5! + \lg 23! + \lg 4! + \lg 4! + \ldots +$$

$$\lg 14! + \lg 3! + \lg 0! + \lg 0!) = \frac{1}{193} \cdot 358,8357 - \frac{1}{193} \cdot$$

$$\cdot (0 + 0 + 0,7781 + 2,0792 + 22,4125 + 1,3802 + 1,3802 + \ldots$$

$$+ 10,9404 + 0,7781 + 0 + 0) = \frac{358 \cdot 8357}{193} - \frac{139,8892}{193}$$

$$= 1,135$$

Berechnung von H_A nach der Formel

$$H_A = \sum_{S=1}^{6} \frac{Y_i}{Z} \lg \frac{Y_i}{Z} = -[(0,16 \lg 0,16) + (0,187 \lg 0,187) +$$

$$(0,187 \lg 0,187) + (0,14 \lg 0,14) + (0,176 \lg 0,176) +$$

$$(0,15 \lg 0,15)]$$

$$= -[(-0,127) + (-0,136) + (-0,136) + (-0,12) +$$

$$(-0,133) + (0,124)] = 0,776$$

Berechnung der durchschnittlichen Nischenbreite nach der Formel

$$\overline{NB} = H_T - H_A = 1,135 - 0,776 = \textit{0,359}$$

4.2.9.7. Durchschnittliche Nischenüberlappung ($\overline{NU}$)

Die durchschnittliche Nischenüberlappung aller in der Ressourcen-Matrix vertretenen Arten berechnet sich nach folgender Formel (Pielou 1972):

$$\overline{NU} = H_T - H_B \qquad H_T = \frac{1}{Z} \lg Z! - \frac{1}{Z} \sum_i \sum_j \lg N_{ij}! \quad (4.2.9.5.)$$

$$H_B = -\sum_j \frac{X_j}{Z} \lg \frac{X_j}{Z}$$

Die zweckmäßige Erweiterung der Ressource-Matrix mit den Werten $\frac{X_j}{Z}$ für diese Berechnung wurde schon in der Matrix 4.2.9.6. vorgenommen, s. letzte Reihe.

4.2.9.8. Rechenbeispiel

Es ist die durchschnittliche Nischenüberlappung aller Arten in den Ressourcen-Klassen RK_1 bis RK_5 aus der ursprünglichen Matrix zu berechnen. Vgl. Matrix in 4.2.9.6.

Berechnung von H_T: siehe 4.2.9.6., $H_T = 1,135$

Berechnung von H_B nach Formel

$$H_B = -\sum_{j=1}^{5} \frac{X_j}{Z} \lg \frac{X_j}{Z} = -[(0,114 \lg 0,114) + (0,233 \lg 0,233) +$$

$$(0,269 \lg 0,269) + (0,16 \lg 0,16) + (0,223 \lg 0,223)]$$

$$= -[(-0,1075) + (-0,1474) + (-0,1534) + (-0,1273) +$$

$$(-0,1453)] = 0,681$$

Berechnung der durchschnittlichen Nischenüberlappung nach der Formel

$$\overline{NU} = H_T - H_B = 1,135 - 0,681 = 0,454.$$

Abundanzen der untersuchten Tierarten einerseits bzw. das angebotene Ressourcen-Spektrum andererseits beeinflussen die Absolutwerte für Nischenbreite und Nischenüberlappung.

Zur Standardisierung der Ergebnisse sind folgende Berechnungen vorzunehmen:

$$\text{standard. } \overline{NB} = \frac{H_T - H_A}{H_B}$$

$$\text{standard. } \overline{NU} = \frac{H_T - H_B}{H_A}$$

Für das Rechenbeispiel 4.2.9.6. ergibt sich daraus

$$\text{stand. } \overline{NB} = \frac{1,135 - 0,776}{0,681} = 0,527;$$

für das Rechenbeispiel 4.2.8.8.:

$$\text{stand. } \overline{NU} = \frac{1,135 - 0,681}{0,776} = 0,585.$$

5. Anhang

5.1. Methoden und Empfehlungen für eine Geländekartierung

Bei fast allen Freilandversuchen ist eine Geländekartierung mit einer Darstellung der Fallenstandorte und Probestellen nötig. Sie bildet zugleich die Voraussetzung zur Reproduzierbarkeit der Versuche. Als Ausgangsmaterial für die Geländeorientierung dienen Meßtischblätter im Maßstab 1:25000. Ein genaueres Arbeiten ermöglichen Luftbilder, die außerdem Detailvergrößerungen bestimmter Flächen zulassen. Etwa im Größenbereich unter 100 x 500 m empfehlen sich eigene Vermessungen. Es sind dazu Fluchtstäbe (bzw. Holzpflöcke), ca. 500 m Schnur, Bandmaß (evtl. Meßlatte), Kompaß und im stark ansteigenden Gelände Höhenmesser und Taschengefällmesser nötig.

Um die Untersuchungsfläche (Abb. 5.1.1.) auszumessen, dirigiert Person A nach der mit Pfählen markierten Fluchtlinie (1–2, 2–3, 3–4, 4–1) die das Maßband führenden Personen B und C in der Meßrichtung. Bei weniger als 3 Personen besteht die Möglichkeit, die Fluchtlinien mit einer Schnur zu markieren und diese dann gesondert abzumessen. Soll ein Geländegefälle oder allgemein ein Höhenunterschied im Gelände angegeben werden, bestimmt man mit einem Taschengefällmesser den Geländewinkel α (z. B. zwischen Punkt 4 und 5, bzw. 5 und 3, Abb. 5.1.1.) und mißt die Entfernung (c) zwischen diesen Geländepunkten. Die Erhöhung (a) des Punktes 5 gegenüber 4 beträgt $a = c \cdot \sin \alpha$.

Um die Lage und Ausdehnung einzelner Formationen in die Karte einzumessen, unterteilt man die Untersuchungsfläche mit einem Koordinatennetz. Ebenso werden spezielle Fang- und Meßpunkte im Gelände nach ihren Koordinaten eingetragen.

Die Karte soll Maßstab, Nordrichtung, Aufnahmedatum und Signaturen mit Legende zur näheren Beschreibung des Geländes enthalten. Zusätzlich eignen sich zur Habitatcharakterisierung Fotos, die nach Möglichkeit von einem erhöhten Punkt aufgenommen werden sollten.

Zur einheitlichen Darstellung wird die nachstehende Legende vorgeschlagen. Die Gliederung der Pflanzenformationen, über die sich jeder im Freiland arbeitende Ökologe Klarheit verschaffen muß, erfolgte im wesentlichen in Anlehnung an Wilmanns (1973) und Ellenberg (1973). Bei zu großer Fülle von Signaturen in einer Darstellung empfiehlt es sich, mehrere Karten mit unterschiedlichem Thema über das gleiche Gelände anzufertigen.

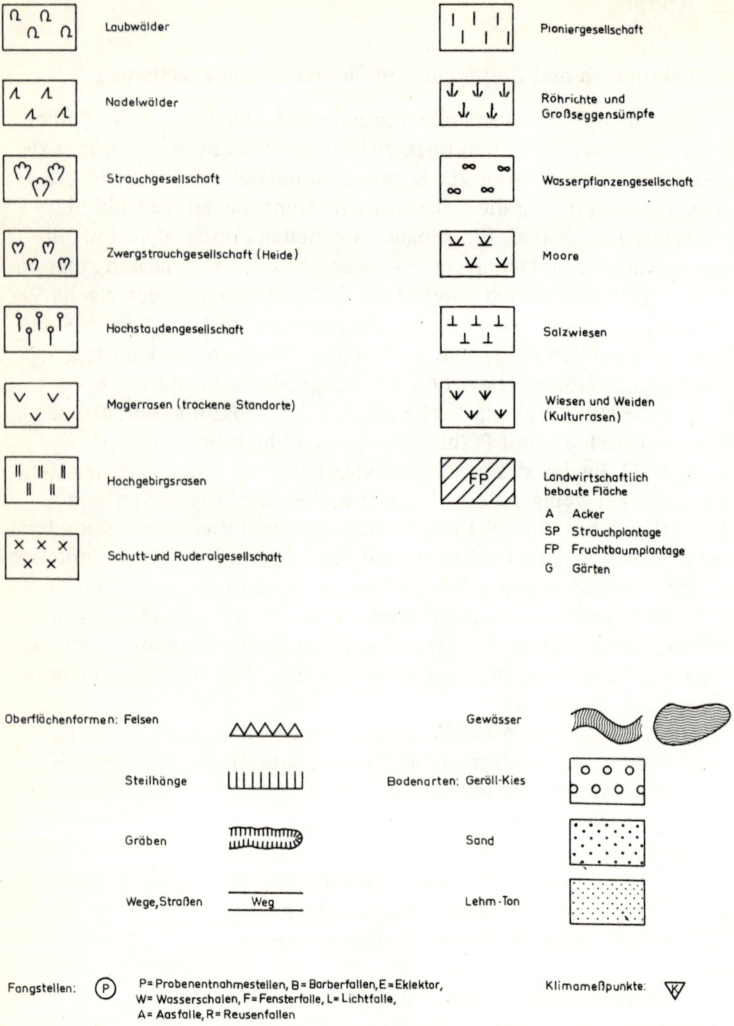

Laubwälder	Pioniergesellschaft
Nadelwälder	Röhrichte und Großseggensümpfe
Strauchgesellschaft	Wasserpflanzengesellschaft
Zwergstrauchgesellschaft (Heide)	Moore
Hochstaudengesellschaft	Salzwiesen
Magerrasen (trockene Standorte)	Wiesen und Weiden (Kulturrasen)
Hochgebirgsrasen	Landwirtschaftlich bebaute Fläche
	A Acker
	SP Strauchplantage
Schutt- und Ruderalgesellschaft	FP Fruchtbaumplantage
	G Gärten

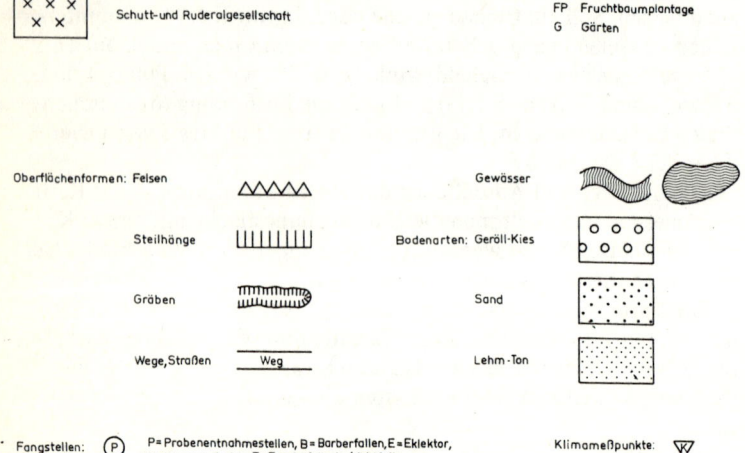

Oberflächenformen: Felsen

Steilhänge

Gräben

Wege, Straßen   Weg

Gewässer

Bodenarten: Geröll-Kies

Sand

Lehm-Ton

Fangstellen: (P)   P= Probenentnahmestellen, B= Barberfallen, E= Eklektor, W= Wasserschalen, F= Fensterfalle, L= Lichtfalle, A= Aasfalle, R= Reusenfallen

Klimameßpunkte:

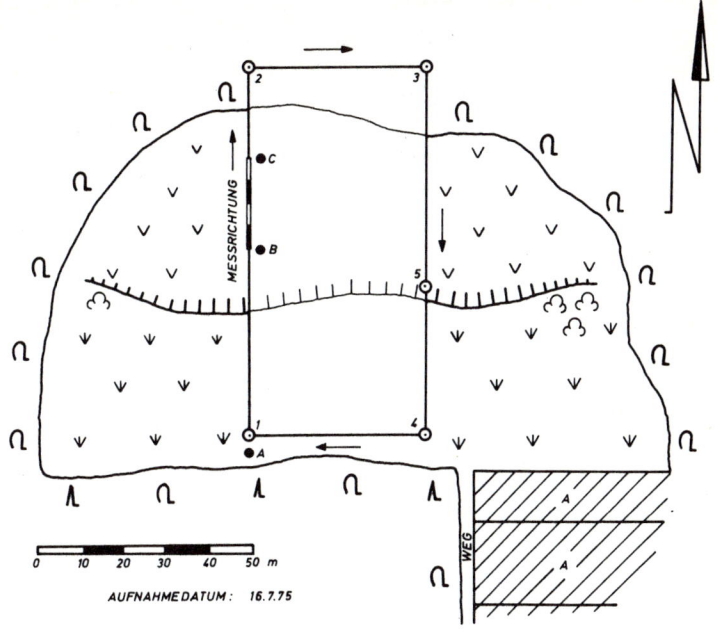

Abb. 5.1.1. *Geländekartierung*

5.2. Konstruktion einiger Fanggeräte

Im folgenden sind alle Fanggeräte abgebildet, die für die Ausführung der Arbeitsthemen notwendig sind. Die knapp gehaltenen Legenden ergänzen die Abbildungen und geben in Stichworten Eignung sowie Vor- und Nachteile der Geräte an. Bei der Auswahl und Konstruktion der Geräte wurde besonderer Wert auf preiswerte Herstellungs- und gute Transportmöglichkeit gelegt.

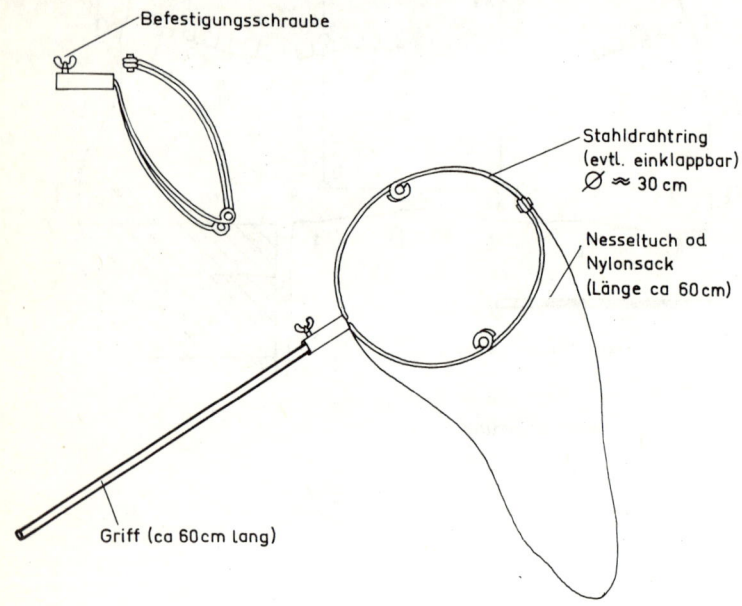

Abb. 5.2.1. *Insektenstreifnetz*

Eignung: Abstreifen von Kraut- und Strauchschichten. Selektives Fangen einzelner Fluginsekten.

Vor- und Nachteile: Handlich und einfach zu bedienen, leicht im Selbstbau herzustellen. Fangergebnis abhängig von der Geschicklichkeit und individuellen Handhabung des Fängers. Bodennahe Schichten sind im Fangergebnis unterrepräsentiert.

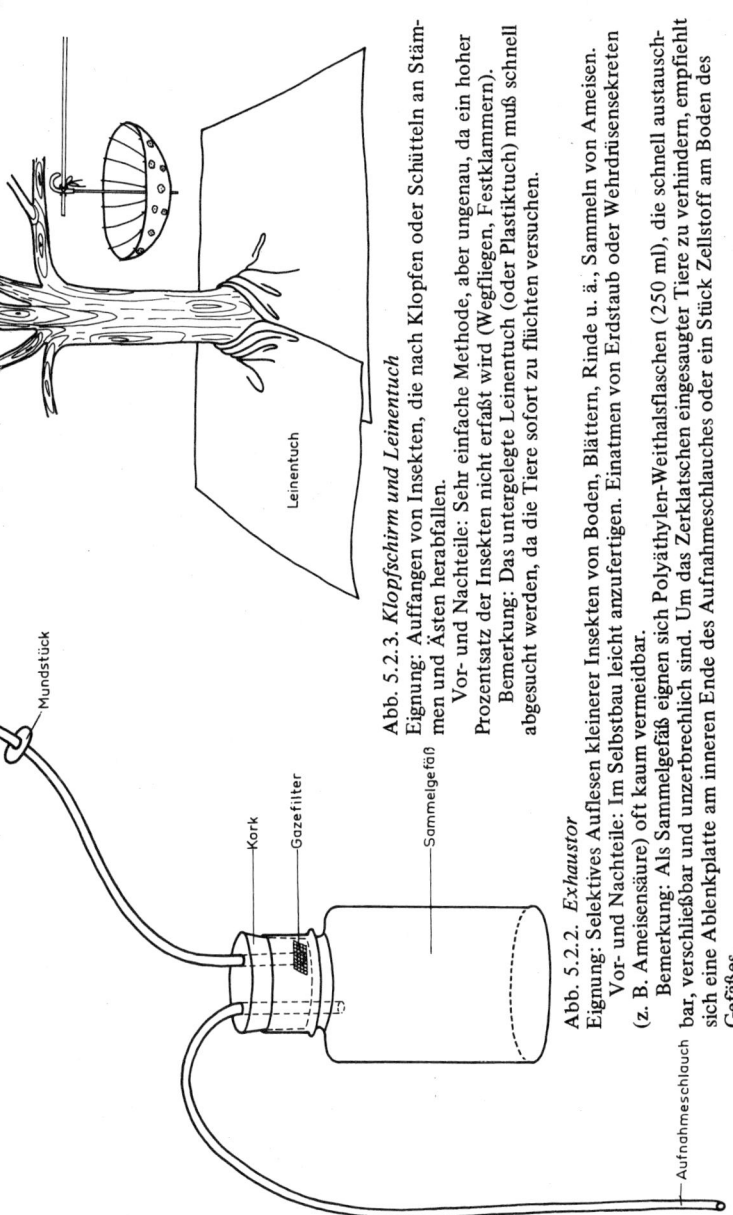

Leinentuch

Mundstück

Sammelgefäß

Kork

Gazefilter

Aufnahmeschlauch

Abb. 5.2.3. *Klopfschirm und Leinentuch*

Eignung: Auffangen von Insekten, die nach Klopfen oder Schütteln an Stämmen und Ästen herabfallen.

Vor- und Nachteile: Sehr einfache Methode, aber ungenau, da ein hoher Prozentsatz der Insekten nicht erfaßt wird (Wegfliegen, Festklammern).

Bemerkung: Das untergelegte Leinentuch (oder Plastiktuch) muß schnell abgesucht werden, da die Tiere sofort zu flüchten versuchen.

Abb. 5.2.2. *Exhaustor*

Eignung: Selektives Auflesen kleinerer Insekten von Boden, Blättern, Rinde u. ä., Sammeln von Ameisen.

Vor- und Nachteile: Im Selbstbau leicht anzufertigen. Einatmen von Erdstaub oder Wehrdrüsensekreten (z. B. Ameisensäure) oft kaum vermeidbar.

Bemerkung: Als Sammelgefäß eignen sich Polyäthylen-Weithalsflaschen (250 ml), die schnell austauschbar, verschließbar und unzerbrechlich sind. Um das Zerklatschen eingesaugter Tiere zu verhindern, empfiehlt sich eine Ablenkplatte am inneren Ende des Aufnahmeschlauches oder ein Stück Zellstoff am Boden des Gefäßes.

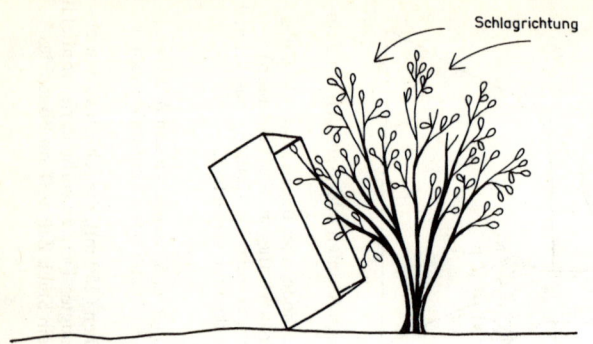

Schlagrichtung

Abb. 5.2.4. *Klopfschachtel*
Eignung: Auffangen herabgeschüttelter Insekten kleinerer Sträucher. Ergänzung
zum Insektenstreifnetz, v. a. bei dornigen Sträuchern.

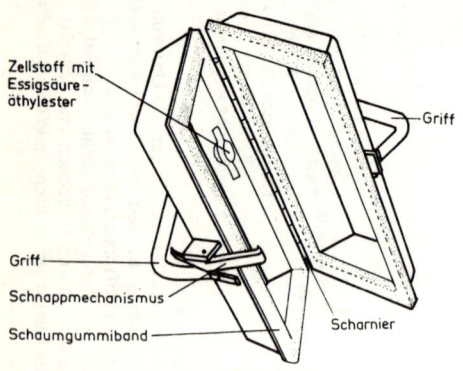

Zellstoff mit
Essigsäure-
äthylester

Griff

Griff

Schnappmechanismus

Schaumgummiband

Scharnier

Abb. 5.2.5. *Klappschachtel mit weichen Kanten* (verändert nach Dempster 1961).
Eignung: Fangen von Insekten der Krautschicht und der Peripherie von Sträu-
chern, solange die Durchmesser der Äste unter ca. 1,5 cm bleiben.
  Nachteile: Tiere, die sich bei Gefahr sofort fallenlassen, entkommen in der
Regel.
  Bemerkung: Die nach Zuklappen der Schachtel gefangenen Tiere werden
mit Essigsäureäthylester abgetötet, der von außen über ein Ventil auf eine
kleine Packung Zellstoff aufgeträufelt wird.

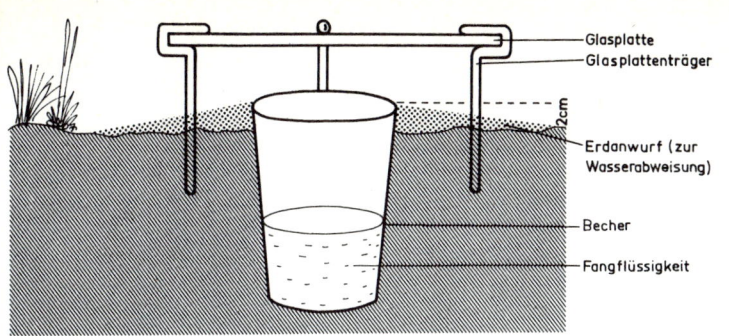

- Glasplatte
- Glasplattenträger
- Erdanwurf (zur Wasserabweisung)
- Becher
- Fangflüssigkeit

2cm

Abdeckplatte aus Blech

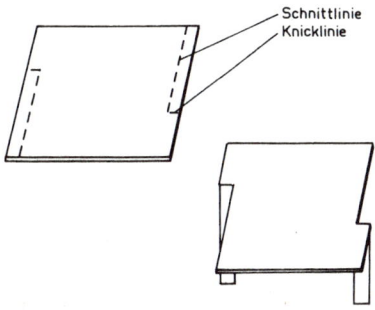

- Schnittlinie
- Knicklinie

Abb. 5.2.6. *Barberfallen.*

Eignung: Fänge der epigäischen Fauna.

Vor- und Nachteile: Einfach und billig, auch in großen Mengen einzusetzen. Lebendfänge möglich. Können auch mit Köder bestückt werden. Gestatten in vergleichbaren Gebieten relativ quantitative Aussagen. Attraktivität für bestimmte Tierarten nicht ausgeschlossen. Müssen zum Schutz vor starken Regenfällen abgedeckt werden.

Bemerkungen: Abdeckung aus Glas mit Drahtträgern oder aus besonders geformten Blechen. Fangflüssigkeit: 4% Formalin und wenige Tropfen Detergentien (Spülmittel o. ä.) zur besseren Benetzung der Tiere beigeben. In Spezialfällen (z. B. Lebendfang) Einstreichen des oberen Gefäßrandes mit Fluon, um ein Entkommen zu verhindern. Zum Einsatz als Zeitfalle eignen sich Kindernahrungsgläser mit Bajonettverschluß-Deckel.

143

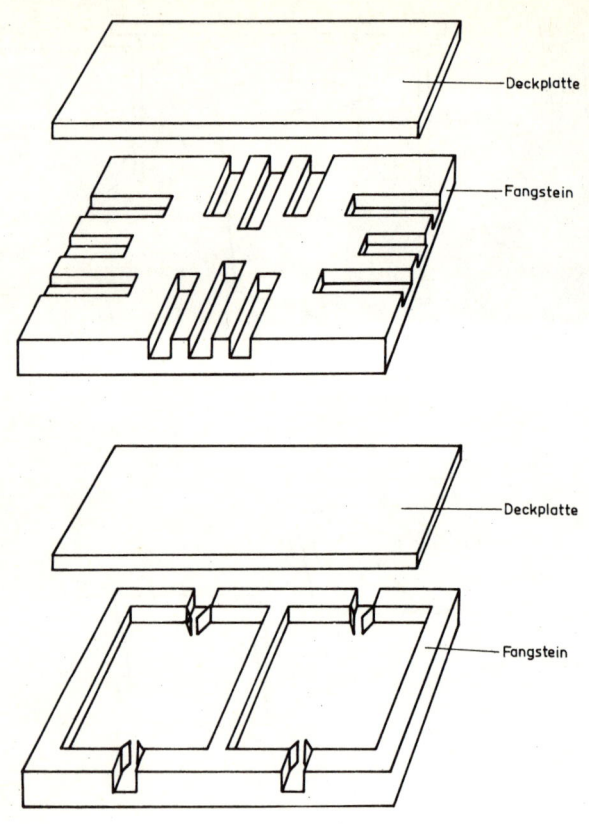

Deckplatte

Fangstein

Deckplatte

Fangstein

Abb. 5.2.7. *Fangsteine* (verändert nach Steiner 1963).

Eignung: Auf den Boden gelegt oder unter der Laubstreu verborgen bieten sie kleinen Tieren Schlupfwinkel. Auch zum Fang von Arthropoden in Fließgewässern geeignet.

Vorteile: Lassen sich bei geringem finanziellen Aufwand in vielfältigen Variationen herstellen.

Bemerkung: Bau durch Anfertigung eines hölzernen „Negativs", das eingefettet und mit Gips oder Beton ausgegossen wird.

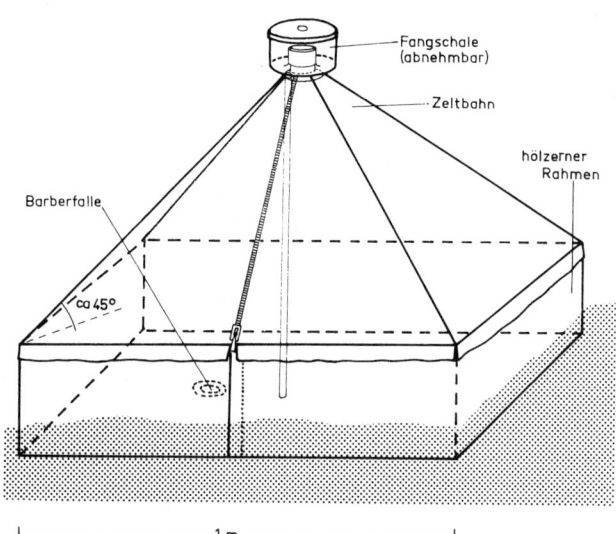

Abb. 5.2.8. *Bodeneklektor.*

Eignung: Sammelt geschlüpfte Insekten, Imagines, die sich als Larven im Boden oder Wasser (Bach, Tümpel, Teich) entwickeln.

Vor- und Nachteile: Erfaßt geschlüpfte Insekten quantitativ, einsetzbar für produktionsbiologische Messungen (Funke 1971). Sinnvoll nur im stationären Betrieb über größeren Zeitraum. Beeinflussung des Mikroklimas und Nährstoffkreislaufs unter dem Eklektor.

Bemerkung: Der Rahmen ist mit Brettern in den Boden zu versenken (verhindert Ein- und Auswandern von epigäischen Insekten). Eine Barberfalle am Boden fängt eingeschlossene epigäische Räuber weg, die die Fangzahl der geschlüpften Insekten vermindern können. Beim Einsatz über Fließ- oder Stillgewässer empfiehlt sich geringfügiges Eintauchen der Grundfläche unter Wasseroberfläche mit engmaschigem Drahtgitter.

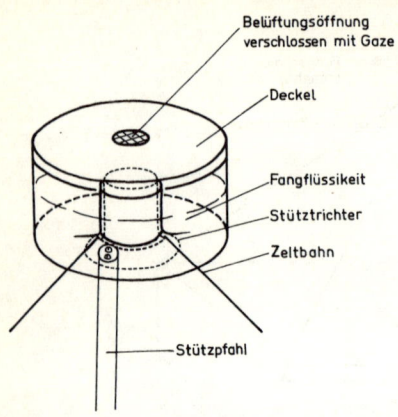

Belüftungsöffnung
verschlossen mit Gaze

Deckel

Fangflüssikeit

Stütztrichter

Zeltbahn

Stützpfahl

Abb. 5.2.9. *Auswechselbarer Fangaufsatz* für Bodeneklektor (5.2.8.), Baumeklektor (5.2.11.) und Lufteklektor (5.2.13.). Durchmesser: 15−20 cm.

Bauanleitung: In den Boden einer Plastikschale wird ein kreisförmiges Loch
geschnitten, in das ein Polyäthylen-Standzylinder (ϕ 6 cm), dessen Boden
ebenfalls ausgeschnitten ist, eingeklebt wird. Ein 2. Standzylinder mit entsprechend geringerem Außendurchmesser und ebenfalls ausgeschnittenem
Boden wird auf einem Stützpfahl montiert und trägt das Zeltdach. Beim
Baum- und Lufteklektor wird es durch ein Bandeisen gehalten. Auf diesem
kann der Fangaufsatz mit Fangflüssigkeit jederzeit aufgesetzt oder abgenom-
men werden bzw. ausgewechselt werden. Als Fangflüssigkeit eignet sich
2−4%iges Formalin versetzt mit Detergenzien.

146

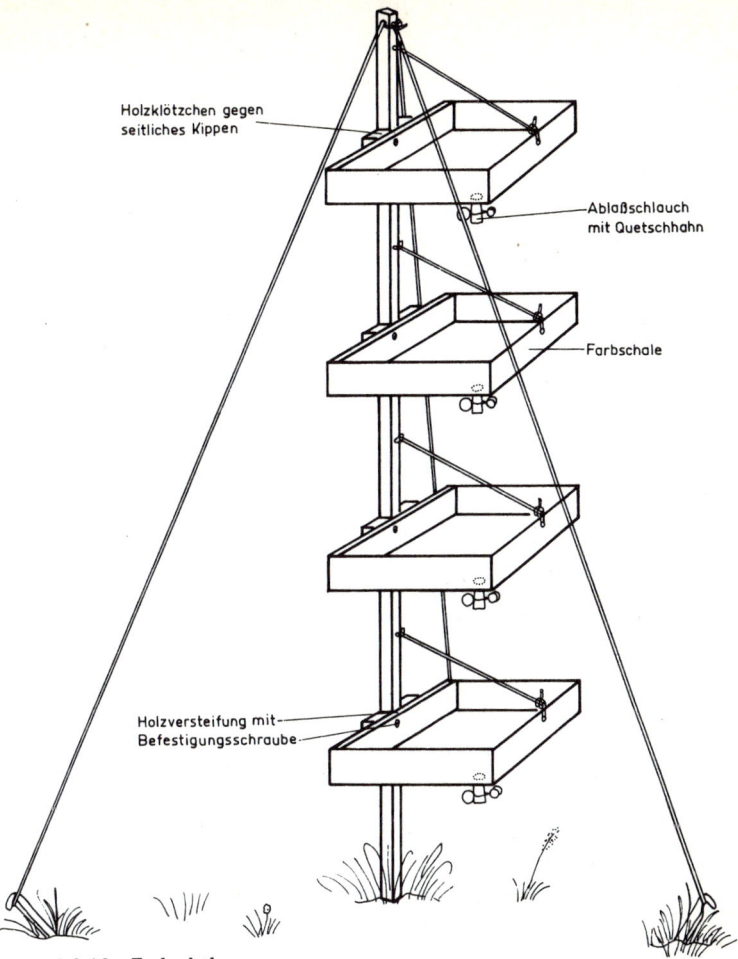

Holzklötzchen gegen
seitliches Kippen

Ablaßschlauch
mit Quetschhahn

Farbschale

Holzversteifung mit
Befestigungsschraube

Abb. 5.2.10. *Farbschalen.*

Eignung: Fang flugaktiver Insekten, die von der Farbe der Schalen angelockt werden.

Vor- und Nachteile: Schalen lassen sich einfach an verschiedenen Orten aufstellen und absammeln. Vergleichende Untersuchungen möglich. Selektive Wirkung durch die Farbgebung der Schalen.

Bemerkung: Wenn Schalen an einem Vierkantholz übereinander angebracht werden, müssen sie gegen seitliches Kippen durch Holzklötzchen, die an der holzverstärkten Befestigungswand anzuschrauben sind, geschützt werden. Zum Ablassen der Fangflüssigkeit beim Entleeren empfiehlt sich das Anbringen eines Ablaßschlauches mit Quetschhahn. Als Fangflüssigkeit eignet sich 2–4%iges Formalin, das mit einigen Tropfen Detergenzlösung versetzt ist.

147

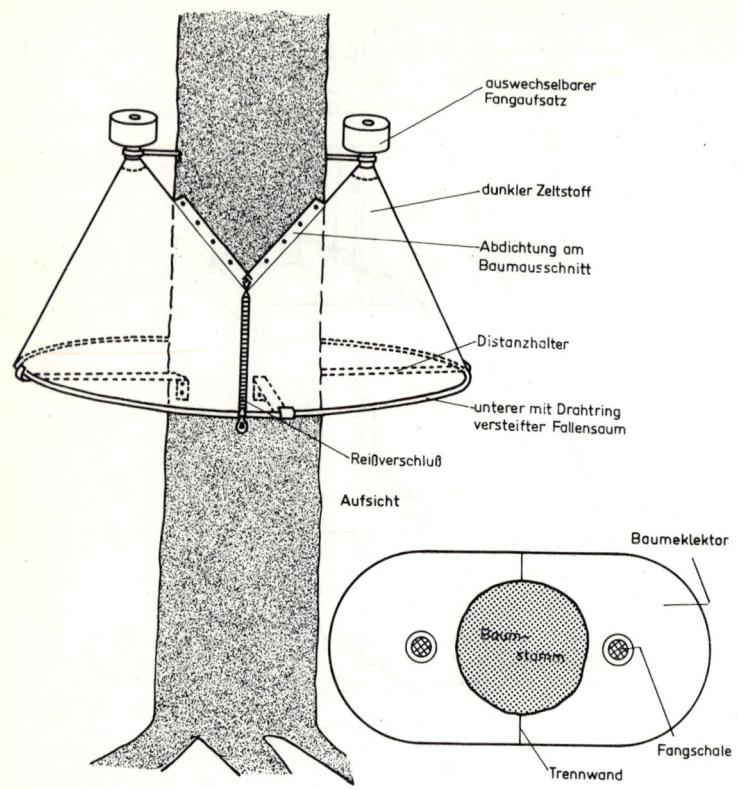

Abb. 5.2.11. *Baumeklektor.*

Eignung: Fängt Arthropoden, die über den Baumstamm in die obere Baum-
schicht wandern.

Vor- und Nachteile: Liefert wichtige Daten über Phänologie und Aktivitäts-
perioden von Arthropoden der Stamm- und Kronenschicht (vgl. Funke 1971).
Bau und Anbringung des Eklektors nicht einfach (Schnittmuster hierzu in
5.2.12.). Ergebnisse nur zuverlässig, wenn Baumschnitt genau paßt und abge-
dichtet ist.

Bemerkung: Durch Trennwände in Höhe des Reißverschlusses (5.2.11.b)
können Arten- und Individuenzahlen der beiden Einzelfänge zu mikroklimatischen Unterschieden zwischen zwei Baumstammoberflächen in Beziehung
gesetzt werden. Baumeklektoren werden mit gleichen Fallenaufsätzen betrieben wie Bodeneklektor (5.2.8., 5.2.9.) und Lufteklektor (5.2.13.).

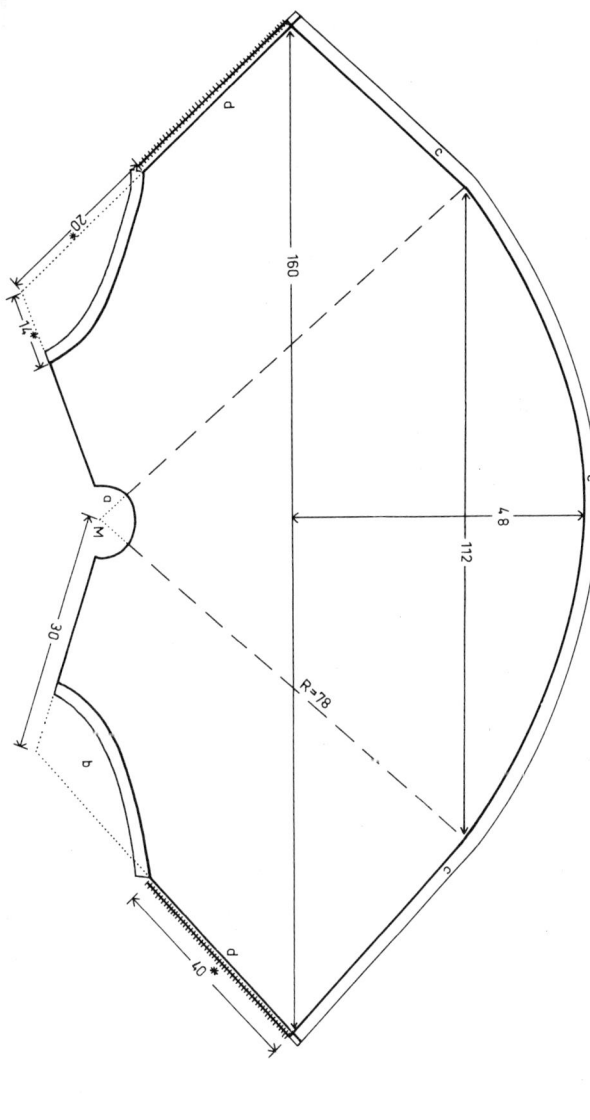

Abb. 5.2.12. *Schnittmuster für Baumeklektor.*

Maße in cm. a = Kreisausschnitt für Fallenaufsatz (s. 5.2.9.), b = Ausschnitt (parabolisch) für Baum, c = Saum für Draht „korsett", d = Reißverschluß, Ansatzstelle für Teil II.*) vom Baumstammquerschnitt abhängig.

Anleitung: Der Schnitt ist zweifach anzufertigen. Die Teile I und II sind mit Hilfe der Reißverschlüsse (d) aneinanderzufügen. Vor Ausschnitt der mit b gekennzeichneten Teile ist der zu erwartende durchschnittliche Stammquerschnitt festzustellen.

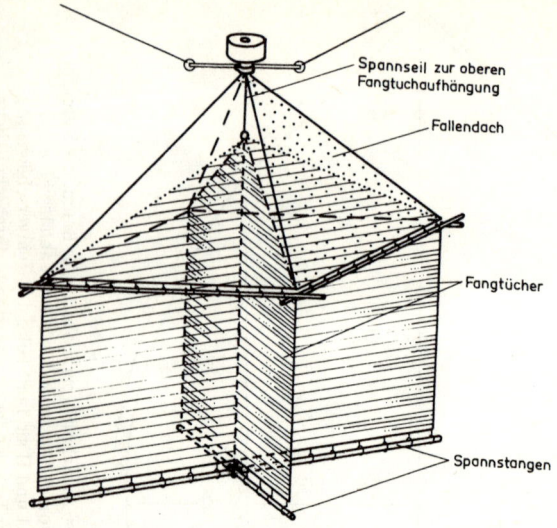

a)

Spannseil zur oberen
Fangtuchaufhängung

Fallendach

Fangtücher

Spannstangen

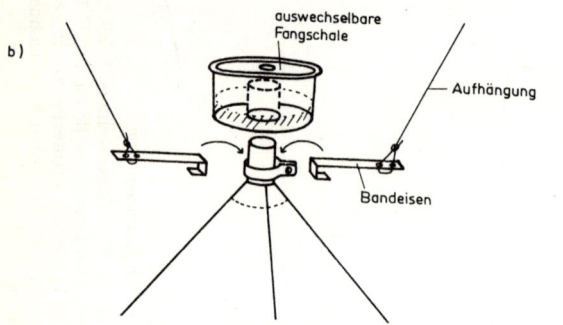

b)

auswechselbare
Fangschale

Aufhängung

Bandeisen

Abb. 5.2.13. *Lufteklektor.*
a) Gesamtansicht, b) Aufhängung der Fangschale.

Eignung: Automatischer Fang flugaktiver Insekten.

    Vor- und Nachteile: Auch in großer Höhe zwischen Baumstämmen oder Baumkronen einzusetzen. Nicht leicht zu befestigen, sehr wetterempfindlich. Fangergebnis durch selektive Wirkung nicht repräsentativ. Nicht alle angeflogenen Insekten geraten bei der Umgehung des Hindernisses in den Fallenaufsatz.

    Bemerkung: Fallendach aus hellem Zeltstoff, Fangtücher aus Müllergaze oder Gardinenstoff.

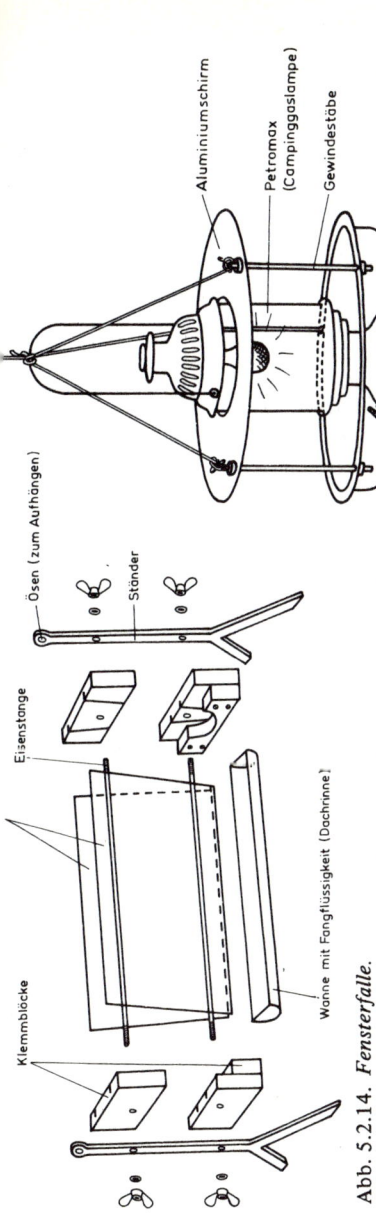

Klemmblöcke

Eisenstange

Wanne mit Fangflüssigkeit (Dachrinne)

Ösen (zum Aufhängen)

Ständer

Aluminiumschirm

Petromax (Campinggaslampe)

Gewindestäbe

Fangtrichter

Gewindestück des Weithalsflaschendeckels

auswechselbare Polyäthylen-Weithalsflasche 1000 ml

Fangflüssigkeit

Abb. 5.2.14. *Fensterfalle.*

Eignung: Fang flugaktiver Insekten, die gegen die schrägstehende Plexiglasscheibe prallen und nach unten in eine Wanne mit Fangflüssigkeit fallen.

Vor- und Nachteile: Kann in beliebiger Höhe angebracht werden. Tageszeitlich unabhängig. Starke Regenfälle stören. Nicht ganz einfach herzustellen.

Bemerkung: Optimaler Neigungswinkel der Scheiben ca. 20° zum Lot. Möglichst breite Wanne verwenden (Kunststoff-Dachrinne). Länge = 1 m.

Abb. 5.2.15. *Lichtfalle mit Petromax.*

Eignung: Fang nachtflugaktiver Insekten.

Vor- und Nachteile: Fängt ergiebig. Unabhängig vom Stromnetz. Fangergebnis stark wetter- und windabhängig. Effektivität sehr unterschiedlich bei verschiedenen Insektenarten.

Bemerkung: Ersatz der Petromax durch eine Campinggaslampe möglich. Der obere Durchmesser des Trichters sollte über 35 cm betragen.

151

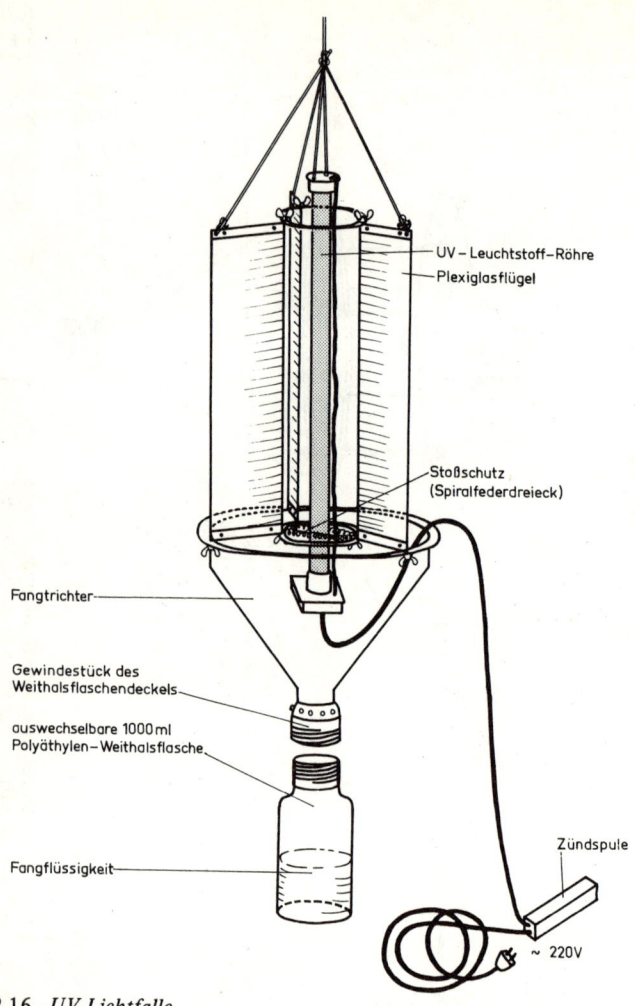

Abb. 5.2.16. *UV-Lichtfalle*

Eignung: wie 5.2.15.

Vor- und Nachteile: wie 5.2.15., leuchtet für Insekten intensiver und fängt daher mehr. Abhängigkeit von einer Stromquelle.

Bemerkungen: Eine 8-Watt UV-Röhre kann auch von einer 12 bzw. 6-Volt-Batterie über einen Spannungswandler (Schaltplan 5.3.4.) betrieben werden. Die Plexiglasflügel dienen dazu, um die Lichtquelle kreisende Insekten aufprallen und herunterfallen zu lassen.

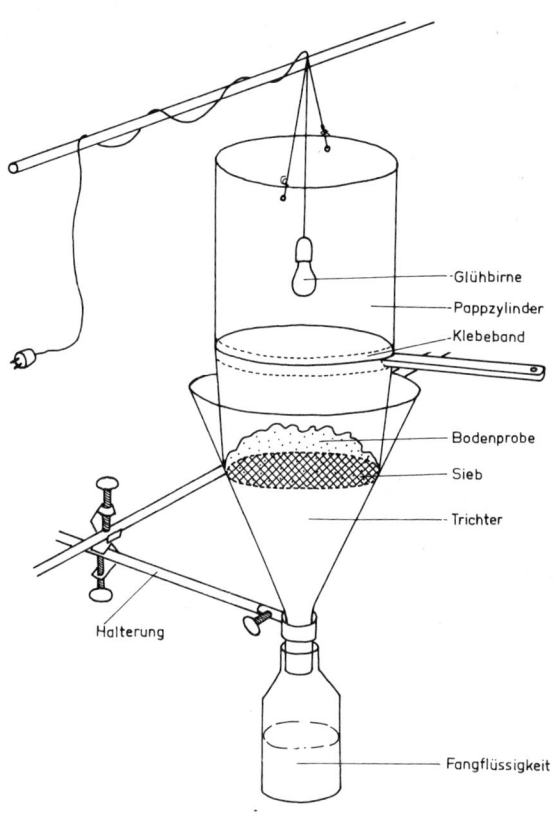

Glühbirne

Pappzylinder

Klebeband

Bodenprobe

Sieb

Trichter

Halterung

Fangflüssigkeit

Abb. 5.2.17. *Einfache Berlese-Tullgren Apparatur.*

Eignung: Auslesen der Mesofauna des Bodens durch Erwärmen und Austrocknen (Bildung eines Temperatur- und Feuchtegradienten) von Bodenproben. Besonders zum Fangen von Milben und Collembolen geeignet.

Vor- und Nachteile: Einfach herzustellen und auch in größerer Stückzahl leicht zu transportieren. Fängt nicht alle Milben und Collembolen, aber für relative Aussagen geeignet.

Bemerkung: Ein Lufteintritt durch die untere Trichteröffnung verhindert, daß sich im Trichter Kondenswasser niederschlägt, an dem herabfallende Tiere hängenbleiben. Als Trichter eignen sich Pulvertrichter, ϕ 15 cm, als Siebeinsatz z. B. Plastiknudelsieb. Glühbirne mit 15–25 Watt.

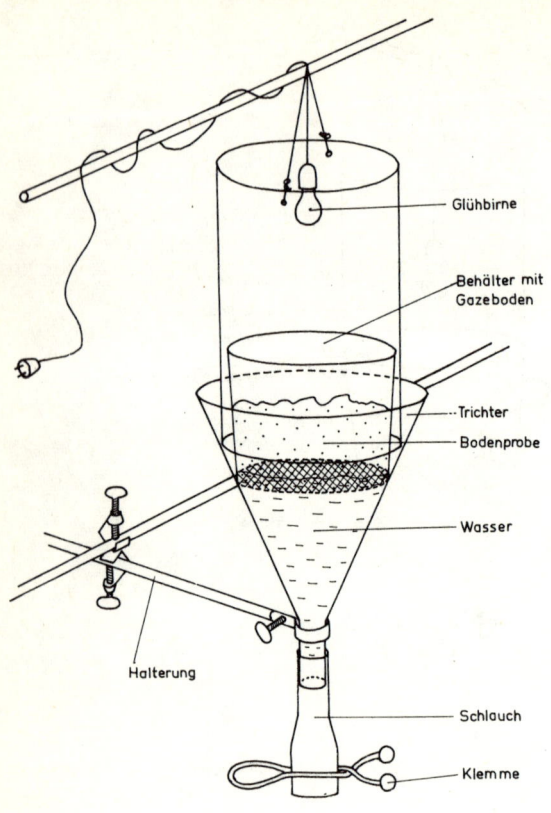

Abb. 5.2.18. *Einfacher Baermann-Trichter.*

Eignung: Automatische Auslesung von Nematoden aus Bodenproben.

Vor- und Nachteile: wie 5.2.17. Nur relative Aussagen möglich. Vor allem große Bodennematoden werden nicht erfaßt, da sie am Substrat haften bleiben.

Bemerkungen: Das Wasser muß stets die Bodenprobe von unten her befeuchten. Absammeln, indem man die untere Wassermenge im Schlauch mit den heruntergesunkenen Nematoden durch Lösen der Klemme in ein Gefäß fließen läßt. Als Behälter mit Gazeboden eignen sich umgebaute Plastikblumentöpfe, als Trichter Pulvertrichter (ϕ 15 cm), Glühbirne mit 15–25 Watt.

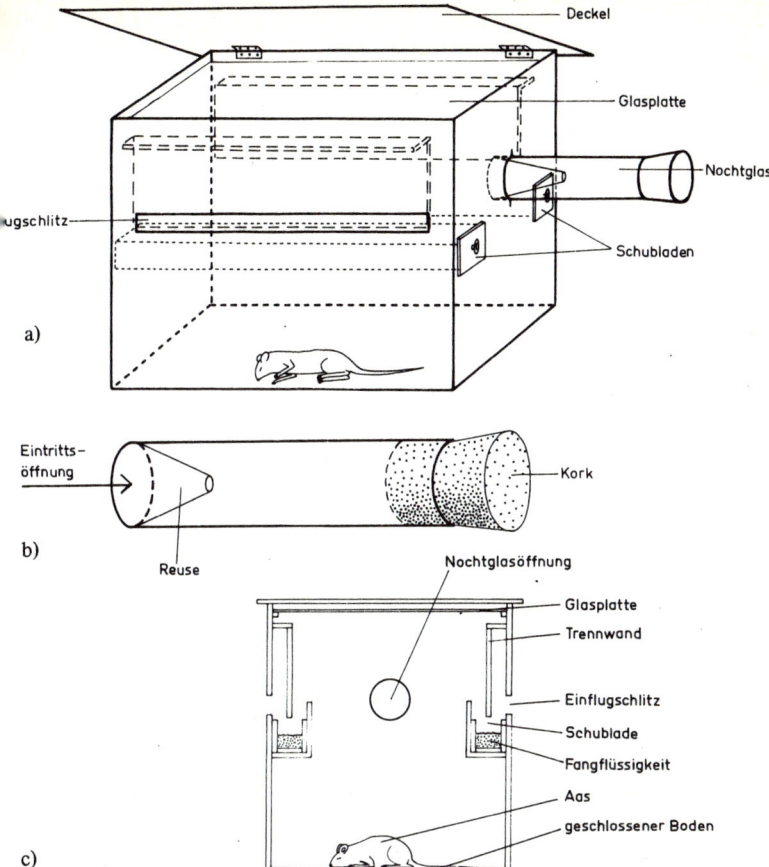

Abb. 5.2.19. *Aasfalle.* a) Gesamtansicht, b) Nochtglas, c) Querschnitt.

Eignung: Abfangen der durch Duft angelockten Insekten.

Vor- und Nachteile: Vergleichbare, quantitative Fangergebnisse. Bezüglich Duftanlockung vielseitig verwendbar, z. B. für Aas oder Exkremente verschiedener Tierarten. Beeinflussung des Mikroklimas. Nur ein Teil der Tiere gelangt an das Aas bzw. die Exkremente.

Bemerkungen: Damit Fliegenmaden u. a. Larven die Möglichkeit haben, nach unten vom Aas zur Verpuppung abzuwandern, legt man das Aas auf Sand oder Sägemehl. Erdanwurf zum Einflugschlitz ermöglicht auch das Fangen von Käfern, die angelockt wurden und das Aas am Boden suchen. Das Abfangen vieler Tiere beim Aasanflug beeinflußt die Zersetzung des Aases bzw. der Exkremente nur wenig. Als Fangflüssigkeit in den Schubladen eignet sich mit Detergenzien versetztes 4%iges Formalin. Maße: Aasfalle 30 cm x 30 cm x 30 cm, Schublade 5 cm x 4 cm x 29 cm, Nochtglas 12 cm lang, ϕ 4 cm.

155

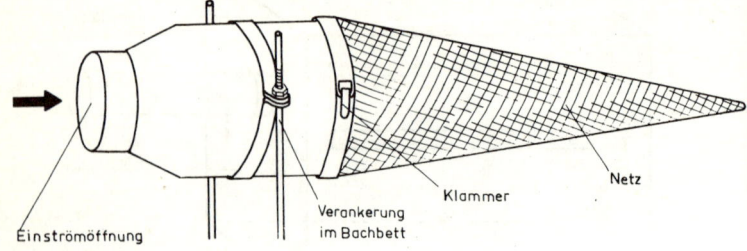

Abb. 5.2.20. *Driftnetz* (geändert nach Cushing, 1964).

Eignung: Bestimmung der organischen Drift in Fließgewässern.

Vor- und Nachteile: Aus einer Plastikmilchkanne nach Abschneiden des Bodens leicht im Selbstbau herzustellen. Einfach, auch ohne wesentliche Änderung des Bachbetts zu installieren. Nach Zusetzen des Netzes: Rückstau und damit Fehlerquelle.

Bemerkung: Die Erweiterung des Fallendurchmessers nach der Einströmöffnung dient der Herabsetzung der Rückstauwirkung. Eine zusätzliche seitliche Verzurrung zum Bachufer wird empfohlen.

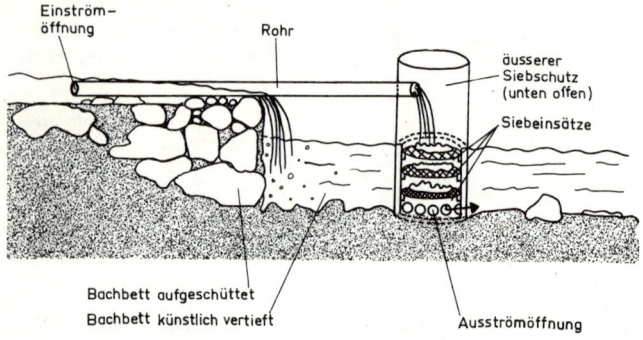

Abb. 5.2.21. *Meßvorrichtung zur Bestimmung der organischen Drift* (nach Müller, 1966).

Eignung: Messung der organischen Drift in Fließgewässern.

Vor- und Nachteile: Genauer als ähnliche Messungen, die mit feinmaschigen, im Bach befestigten Netzen durchgeführt werden. Wasserdurchfluß quantifizierbar. Kein Rückstau infolge zugesetzter Netze.

Bemerkung: Für die Siebeinsätze werden von oben nach unten 1 cm, 5 mm und 2 mm Maschenweite empfohlen.

Für Bäche mit geringem Gefälle ist diese Meßvorrichtung nicht geeignet, da das Rohr zu sehr verlängert werden müßte. Die organische Drift ist in diesem Fall mit dem Driftnetz (vgl. 5.2.20.) zu bestimmen.

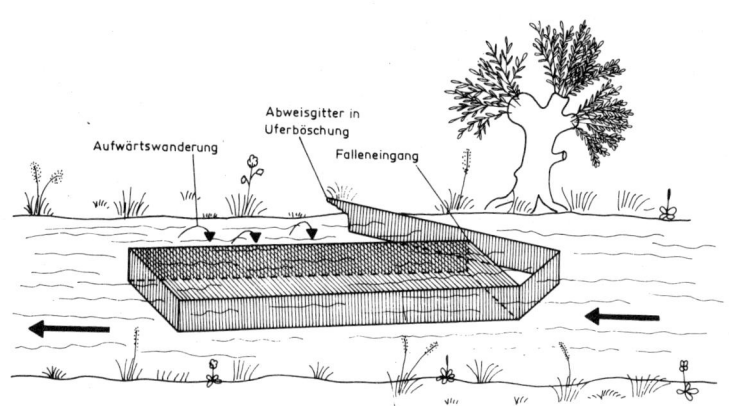

Abb. 5.2.22. *Falle für Aufwärtswanderung im Bach* (nach Lehmann 1967).

Eignung: Fang bachaufwärts wandernder Gammariden.

Vor- und Nachteile: Einfach zu installieren. Beeinflussung der Strömungsverhältnisse vor allem hinter dem Abweisgitter.

Bemerkungen: Da Gammariden in Ufernähe bachaufwärts wandern, muß das Abweisgitter eng an die Uferböschung anschließen bzw. dort versenkt werden.

5.3. Konstruktion einiger Meßgeräte

Meßgeräte sind in viel stärkerem Maße als Fanggeräte ständigen Verbesserungen und Neukonstruktionen unterworfen. Die meisten Klima-Meßgeräte sind genormt und lassen sich nicht im Selbstbau herstellen. Einige Firmen, bei denen man Geräte kaufen kann, sind in Kap. 5.7. angegeben. Für die Auswahl der abgebildeten Geräte waren geringe Herstellungskosten und die Möglichkeit zum Selbstbau ausschlaggebend.

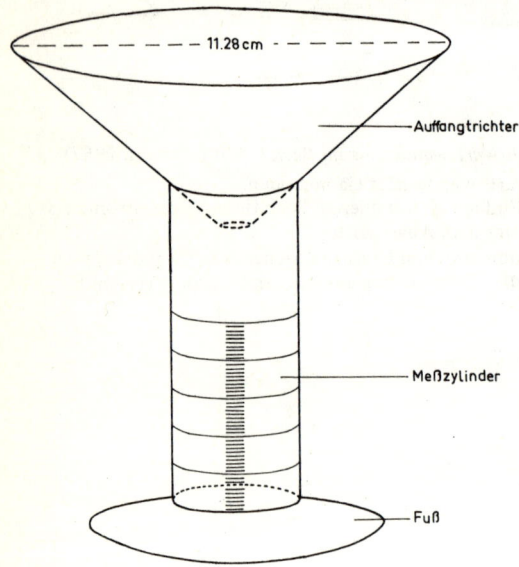

Abb. 5.3.1. *Regenmesser.*

Eignung: Bestimmung der Niederschlagsmenge.

Vor- und Nachteile: Im Selbstbau leicht herzustellen. Die Auffangfläche ist bei einem Trichterdurchmesser von 11,28 cm 100 cm^2.

Bemerkungen: Die pro Zeiteinheit aufgefangene Wassermenge multipliziert mit 100 ergibt den Niederschlagswert bezogen auf 1m^2 (1 l/m^2 entspricht der metereologischen Angabe „1 mm Niederschlag"). Zur Vermeidung größerer Verdunstungsverluste sollte die Trichteröffnung wesentlich enger als der Meßzylinder sein.

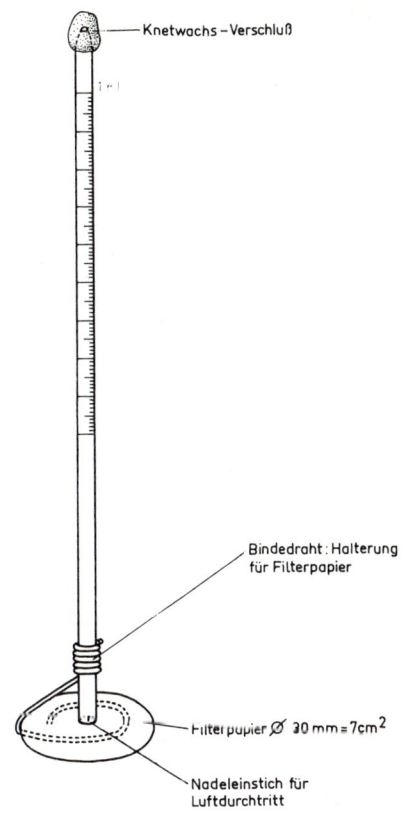

Knetwachs – Verschluß

Bindedraht: Halterung
für Filterpapier

Filterpapier $\emptyset$ 30 mm = 7 cm^2

Nadeleinstich für
Luftdurchtritt

Abb. 5.3.2. *Evaporimeter.*

Eignung: Bestimmung der Verdunstung feuchter Oberflächen (Maßeinheit:
Verdunstete Wassermenge/Zeit).

Vor- und Nachteile: Mit Pipettenröhrchen, Knetwachs, Bindedraht und
Filterpapier leicht im Selbstbau herzustellen. Die Meßergebnisse sind nur als
Relativwerte zu verwenden. Exakte Absolutwerte werden auch mit wesent-
lich aufwendigeren Geräten kaum erreicht.

Bemerkung: Die Evaporimeter dürfen für einen einwandfreien Betrieb
nicht über maximal 30 Grad gekippt werden, da sonst durch Tropfwasser am
Filterpapier die Ergebnisse verfälscht werden. Bei Wind schützt man das Filterpapier durch Einfassung mit einer Bindedrahtschlaufe.

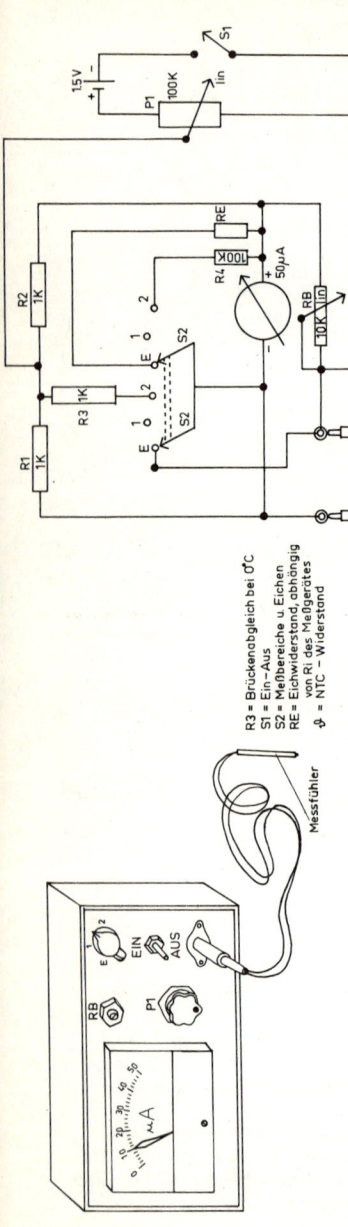

Abb. 5.3.3. *Widerstandsthermometer zum Selbstbauen* (verändert nach Loidl, 1972).
a) Gesamtansicht, b) Schaltplan.

R3 = Brückenabgleich bei 0 °C
S1 = Ein-Aus
S2 = Meßbereiche u. Eichen
RE = Eichwiderstand, abhängig von Ri des Meßgerätes
ϑ = NTC – Widerstand

Eignung: Temperaturmessungen. Zwei Meßbereiche: 0–25 °C, 25–50 °C.

Vor- und Nachteile: Genaue, fast verzugslose Messungen auch auf kleinstem Raum. Oberflächentemperaturmessungen möglich. Meßspitze mit NTC-Widerstand kann sehr klein gehalten werden. Eichen des Gerätes vor jeder Messung notwendig.

Bemerkungen: Wird ein anderer NTC-Widerstand (ϑ) als in der Zeichnung vorgeschlagen verwendet, sind R 1 und R 2 entsprechend zu ändern. Kostenaufwand incl. Amperemeter (50 μA) ca. 35,– DM

Das Eichen des Gerätes geschieht in 2 Schritten:

1. Einmalig nach der Zusammensetzung:
   a) S 2 auf 1 (Meßbereich 0–25 °C), ϑ in 0° Wasser-Eisgemisch: Nullabgleich mit R_B
   b) ϑ in 25 °C Wasser. Mit P1 Meßinstrument auf 50 μA justieren
   c) S2 auf E (Eichen): R_E ausgehend von ca. 100 Ω so wählen, bis Meßinstrument 50 μA anzeigt
   d) ϑ in 25 °C Wasser, S2 auf 2 (Meßbereich 25–50 °C), R3 verändern, bis Meßinstrument 0 anzeigt
   e) ϑ in 50 °C Wasser, S2 auf 2, R4 ändern, bis Meßinstrument 50 μA anzeigt.

2. Jeweils vor Betrieb des Thermometers:
   S2 auf E: P1 justieren, bis Meßinstrument 50 μA anzeigt.

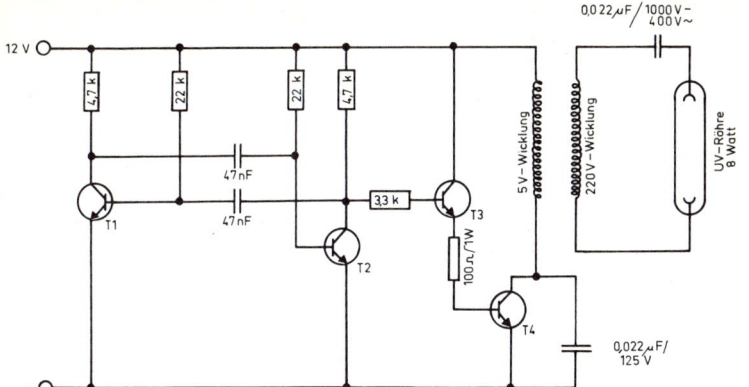

Abb. 5.3.4. *Schaltplan für Spannungswandler* (nach P. Schott 1973).

Eignung: Betrieb einer 8W-UV-Röhre mit 12 V-Autobatterie.

Vor- und Nachteile: 8-Watt Blaulichtröhre hat Intensitätsmaximum bei ca. 350 nm und ist damit für menschliches Auge sehr dunkel. Der Spannungswandler ist mit einem Kostenaufwand von ca. 30,– DM leicht im Selbstbau anzufertigen.

Bemerkungen: Aufbau aus astabilem Multivibrator, Pufferstufe, Treiberstufe und Transformator. T4 und Klingeltransformator können warm werden. Für Kühlung sorgen oder größeren Transformator wählen;

	geeignete Transistoren
T1, T2	2N 3704, BSY 54, 2N 1711
T3	BSY 52, 2N 2719, BC 141
T4	2N 3055

161

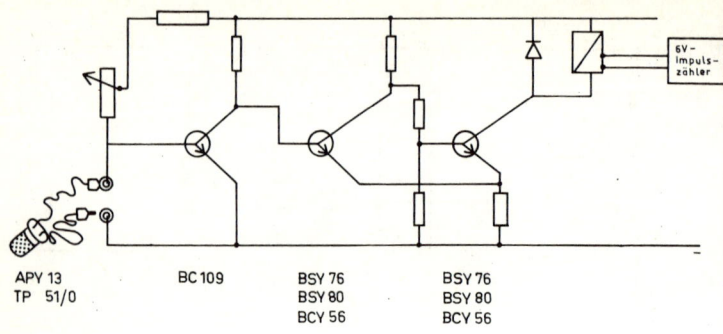

APY 13	BC 109	BSY 76	BSY 76
TP 51/0		BSY 80	BSY 80
		BCY 56	BCY 56

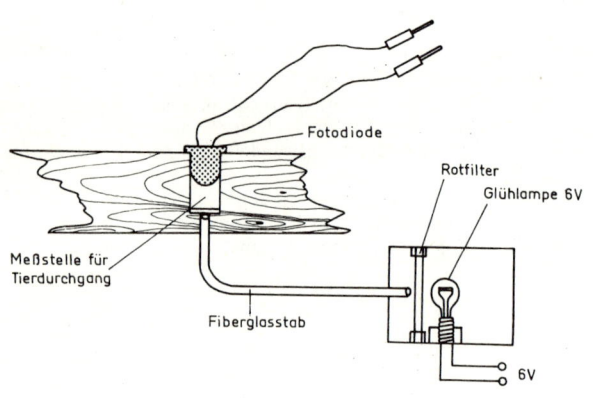

Abb. 5.3.5. *Schaltplan für IR-Lichtschranke mit Zähler.*

Eignung: Aktivitätsmessung von Tieren beim Durchtritt durch den Lichtweg. Besuchsfrequenz von Nestern, Höhlen, Futterstellen u. ä. Aktivitätskontrolle in Temperatur- und Feuchtigkeitsorgeln.

Vor- und Nachteile: Genaue, vollautomatische Messungen, geringe Störanfälligkeit, einfach im Selbstbau herzustellen.

Beeinflussung kleiner Tiere durch den Lichtstrahl, schwer abschätzbar insbesondere durch Aufheizung bei der Absorption von Lichtenergie.

Bemerkungen: Störende Effekte dieser Art lassen sich bei Aktivitätsmessungen von Kleintieren (z. B. Ameisen, Spinnen, Grabwespen) durch Verwendung von IR-Licht und Zufuhr der Lichtenergie durch einen Fiberglasstab vermeiden. Durch Zuschalten weiterer Verstärkerstufen läßt sich die Empfindlichkeit der Schaltung steigern.

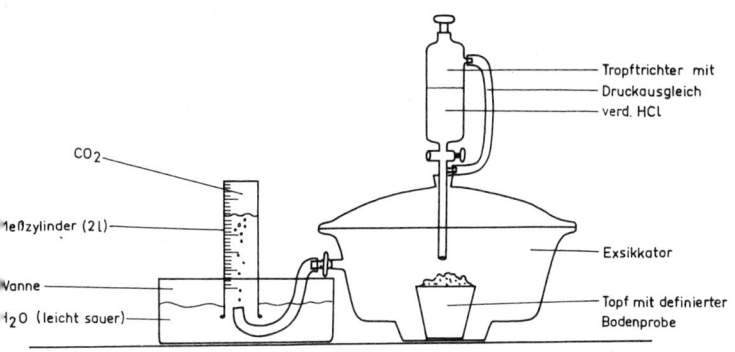

Abb. 5.3.6. *Apparatur zur Carbonatbestimmung.*

Eignung: Bestimmung des Carbonatgehaltes ($CaCO_3$, $MgCO_3$ u. a.) von Bodenproben.

Vor- und Nachteile: Apparatur leicht zusammenstellbar. Einfaches Verfahren mit relativ genauen Ergebnissen (4 mg $CaCO_3$ ergeben 1 ml CO_2). Auch
Ca^{++} aus Silikaten wird miterfaßt.

Bemerkungen: Arbeitet nach dem Prinzip des Scheiblerschen Apparates.
Die Ergebnisse sind auf Normalbedingungen umzurechnen (vgl. Hartke, 1971).
Bodenprobe vor dem Versuch sieben, da Steine, Laub und Äste das Ergebnis
verfälschen. Bodenprobe muß vollkommen mit HCl befeuchtet sein.

5.4. Aufbau einer kleinen Wetterstation

Praktisch alle Klimafaktoren lassen sich mit gekauften Geräten messen. Für eine wissenschaftliche Arbeit ist die Verwendung von Meß-
geräten mit automatischer und kontinuierlicher Aufzeichnung die
Regel. Für mehrere Geräte nimmt man Mehrfachschreiber, die auch
mit Batterie betrieben werden können. Es läßt sich aber auch ein
einfacher Punktschreiber dadurch vielseitig einsetzen, daß durch
eine vorgeschaltete Elektronik Meßwerte von mehreren Geräten in
vorgeschriebener Reihenfolge mit Unterbrechungen hintereinander
aufgezeichnet werden. Innerhalb eines etwa 3wöchigen Praktikums,
in dem exemplarisch und modellartig gearbeitet wird, kann auf eine
genormte, kontinuierliche Aufzeichnung von Klimameßwerten ver-
zichtet werden. Es wird immer genügend Zeit für Einzelablesungen
vorhanden sein. Die vorgeschlagenen Meßeinrichtungen und ihre
Installation wurden bestimmt durch minimalen Kostenaufwand.

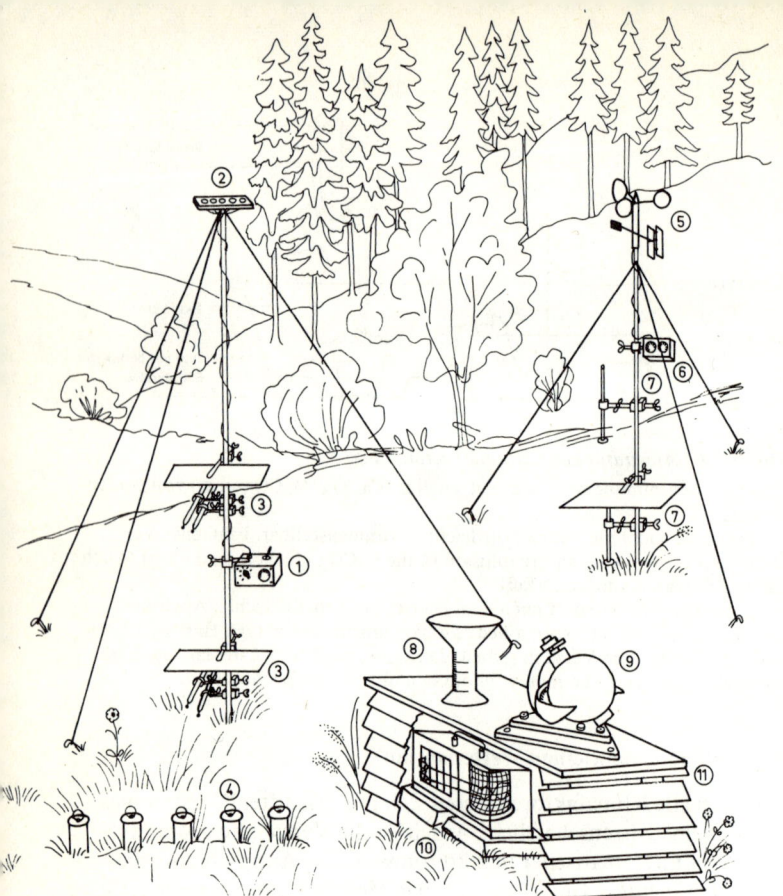

Abb. 5.4.1. *Aufbau einer kleinen Wetterstation.* Schematisiert.

(1) Luxmeter mit (2) Filtersatz zur Bestimmung der spektralen Intensitäts-
verteilung, oder Sternpyranometer; (3) Minimax-Thermometer in unterschiedlichen Höhen (Beschattung nur angedeutet); (4) Satz Bodenthermometer zur
Bestimmung der Bodentemperatur in 2, 5, 10, 20 und 50 cm Tiefe; (5) Schalenanemometer zur Bestimmung von Windgeschwindigkeit und -richtung mit
(6) Anzeige für Windrichtung und -geschwindigkeit. (7) Evaporimeter (s. 5.3.2.)
in unterschiedlichen Höhen unbeschattet und beschattet; (8) Regenmesser
(s. 5.3.1.); (9) Sonnenschreiber (nach Campbell-Stokes); (10) Thermohygrograph; (11) Wetterschutzkasten (Selbstbau).

   Bemerkungen: Als Halterungen für den Filtersatz (2) und Schalenanemo-
meter (5) können Zeltstangen aus Leichtmetall Verwendung finden. Die An-
zeigeinstrumente Luxmeter (1) und Windgeschwindigkeit (6) können zum
Wetterschutz auch in dem Wetterschutzkasten (11) untergebracht werden.
Ein international genormtes Wetterhäuschen (2 m Höhe über dem Boden) für
Thermohygrograph u. a. ist auch käuflich zu erwerben (vgl. 5.7.).

5.5. Material-Packlisten

Die Höchstzahl an Studenten für Freilandkurse sollte erfahrungsgemäß etwa 20 nicht überschreiten, so daß in einem Praktikum wahlweise nur 7—10 Arbeitsthemen bearbeitet werden können. Zur nötigen Vorbereitung ist im folgenden die notwendige Ausrüstung für die Durchführung der Themen gesondert aufgelistet. Vorangestellt ist ein Kapitel mit der „Allgemeinen Packliste", deren Material einerseits allen Praktikumsteilnehmern zugänglich sein muß, andererseits Materialreserven für spontane Aktionen innerhalb des Kurses enthält. Als weiteres wurde eine minimale Ausrüstung für jeden Praktikanten zusammengestellt. Jedem Studenten sollte ein Fahrrad zur Verfügung stehen, da für die Arbeit im Gelände täglich größere Strecken überwunden werden müssen.

5.5.1. Allgemeine Packliste

Erste-Hilfe-Kasten
Reiseapotheke
Büromaterial
Reiseschreibmaschine
10 Stereomikroskope mit
    Leuchten und Trafos
3 Mikroskope
50 Steinerschälchen
20 Blockschälchen
Abdeckgläser
50 Petrischalen
30 Reagenzgläser
2 Reagenzglasständer
Objektträger
Deckgläschen
300 Schnappdeckelgläser mit
    Deckel (ca. 20 ml)
div. Meßzylinder und Becher-
    gläser
2 Spritzflaschen
Sezierschale

Saugpipetten
Filterpapier
Tischrechner
Taschenrechner
2 Teesiebe
1 Schere
Plastiktüten
Weckglasgummis
Diamantschreiber
Blumendraht
Maßband (25 m)
Gummistiefel unterschiedlicher
    Größe
Schaufel
Spaten
Hammer
Fäustel
Kneifzange
Flachzange
Beil
Bindedraht (20 m)

Stahldraht (5 m)
Seile
Paketschnurrollen
Sortiment Nägel
geeignete Kühlschrankdosen
(ca. 20 x 20, 10 x 20,
10 x 10 cm)
Insektennadeln, Stecknadeln
Federwaage, versch. Gewichte
2 Insektenzuchtkäfige
Tesaband (verschiedene Farben)
Beschriftungszettel
Plastikschläuche
Rolltafel
Kreide, Schwamm, Lappen
Verlängerungskabel (50 m)
Mehrfachstecker
Handzentrifuge
Trockenschrank
Glycerin
1 l Insektenringer
Exsikkatorfett

Fluon
2 l Äther
10 l Aqua dest.
Eimer
10 Polyäthylen-Weithalsflaschen
(1000 ml)
5 l Petroleum
Gips
5 l Formol 40%
3 l Alkohol 70%
10 l Alkohol 96%
500 ml Äthanol absolut
pH-Papier
KOH-Plätzchen
Bouin (Dubosq-Brasil)
HCl (konz., 0,1 n)
100 ml Eisessig
Paraffinöl
Silikonkautschuk
Phenolphthaleinlösung
1 l Essigsäureäthylester

5.5.2. Ausrüstung für jeden Praktikanten

1 Fahrrad
stabiles Protokollheft
Bleistifte
einklappbare Taschenlupe
Klemmbrett für Protokollzettel
1 Leinensäckchen
Taschenlampe

Taschenmesser oder Fahrtenmesser
diverse Pinzetten (Federpinzette,
spitze Pinzette, anatom.
Pinzette)
Insektenstreifnetz
Fernglas

5.5.3. Packliste für Demonstrationspark

2 Bodeneklektoren
1 Baumeklektor
1 Lufteklektor
2 Sätze Plastikfarbschalen
1 Satz Klebefallen

1 Fensterfalle
8 Stativklemmen
Reißzwecken
1 Dose Raupenleim
Fangsteine verschiedener Art

künstliche Nester für solitäre Hymenopteren
100 m Seil
2 Vierkanthölzer (2 × 2 × 200 cm)

mit Zeltschnüren und Heringen
1 Zeltstange mit Zeltschnüren und Zeltheringen

5.5.4. Packliste für Wetterstation (s. 5.4.1.)

Wetterschutzkasten
Sonnenschreiber (nach Campbell-Stokes)
Luxmeter und Filtersatz
3 Evaporimeter
8 Stativklemmen
Pappkarton (zur Beschattung von Meßinstrumenten)
2 Zeltstangen (2 m) mit Zeltschnüren und Zeltheringen

Regenmesser
Thermohygrographen
2 Mini-Max-Thermometer
Schalenanemometer mit Fernanzeige
Satz Bodenthermometer für Messungen in 2, 5, 10, 20 und 50 cm Tiefe
15 Stativmuffen

5.5.5. Packlisten für die verschiedenen Arbeitsthemen

zu 3.1.1. Abiotische Faktoren

2 Mini-Max-Thermometer
4 Evaporimeter
Aspirationspsychrometer (im Wechsel mit 3.2.1.)
Haarhygrometer (im Wechsel mit 3.2.3.)
Luxmeter (im Wechsel mit 3.2.1.)
2 Destillationspyranometer (im Wechsel mit 3.2.3.)
Schalenanemometer bzw. Handwindmesser
Regenmesser
2 Streifnetze

Exhaustor
Klappschachtel
2 Ferngläser
Taschenlampe
Höhenmesser
Neigungsmesser
Kompaß
2 Thermohygrographen
Schnappdeckelgläschen
elektr. Widerstandsthermometer
flexibles Maßband
Klopfschirm
Klopfschachtel

zu 3.1.2. Populationsgröße

Farbmarkierungsbesteck, bestehend aus; Schellack (farblos), Pulverfarben,

Äthanol abs. (unvergällt), Pinsel, Gläschen
2 Insektennetze

Fernglas
2 Handzählgeräte
1000 m Schnur

Zeltheringe
Schublehre

zu 3.1.3. *Verteilungsmuster*

2 Bodenklektoren
2 Fangaufsätze zum Auswechseln
2 Petromax-Lichtfallen (im
    Wechsel mit 3.1.4.)
1 Fensterfalle
Driftnetz
Fangsteine
Stiefel
Schaufel
Drahtgitter (80 x 100),
    Maschenweite 0,5 cm
Aufwärtswanderfalle
Strömungsmesser

Plastikrohr, ϕ 10—15 cm, 2 m
    lang
Siebschutz und Siebeinsätze
Sichtkasten (Prinzip: Taucher-
    brille)
quadratischer Holz- oder Metall-
    rahmen, Seitenlänge 25 cm
    bzw. 50 cm
Teesieb
Metallnudelsieb
2 Aluminiumbleche (60 x 30 cm)
6 lange Zeltheringe oder Metall-
    stangen

zu 3.1.4. *Mannigfaltigkeit*

2 Petromax-Lichtfallen (im
    Wechsel mit 3.1.3.)
1 UV-Lichtfalle mit Ersatzröhre
12-V-Bleiakkumulator
Spannungswandler
Aufhängevorrichtung für Licht-
    fallen (z. B. Zelt-,
    Bohnenstangen, Wäsche-
    ständer)

8 Polyäthylen-Weithalsflaschen
    (1000 ml)
Ersatzstrümpfe für Petromax
Taschenlampe
2 Leinentücher (weiß, 1,5 x 2 m)
Bandmaß (25 m)
Verlängerungskabel 220 V (50 m)
Kompaß

zu 3.1.5. *Flächenabhängigkeit und Ressourcenangebot*

4 Mini-Max-Thermometer
Haarhygrometer
Luxmeter (im Wechsel mit
    3.1.1.)
Bodenthermometer (2 cm)
elektr. Widerstandsthermometer
10 Evaporimeter
2 Lattenquadrate (50 x 50 cm)

25—40 Barberfallen
kleine Gartenschaufel
Teesieb
Polyäthylen-Weithalsflasche
    2000 ml oder Plastikmilch-
    kanne
Plastiktrichter
Bandmaß

1000 m Schnur
2 Handzählgeräte
Käfersieb
Plastikfolie
Petrischalen

Steinerschälchen
Taschenrechner
farbiges Tesa-Band oder Fähnchen zum Markieren der Fallen

zu 3.1.6. *Nischenbreite und Nischenüberlappung*

40 Barberfallen mit Deckel
40 Barberfallen als Austauschsatz
40 Blechdächer für Fallen
kleine Gartenschaufel
4 große Petrischalen
10 Steinerschälchen
6 Bodenklektoren
Insektenstreifnetz
Exhaustor
Ferngals
2 Stoppuhren
Handzählgerät
Klopfschirm

Thermohygrograph (evtl. im Wechsel mit 3.1.1.)
5 Mini-Max-Thermometer
1 Haarhygrometer
1 Aspirationspychrometer
5 Evaporimeter
Luxmeter (im Wechsel mit 3.1.1.)
Bodenthermometer (2 cm)
elektr. Widerstandsthermometer
Apparatur zur Kalkbestimmung (im Wechsel mit 3.1.7.)
Logarithmentafel
Taschenrechner

zu 3.1.7. *Bodenbiologie*

6 Berlese-Tullgren-Apparaturen
6 Baermann-Trichter mit Einsätzen
2 Kabel (2adrig, 220 V) mit je 6 Glühbirnenfassungen in Abständen von 20 cm
Glühofen (Muffelofen)
Glühtiegel
Tiegelzange
pH-Meter
Handzähler
Spaten
Kindernahrungsgläser
Alu-Folie
grobes Sieb (Maschenweite 0,5 cm)

Thermometer
Barometer
10 Perlongazebeutel (5 x 25 cm, Maschenweite 1 mm)
Glühbirnen: 12 à 15 W, 12 à 25 W
Stativstangen: 8 x 1 m, 4 x 30 cm
15 Stativklemmen
15 Stativmuffen
15 Leinensäckchen
Metallzylinder mit angeschärfter Kante zur Entnahme von Bodenproben
Apparatur zur Kalkbestimmung (vgl. 5.3.6.)
Feinwaage (bis 1 kg, 0,05 g

Meßgenauigkeit) (im Wechsel
mit 3.2.5.)
Plastikschlauch
Plastiktuch (1,5 x 1,5 m)

HCl
Watte, weiß (oder Filterpapier)
KCl-Lösung, 1 n

zu 3.2.1. *Zonationsbiozönosen*

50 Barberfallen mit Bajonett-
  verschluß
50 Barberfallen als Austauschsatz
50 Blechdächer für Fallen
10 Petrischalen für Hellabdek-
  kung
kleine Gartenschaufel (Pflanzen-
  stecher)
Pinsel
4 große Petrischalen
10 Steinerschälchen
Insektenstreifnetz

5 Mini-Max-Thermometer
Luxmeter (im Wechsel mit 3.1.1.)
Aspirationspsychrometer (im
  Wechsel mit 3.1.1.)
Evaporimeter
Teesieb
Fluon
Paraffinöl
Polyäthylen-Weithalsflasche
  2000 ml (oder Plastikmilch-
  kanne)
300 Schnappdeckelgläschen

zu 3.2.2. *Ökologische Sonderung*

2 Ferngläser, evtl. Fernrohr
Stativ für Fernglas oder Fernrohr
2 Handzählgeräte
2 Stoppuhren

1000 m Schnur
Bandmaß (25 m) (im Wechsel
  mit 3.1.4.)
Kassettenrecorder mit Mikrofon

zu 3.2.3. *Konkurrenz*

200 m Schnur
Farbmarkierungsbesteck (im
  Wechsel mit 3.1.2.)
4 Glasplatten (30x 30 cm)
4 Holzplatten (30 x 30 cm)
Spaten
Honigwasser
Glasplättchen
Pipette
Exhaustor
Haarhygrometer (im Wechsel
  mit 3.1.1.)

2 Flüssigkeitsthermometer
elektr. Widerstandsthermometer
Destillationspyranometer (im
  Wechsel mit 3.1.1.)
Kompaß
Stecknadeln mit bunten Köpfen
Pappkarton
Bandmaß (25 m) (im Wechsel
  mit 3.2.2.)
2 Stoppuhren

zu 3.2.4. *Blütenökologie*

feinstes Präparierbesteck
Uhrmacherpinzetten (Nr. 4–5)
Rasierklingen
Objektträger und Deckgläschen
Euparal-Einbettungsmittel
Farbmarkierungsbesteck (im
    Wechsel mit 3.1.2.)
Leinensäckchen
Handzählgerät
Waage (0–500 mg, evtl. feine
    Federwaage)
Kassettenrecorder mit Mikrofon

Insektenstreifnetz
Glasschreiber
Schublehre
weiße Pappe
Wasserfarben-Malkasten
Glasröhrchen
Schere
Stoppuhr
genormte Farbpapiere
Bindedraht, Blumendraht
Kapillarröhrchen
Bleiweiß, Zinkweiß

zu 3.2.5. *Nahrungsnetz und Produktion*

2 Insektenstreifnetze
Klopfschirm
Klopfschachtel
2 Leinentücher 1,5 x 2 m
Plastikschalen
10 Barberfallen mit Blechdach
Fernglas
Sichel
große Plastikbeutel
Trockenschrank

Schnur und Zeltheringe
Fensterfalle, Lufteklektor (im
    Wechsel mit anderen Gruppen)
Käfersieb
Zollstock
flexibles Metermaß
Teppichmesser
Waage (im Wechsel mit 3.1.7.)
Schublehre (im Wechsel mit
    3.2.4.)

zu 3.2.6. *Sukzession*

6 Aasfallen mit 15 Nochtgläsern
50 Kindernahrungsgläser
Farbmarkierungsbesteck
    (im Wechsel mit 3.1.2.)
2 Fensterfallen (im Wechsel
    mit 3.1.3.)
Kompaß
10 Steinerschälchen
grobes Drahtgitter
mehrere Laborratten
Drahtrattenkäfige
Exhaustor

Anemometer (im Wechsel mit
    3.1.1.)
150 Schnappdeckelgläser
Teesieb
2 Plastiktrichter
Nudelsieb
feine Gaze
Spritzflasche
2 große Petrischalen
Polyäthylen-Weithalsflasche
    (oder Plastikmilchkanne)
Auffangschüssel

171

starkes Messer   2 lange Pinzetten
Gartenschaufel

5.6. Mitzuführende Literatur

Aguesse, P., 1968
Aichele, D., 1973
Balogh, J., 1958
Bang, P., Dahlström, P., 1973
Bernard, F., 1968
Berthold, P., et al. 1974
Brauns, A., 1968, 1970
Brink, F. H. van den, 1972
Brohmer, P., et al., 1933 ff.
Brohmer, P., 1974
Chinery, M., 1973
Collier, B. D., et al., 1973
Colyer, C. N., Hammond, C. O.,
   1968
Dahl, F., 1925 ff.
Ellenberg, H., 1973
Engelhardt, W., 1974
Fiedler, H. J., Reisig, H., 1964
Fiedler, H. J., Schmiedel, H., 1973
Freude, H., et al., 1965
Geyer, D., 1927
Harz, K., 1957
Heinzel, H., et al., 1972
Jacobs, W., Renner, M., 1974
Jander, G., Blasius, E., 1973
Janus, H., 1958
Kästner, A., 1965 ff.
Koch, M., 1958–1964
Krebs, Ch. J., 1972
Krumbiegel, J., 1965
Kühnelt, W., 1950, 1970
Lewis, T., Taylor, L. R., 1972

Lobeck, K., Meincke, I., 1969
Locket, G. H., Millidge, A. F., 1951,
   1953
Makatsch, W., 1966
Odum, E. P., 1971
Palissa, A., 1964
Paulian, R., 1971
Peterson, R. T., et al., 1973
Poole, R. W., 1974
Proctor, M., Yeo, P., 1973
Reitter, E., 1908 ff.
Robert, P. A., 1959
Rothmaler, W., 1959
Sachs, L., 1969, 1972
Schmeil, O., Fitschen, J., 1973
Schimitschek, E., 1955
Schwerdtfeger, F., 1963, 1968, 1975
Schwoerbel, J., 1971
Schubert, A., 1966
Smith, R. L., 1966
Southwood, T. R. E., 1971
Steiner, G., 1963
Steubing, L., 1965
Streble, H., Krauter, D., 1973
Stresemann, E., 1961 ff.
Tischler, W., 1955, 1965
Trolldenier, G., 1971
Voigt, A., 1961
Voous, K. H., 1962
Wesenberg-Lund, C., 1943
Wilmanns, O., 1973
Wilson, E. O., Bossert, W. H., 1973

5.7. Adressen zur Materialbeschaffung

Fanggeräte, Pinzetten, u. a.

   Dr. E. Reitter GmbH, Kaulbachstraße 1, 8 München 22
   Lüco-Erzeugnisse, Weissenburgstraße 4, 23 Kiel

Fa. Mauer, Lehrmittel und Labortechnik KG, Hofheimer Straße 57, 6239 Lorsbach
und andere

Thermohygrograph, Aspirationspsychrometer, Anemometer, Sonnenschreiber, Mini-Max und Bodenthermometer u. a.
Fa. W. Lambrecht KG, Friedländer Weg 65, 34 Göttingen
Fa. G. Lufft, Metallbarometerfabrik, Postfach 692, 7 Stuttgart 1
LC Labor-Center, Humboldtstraße 39, 85 Nürnberg 109
Colora Meßtechnik GmbH, Barbarossastraße 3, 7073 Lorch 1
und andere

Haarhygrometer u. a.
J. u. A. Bosch, Freiburg i. Br.
Wärmetechnik Stuttgart KG, Noltenweg 15, 7 Stuttgart
und andere

pH-Meter, Leitfähigkeitsmeßgeräte
Fa. Helga Bischof, Markusstraße 102, 5 Köln 51
Wissenschaftl. Techn. Werkstätten, 812 Weilheim/Obb.
Fa. J. G. Bachofer, Carl-Zeiss-Straße 35, 7411 Reutlingen-Betz

Luxmeter
Metrawatt, Nürnberg
Dr. B. Lange, Berlin-Zehlendorf
Siemens, Mannheim
und andere

Aktinograph nach Robitzsch
Fuess, Berlin-Steglitz

Pyranometer nach Moll-Gorczynski
Kipp en Zonen, Delft/Holland

Petromax
Franz Heinze, Metallwarenfabrik, Postfach 131392, 56 Wuppertal 13

Staurohre u. ä.
Airflow-Lufttechnik GmbH, Postfach 108, 5308 Rheinbach

Alu-Transportkisten
Fa. Kaiser & Kraft, Industriestraße 2—14, 7253 Renningen

CM-Gerät, (Bodenfeuchtemessung)
    Fa. Riedl de Häen, Seelhorststraße 11, 3000 Hannover 1

5.8. Erklärung ökologischer Fachausdrücke

Ökologische Fachausdrücke werden in der Literatur noch nicht eindeutig verwendet. In diesem Kapitel werden daher die Bedeutungen der Ausdrücke, wie sie in diesem Buch verstanden werden, erläutert. Ausgewählt sind nur wichtige Fachwörter, die innerhalb der vorangehenden Kapitel vorkommen (vgl. auch Tischler 1975).

Abiotische Faktoren. Auf Lebewesen einwirkende Faktoren, die nicht unmittelbar auf andere Organismen zurückzuführen sind, z. B. Frost, Licht, Wind, Salzgehalt usw.

Abundanz (Populationsdichte). Durchschnittliche Zahl der Individuen einer Art bezogen auf eine Flächeneinheit. Da man die absolute Dichte nur selten feststellen kann, ermittelt man meist nur Vergleichswerte, die relative Abundanz. S. auch Aktivitätsdichte.

Aktivitätsdichte. Die mit stationären Fallen ermittelte relative Abundanz, d. h. die Anzahl der pro Fangzeit im Einzugsgebiet der Falle bewegungsaktiven Tiere.

Biochorien. Teilbezirke eines Lebensraums, die für bestimmte Arten innerhalb eines Ökosystems Konzentrationsstellen oder Aktionszentren darstellen, wie Tiernester (Ameisenhügel, Säugetierbauten, Vogelnester), Baumstümpfe, Hutpilze, Tierexkremente, Tierkadaver, Strandanwurf. Sie besitzen im Gegensatz zu einem Ökosystem in der Regel keine Selbstregulation.

Biomasse. Gesamtmenge der lebenden Substanz (Produzenten, Konsumenten, Reduzenten) in einem Ökosystem bezogen auf eine Flächen- oder Raumeinheit zu einem bestimmten Zeitpunkt. Sie wird gemessen in Gramm Trockengewicht pro Fläche. Für energetische Betrachtungen wird meist in Kalorien umgerechnet.

Biotop. Lebenstätte bzw. Raum einer Biozönose mit bestimmten, für die betreffende Lebensgemeinschaft charakteristischen Umweltbedingungen.

Biozönose. Lebensgemeinschaft aus natürlich vorkommenden pflanzlichen und tierischen Organismen, die durch gegenseitige Abhängigkeit und Beeinflussung in Wechselbeziehungen und in einem biologischen Gleichgewicht stehen.

Demographie. Aufzeichnungen von detaillierten Angaben über Geburt, Wachstum, Fortpflanzung und Tod der Individuen einer Population.

Detritus. Feines Material aus abgestorbenen, sich zersetzenden Tier- und Pflanzenresten (organischer Detritus, an Land z. B. unter älterem Fallaub). Bildet in Gewässern feinstverteilte Sinkstoffe.

Detritus-Nahrungskette. Sie geht aus von toter organischer Substanz und führt über die Mikroorganismen zu den Detritivoren und deren Räubern. Detritivoren 1. Ordnung können sein: Landisopoden, Diplopoden, größere Dipterenlarven, 2. Ordnung: Collembolen, kleinere Dipterenlarven und 3. Ordnung: Lumbriciden und Enchytraeiden.

Dispersion. Der zu einem bestimmten Zeitpunkt bestehende Zustand der räumlichen Verteilung der Individuen einer Population in ihrem Lebensraum.

Dominanten, ökologische. Arten oder Artengruppen, die den Energiefluß eines Ökosystems weitgehend bestimmen und auf die Umwelt aller anderen Arten beträchtlich einwirken.

Edaphisch. Zum Boden gehörig. Bezieht sich auf die Umweltfaktoren des Bodens und auf Organismen, die ausschließlich am oder im Boden leben.

Energiefluß. Weitergabe der Energie in einem Ökosystem. Ein Teil der aufgenommenen Energie wird in jeder trophischen Stufe durch die Nettoproduktion (Bruttoproduktion minus Verlust durch Atmung) festgelegt, ein anderer Teil ungenutzt wieder ausgeschieden. Nahrungsketten und Stoffkreisläufe sind durch den Energiefluß verbunden. Man mißt ihn in Kalorien pro Fläche und Zeiteinheit.

Ernte-Methode. Eine Methode zur Messung der effektiven Produktionsgröße (Nettoprimärproduktion minus Nutzung durch heterotrophe Organismen) der Primärproduzenten. Es wird eine Probefläche zu einem definierten Entwicklungsstadium der Testpflanzen abgeerntet, indem man die oberirdischen Pflanzenteile bodengleich abschneidet und die unterirdischen Teile mit dem Spaten aushebt, dann auswäscht oder aussiebt, trocknet und wiegt.

Euryök. Bezeichnung für Arten mit einer weiten ökologischen Potenz, d. h. die Anspruchsgrenzen einer Art liegen für möglichst viele Einzelfaktoren weit auseinander.

Evenness. Der Quotient H/H_{max} als relatives Maß für die gleiche Verteilung der vorhandenen Individuen auf die Arten eines Ökosystems. H = spezif. Mannigfaltigkeit des untersuchten Ökosystems, H_{max} = = größtmögliche Mannigfaltigkeit der gegebenen Arten bei Gleichverteilung.

Gallen. Pflanzengallen (Zezidien) sind Wachstums- und Gestaltungsanomalien an Pflanzen, die durch Einwirkung tierischer, seltener pflanzlicher Parasiten entstehen und Nährsubstrat an diese abgeben.

Gleichgewicht, ökologisches. Das in längeren Zeiträumen ausgewogene Verhältnis in einem Ökosystem zwischen seinen einzelnen Kompartimenten (z. B. zwischen der Gruppe der Primär- und Sekundarproduzenten). Da alle Energien, Stoffe und Populationsdichten mit mehr oder minder großer Amplitude in der Regel um einen Durchschnittswert schwanken, ist das Gleichgewicht niemals statisch, sondern dynamisch.

Habitat. Autökologisch: Spezieller und charakteristischer Wohnort eines Lebewesens, in dem es sich die meiste Zeit aufhält und daher regelmäßig anzutreffen ist. Synökologisch: Lebensraum einer Biozönose.

Habitatinsel. Teile eines Ökosystems oder Kleinökosysteme, die von anderen Ökosystemen eingeschlossen und dadurch voneinander isoliert sind. Im Unterschied zu Meeresinseln ist der die Habitatinsel umgebende Raum nicht frei von Konkurrenten. Beispiele für Habitatinseln sind Berggipfel, von offener Landschaft umgebene Waldstücke, isolierte Sumpfstellen, Höhlen und Wassertümpel.

Habitus. Gesamterscheinungsbild durch äußere Merkmale der Körperform und -haltung. Es wird besonders geprägt durch die Größe, Oberflächenbeschaffenheit, Färbung, Körperproportionen und Umrißlinien. Seine Beschreibung hilft, eine Population zu charakterisieren.

Humus. Im Boden, auf dem Boden oder auch im Wasser befindliche abgestorbene Pflanzen- oder Tiersubstanzen, die einem stetigen Abbau-, Umbau- und Aufbauprozeß unterworfen sind. Im Wasser sind sie meist in kolloidal gelöster Form vorhanden.

Influenten. Organismengruppe eines Ökosystems, die in geringerer Menge als die Dominanten vorkommt, aber doch noch einen wesentlichen Einfluß auf den Stoffumsatz innerhalb der Gemeinschaft hat.

Isolationsmechanismen. Mechanismen, die eine Vermischung nahverwandter Arten verhindern. Als progame (vor der Befruchtung wirksame) Mechanismen können unterschiedliche Kopulationsorgane, Fortpflanzungszyklen, Verhaltensweisen bei der Balz, als metagame die Erzeugung steriler und wenig vitaler Nachkommen funktionieren.

Kompensationsflug. Flug von Wasserinsekten, der der organischen Drift entgegenwirkt, indem die legereifen Imagines bevorzugt bach- oder flußaufwärts fliegen, um in den oberen Gewässerabschnitten ihre Eier abzulegen.

Konkurrenz. Aktive Nutzung eines lebensnotwendigen Umweltfaktors durch zwei oder mehrere Organismen der gleichen Art (intraspezifische Konkurrenz) oder verschiedener Arten (interspezifische Konkurrenz).

Konkurrenzausschlußprinzip. Zwei Arten, die die gleichen ökologischen Ansprüche haben, können nicht lange koexistieren.

Konsumenten. Organismen, die direkt oder indirekt die von den Produzenten erzeugte organische Substanz als Nahrung aufnehmen. Unter den Konsumenten können die „Lebendfresser" von den übrigen Sekundärproduzenten, das sind alle heterotrophen Organismen, abgetrennt werden.

Makrofauna des Bodens. Umfaßt edaphische Wirbellose über 5 mm Körperlänge wie Insektenlarven, Enchytraeiden, Regenwürmer (Lumbricidae), Tausenfüßer (Myriapoda), Spinnen (Araneae) und Schnecken (Gastropoda).

Mannigfaltigkeit (Diversität). Quantitative Aussage über die verschiedenen Strukturelemente eines Ökosystems, meist bezogen auf die Zahl der Arten und jeweils dazu gehörigen Individuen. Sowohl größere Artenzahl als auch gleichmäßigere Verteilung der Individuen auf die Arten erhöhen die Mannigfaltigkeit.

Mesofauna des Bodens. Umfaßt edaphische Kleintiere in der Größenordnung von ca. 0,5–5 mm, wie Rädertiere (Rotatoria), Fadenwürmer (Nematoda), Milben (Acari) und Springschwänze (Collembola).

Mikrohabitat. Spezieller, kleinräumiger, hauptsächlicher Aufenthaltsort eines Lebewesens.

Mikroklima. Ökologisch bedeutsame Kleinklimaverhältnisse in unmittelbarer Nachbarschaft und Beziehung zu Pflanzen und Tieren.

Minimalareal. Der kleinste Raum, in dem gerade noch ein Individuum der untersuchten Art regelmäßig vorkommt (Individuen-Minimalareal) bzw. eine charakteristische Artengruppe der untersuchten Biozönose schon vorhanden ist (Arten-Minimalareal).

Nährstoffkreislauf. Beschreibt den Weg, den Nährstoffe (Nährsalze) in einem Ökosystem durchlaufen durch Aufnahme in den Produzenten, Übernahme von den Konsumenten und Rückgewinnung durch die Mineralisierer (Reduzenten).

Nahrungskette. Verbindung von Organismen, die jeweils verschiedenen Trophie-Ebenen angehören, durch direkte Nahrungsbeziehungen.

Nahrungsnetz. Gesamtheit der miteinander verflochtenen Nahrungsketten in einer Biozönose. Die Vernetzung entsteht dadurch, daß ein Konsument meist nicht nur eine Organismenart zur Nahrung verwendet und als Omnivor manchmal mehreren trophischen Ebenen angehört.

Nettoproduktion. Gesamtmenge der produzierten organischen Substanz (= Bruttoproduktion) abzüglich des Verlustes durch Atmung und der in gleicher Zeit wieder ausgeschiedenen Abbauprodukte des Stoffwechsels.

Nische, ökologische. Die nach außen projezierten ökologischen Bedürfnisse einer Population. Die ökologische Nische kann verglichen werden mit einer Planstelle, die durch die Konstellation von Umweltfaktoren, die der Art am angemessensten ist, charakterisiert ist. Mit der Nische wird auch der funktionelle Status, den eine Art in einem Ökosystem einnimmt, bezeichnet.

Nischenbreite. Quantitatives Maß über die Nutzung verschiedener Ressourcen durch einzelne Arten. Die Nischenbreite steigt mit der Nutzung größerer Bereiche von Umweltfaktoren.

Nischenüberlappung. Gemeinsame Nutzung einer oder mehrerer Ressourcen durch mindestens zwei Arten.

Ökologische Sonderung. Verschiedenartige Nutzung der Umwelt durch Entwicklung verschiedener ökologischer Nischen; die Konkurrenz wird dabei vermindert.

Ökosystem. Wirkungsgefüge von Lebewesen (Biozönose) und deren anorganischer Umwelt (Biotop), das zwar offen ist, aber bis zu einem gewissen Grad zur Selbstregulation befähigt ist.

Organische Drift. Summe der durch das strömende Wasser in einem Fließgewässer abwärts transportierten Organismen.

Phänologie. Lehre von den jahresperiodischen Erscheinungen der Organismenwelt, speziell von den Eintrittszeiten bestimmter Lebenserscheinungen in Abhängigkeit von der Witterung.

Population. Gemeinschaft sich potentiell miteinander fortpflanzender Individuen, die innerhalb eines bestimmten Gebietes leben.

Populationsdichte s. Abundanz.

Populationsgröße. Gesamtzahl der Individuen einer Population.

Praeferendum. Behaglichkeitszone, die Tiere innerhalb eines Faktorengefälles allen anderen Bereichen vorziehen.

Primärproduktion. Assimilatorische Leistung der Pflanzen durch Festlegung der Strahlungsenergie in organische Substanz.

Produktivität. Die in einem Ökosystem pro Fläche und Zeiteinheit erzeugten Kalorien.

Produzenten (Primärproduzenten). Organismen, die aus anorganischen Verbindungen unter biochemischer Fixierung von Strahlungsenergie oder Chemoenergie organische Substanz aufbauen. Zu ihnen gehören alle grünen Pflanzen und einige Bakterien. Im Unterschied zu diesen Primärproduzenten (oft nur als „Produzenten" bezeichnet) faßt man unter „Sekundärproduzenten" alle heterotrophen Organismen zusammen.

Räuber. Bezeichnung für Tierarten, die zur Nahrungsaufnahme andere Tierarten (Beutetiere) töten und meist mehrere Beutetiere während ihres Lebens fressen.

Reduzenten. Mikroorganismen (Bakterien und Pilze), die tote organische Substanz abbauen und dabei zu anorganischen Bestandteilen reduzieren.

Ressourcen. Natürliche Energie- und Nahrungsquellen und andere Hilfsmittel (z. B. spezielle Raumgegebenheiten), die von Organismen genutzt werden.

Revier (Territorium). Bezirk, der von einem Tier oder einer Mehrzahl artgleicher Tiere eingenommen und gegen andere gleichgeschlechtliche Artgenossen verteidigt wird.

Saprovore (Saprophage): Tiere und Pflanzen, die sich von toter, sich zersetzender, organischer Substanz (pflanzlichen oder tierischen Ursprungs) ernähren. Man kann dazu auch die Detritusfresser, die Koprophagen (fressen tierische Exkremente) und die Nekrophagen (fressen an toten Tieren) rechnen.

Sekundärproduktion. Produktion sämtlicher heterotropher, d. h. auf organische Stoffe angewiesener Organismen.

Singhelligkeit. Helligkeitswert, bei dem Singvögel in der Morgendämmerung ihren Gesang beginnen.

Stabilität. Stabilität in Ökosystemen bezeichnet die mehr oder weniger stabile Größe der Populationen um eine Gleichgewichtslage (Pop.-Nettowachstumsrate gleich Null), die nach Störung durch Selbstregulation des Systems immer wieder hergestellt wird. Ein Ökosystem gilt auch als stabil, wenn seine Funktionen mehr oder weniger unverändert bleiben, selbst wenn sich einige Populationen ändern.

Stenök. Bezeichnung für Arten mit enger ökologischer Potenz, d. h. die Grenzwerte für eine Art liegen bei vielen Einzelfaktoren nahe beieinander und die Arten sind an ganz bestimmte Quantitäten von Umweltfaktoren angepaßt.

Strata. Vertikale Schichtungen der Lebensräume, wie z. B. in einem Wald Baumkronen-, Baumstamm-, Strauch-, Kraut- und Streuschicht.

Sukzession, ökologische. Aperiodische Umwandlung eines Ökosystems in der Zeit, die in der Regel zu einem nahezu stabilen Endzustand des Systems führt. Man verfolgt die Sukzession vor allem an der charakteristischen Aufeinanderfolge verschiedener Artenzusammensetzungen.

Sympatrisch. Das Auftreten von zwei oder mehr Populationen in demselben Gebiet.

Weide-Nahrungskette. Sie beginnt bei den grünen Pflanzen und geht über Pflanzenfresser (Herbivore) zu den Carnivoren.

Wohndichte. Gesamtzahl der Individuen aller Arten bezogen auf eine Flächen- oder Raumeinheit.

Trophie-Ebene (trophische Stufe). Ernährungsstufe innerhalb eines Ökosystems, die durch die Glieder einer Nahrungskette charakterisiert wird, wie Produzenten, Konsumenten 1., 2., 3., ... Ordnung und Zersetzer 1., 2., 3., ... Ordnung.

Umwelt. Summe der auf einen Organismus einwirkenden und biologisch bedeutungsvollen abiotischen und biotischen Außenfaktoren.

Umweltgradienten. Sich kontinuierlich ändernde Umweltfaktoren. Bezeichnen meist ein abiotisches Faktorengefälle.

Verteilungsmuster. Art der zu einem gegebenen Zeitpunkt herrschenden Verteilung der Organismen in dem von ihnen bewohnten Raum.

Vikarianz, ökologische. Stellvertretung zweier oder mehrerer Arten aufgrund ökologischer Faktoren. Die Arten schließen sich in ihrem

Vorkommen gegenseitig aus, können aber in ihrer Verbreitung aneinandergrenzen. Meist werden nah verwandte Arten oder Arten mit sehr ähnlicher Lebensweise hinsichtlich ihrer räumlichen (geographischen) Verteilung betrachtet.

Zersetzer (= Destruenten). Organismen, die tote organische Substanz zum Zwecke der eigenen Energie- und Stoffgewinnung abbauen. Der Abbau durch Mikroorganismen (Bakterien, Pilze, Reduzenten genannt) führt zu anorganischen Bestandteilen (Mineralisierung).

Zonationsbiozönosen. Entsprechend einem Faktorengefälle streifenartig in bestimmter Abstufung und in gewisser Regelmäßigkeit parallel aneinander gefügte Biozönosen, wie z. B. an einem Seeufer oder Waldrand.

5.9. Erklärung statistischer Fachausdrücke

Alternativhypothese. Gegenhypothese zur Nullhypothese. Mit der Alternativhypothese wird behauptet, zwei Stichproben stimmen in einem oder mehreren Merkmalen nicht überein. Nur indirekt prüfbar.

Alternativmerkmale. Nicht quantitative Merkmale, wie Geschlecht, Vorhandensein oder Fehlen eines Merkmals.

Anpassungstest. Test für den Vergleich einer beobachteten Verteilung mit einer hypothetischen Verteilung. Anpassungstests gehören zu den verteilungsfreien Prüfverfahren.

Chiquadrat-Test (χ^2-Test). Verteilungsfreier Test, der der Prüfung von Abhängigkeiten bei diskreten Merkmalen (z. B. über Vierfeldertafeln) und als Anpassungstest dient. Zur Prüfung wird die χ^2-Verteilung verwendet. Die allgemeine Formel lautet

$$\chi^2 = \Sigma \frac{(B - E)^2}{E}$$

B = beobachtete Häufigkeit, E = erwartete Häufigkeit.

Chiquadrat-Verteilung. Verteilung von Größen, die Funktionen von Beobachtungswerten bzw. beobachteten relativen Häufigkeiten darstellen. Sie ist stetig und unsymmetrisch und nähert sich mit wachsenden Freiheitsgraden der Normalverteilung. Dient zur Prüfung von Vierfeldertafeln und zur Entscheidung der Frage, ob zwei beobachtete Häufigkeiten einem bestimmten Verhältnis entsprechen.

Diskrete Merkmale. Abzählbare Merkmale, wie Individuenzahl, Gelegegröße usw.

Einseitige, zweiseitige Fragestellung. Fragestellung, beim Vergleich zweier Parameter, mit dem Problem, ob zwei Werte ungleich sind (zweiseitig) oder ob ein bestimmter Wert größer bzw. kleiner ist (einseitig). Die Irrtumswahrscheinlichkeit bei einseitiger Fragestellung ist nur halb so groß wie bei zweiseitiger. Am häufigsten wendet man letztere an.

Freiheitsgrad. Gibt die Anzahl unabhängiger, d. h. frei wählbarer Stichprobenwerte an. Es gilt Freiheitsgrade = n−k. (n = ursprünglicher Stichprobenumfang, k = Zahl der zu schätzenden Parameter).

F−Verteilung. Stetige, unsymmetrische Verteilung mit einem Variationsbereich von Null bis Unendlich. Die Form der F-Verteilung hängt von den beiden Freiheitsgraden ($\nu_1 = n_1 - 1$, $\nu_2 = n_2 - 1$) ab. Die F-Verteilung wird zum Vergleich zweier Varianzen verwendet. Für die Prüfgröße F gilt $F = s_1^2 / s_2^2$, wobei $s_1^2 > s_2^2$.

Grundgesamtheit. Menge aller möglichen Erfahrungs- und Beobachtungswerte, welche eine Zufallsvariable, die einer statistischen Prüfung unterzogen wird, annehmen kann. Mit statistischen Methoden kann man von entnommenen Stichproben Aussagen über die ihnen zugrunde liegende Grundgesamtheit (z. B. über die gesamte Population) machen.

Häufigkeitsverteilung. Häufigkeiten des Vorkommens bestimmter Merkmalsausprägungen oder Merkmalsklassen, in die man die Gesamtstichprobe eingeteilt hat.

Heterogenität. Verschiedenartigkeit, die dadurch zustande kommt, daß die einzelnen Werte mehr als zufallsmäßig voneinander abweichen. Bei Heterogenität dürfen die Ergebnisse von Einzelversuchen zur statistischen Prüfung nicht zusammengeworfen werden.

Homogenität. Gleichartigkeit, bei der die einzelnen Werte nicht mehr als zufallsmäßig voneinander abweichen. Der Nachweis der Homogenität kann mit Hilfe des χ^2-Tests indirekt geführt werden. Ist der Nachweis erbracht, kann man annehmen, daß die Werte aus einer gemeinsamen Grundgesamtheit stammen.

Kenngrößen. s. Parameter.

Kontingenztafeln. Mehrfeldertafeln. Dienen z. B. zur Prüfung auf Unabhängigkeit oder Korrelation mehrerer diskreter Merkmale.

Korrelationsanalyse. Analyse darüber, wie zwei zufällige Variable, die angenähert normalverteilt sind, voneinander abhängen.

Mittelwert. Dient zur Kennzeichnung einer Beobachtungs- oder Meßreihe durch einen einzigen zahlenmäßigen Ausdruck, das arithmetische Mittel.

Normalverteilung. Verteilungsform, die durch eine symmetrische Glockenkurve beschrieben und durch die beiden Parameter arithmetisches Mittel und Standardabweichung eindeutig gekennzeichnet wird. Im Bereich des Mittelwertes ± 1,96 x Standardabweichung liegen genau 95% aller Beobachtungen.

Nullhypothese. Hypothese, die annimmt, daß zwei Stichproben in einem oder mehreren Merkmalen (Parametern) übereinstimmt. Statistisch prüft man die Stützung der Nullhypothese und nimmt die Alternativhypothese dann mit einer gewissen Irrtumswahrscheinlichkeit an, wenn die ermittelten Daten im Test gegen die Nullhypothese sprechen.

Parameter. Kenngrößen zur kurzen und vergleichbaren Charakterisierung von Stichproben bzw. Grundgesamtheiten, z. B. Mittelwerte.

Parametrische Prüfverfahren. Verfahren zur Prüfung normalverteilter Daten, deren Grundgesamtheiten eindeutig durch Parameter beschrieben werden; z. B. t-Test.

Prüfgröße. Zufallsvariable mit bestimmter, mathematisch definierter Verteilungskurve, welche ihrerseits zu den mathematischen Grundlagen des betreffenden Tests gehört.

Rangtest. Verteilungsfreier Test, bei denen anstelle der Stichprobenwerte deren Rangzahlen verwendet werden. Die Rangzahlen (1, 2, 3, ..., k) ordnet man den der Größe nach aufsteigend angeordneten Stichprobenwerten zu.

Regressionsanalyse. Analyse über den stochastischen (in manchen Fällen auch funktionalen) Zusammenhang zwischen zwei Zufallsvariablen (x und y). Nach Feststellung der Funktion läßt sich z. B. aussagen, um wieviel Maßeinheiten sich die Variable y ändert, wenn sich die Variable x um eine Maßeinheit ändert.

Signifikanz. Sicherung einer Aussage bei einer Wahrscheinlichkeit, die vereinbarungsgemäß mindestens 95% betragen soll. Man rechnet in diesem Fall mit einer Irrtumswahrscheinlichkeit der Aussage von 5% (= Signifikanzniveau $\alpha = 0,05$).

Standardabweichung. Die Standardabweichung der Normalverteilung ist durch den Abszissenbetrag zwischen Mittelwert und Wendepunkt der Normalkurve gegeben.

Standardfehler. Mittlerer Fehler des Mittelwerts = Standardabweichung des arithmetischen Mittels.

Stetige Merkmale. Meßbare Merkmale, die in einem Intervall jeden Wert annehmen können, wie Flügellängen, Körpergrößen, Zeitdauer.

Stichprobe. Entnahme aus einer Grundgesamtheit, die zum Aufschluß über das Vorkommen und die Verteilung der interessierenden Merkmale in der Grundgesamtheit, die man meist nicht als Ganzes untersuchen kann, dient. Zur statistischen Auswertung sind Zufallsstichproben notwendig, bei denen jedes Element der Grundgesamtheit die gleiche Chance hat, ausgewählt zu werden.

Systematischer Fehler. Methodischer Fehler, der die gesamte Untersuchung beeinflußt. Er kann auch bei Verfahren ohne Zufallsauswahl der Stichproben aufkommen.

t-Verteilung (Student-Verteilung). Sie ist stetig, symmetrisch, glockenförmig und der Normalverteilung sehr ähnlich. Sie ist jedoch von den Parametern arithmetisches Mittel und Standardabweichung unabhängig und wird nur von dem Freiheitsgrad bestimmt.

Varianz. Maß für die durchschnittliche Abweichung der Beobachtungen vom Mittelwert. Sie ist definiert als das Quadrat der Standardabweichung.

Verbundene Stichproben (verbundene Meßreihen, gepaarte Beobachtungen). Sie liegen vor, wenn gleiches Material mit zwei verschiedenen Mitteln oder Verfahren behandelt wird.

Verteilungsfreie Prüfverfahren. Tests, die an die Form der Verteilung, die einer Grundgesamtheit zugrunde liegt, keine Anforderungen stellen, also Normalverteilung nicht voraussetzen.

Vertrauensbereich (Konfidenzintervall). Bereich, der einen unbekannten Parameter mit einer bestimmten Wahrscheinlichkeit überdeckt.

Zufallszahlen. Folgen von Ziffern, in der jede der Ziffern 0, 1, 2, ...8, 9 in zufälliger Reihenfolge mit ungefähr gleicher Häufigkeit auftritt.

5.10. Tabellen

Tab. 5.10.1. (entnommen aus Sachs 1972)

n (v)	$h_{0.05}$	$t_{0.05}$	$t_{0.01}$	$\chi^2_{0.05}$	$\chi^2_{0.01}$	$r_{0.05}$	$r_{0.01}$
1	–	12,706	63,657	3,841	6.635	0,9969	0,9999
2	–	4,303	9,925	5,991	9,210	0,9500	0,9900
3	–	3,182	5,841	7,815	11,35	0,8783	0,9587
4	–	2,776	4,604	9,488	13,28	0,8114	0,9172
5	–	2,571	4,032	11,07	15,08	0,7545	0,8745
6	0	2,447	3,707	12,59	16,81	0,7067	0,8343
7	0	2,365	3,499	14,06	18,47	0,6664	0,7977
8	0	2,306	3,355	15,51	20,09	0,6319	0.7646
9	1	2,262	3,250	16,92	21,67	0,6021	0,7348
10	1	2,228	3,169	18,31	23,21	0,5760	0,7079
11	1	2,201	3,106	19,67	24,72	0,5529	0,6835
12	2	2,179	3,055	21,03	26,22	0,5324	0,6614
13	2	2,160	3,012	22,36	27,69	0,5139	0,6411
14	2	2,145	2,977	23,68	29,14	0,4973	0,6226
15	3	2,131	2,947	25,00	30,58	0,4821	0.6055
16	3	2,120	2,921	26,30	32,00	0,4683	0,5897
17	4	2,110	2,898	27,59	33,41	0,4555	0,5751
18	4	2,101	2,878	28,87	34,81	0,4438	0,5614
19	4	2,093	2,861	30,14	36,19	0,4329	0,5487
20	5	2,086	2,845	31,41	37,57	0,4227	0,5368
21	5	2,080	2,831	32,67	38,93	0,4132	0,5256
22	5	2,074	2,819	33,92	40,29	0,4044	0,5151
23	6	2,069	2,807	35,17	41,64	0,3961	0,5052
24	6	2,064	2,797	36,42	42,98	0,3882	0,4958
25	7	2,060	2,787	37,65	44,31	0,3809	0,4869
26	7	2,056	2,779	38,89	45,64	0,3739	0,4785
27	7	2,052	2,771	40,11	46,96	0,3673	0,4705
28	8	2,048	2,763	41,34	48,28	0,3610	0,4629
29	8	2,045	2,756	42,56	49,59	0,3550	0,4556
30	9	2,042	2,750	43,77	50,89	0,3494	0,4487
31	9	2,040	2,744	44,99	52,19	0,3440	0,4421
32	9	2,037	2,738	46,19	53,48	0,3388	0,4357
33	10	2,035	2,733	47,40	54,77	0,3338	0,4297
34	10	2,032	2,728	48,60	56,06	0,3291	0,4238
35	11	2,030	2,724	49,80	57,34	0,3246	0,4182
36	11	2,028	2,719	51,00	58,62	0,3202	0,4128
37	12	2,026	2,715	52,19	59,89	0,3160	0,4076
38	12	2,024	2,712	53,38	61,16	0,3120	0,4026
39	12	2,023	2,708	54,57	62,43	0,3081	0,3978
40	13	2,021	2,704	55,76	63,69	0,3044	0,3932
41	13	2,020	2,701	56,94	64,95	0,3008	0,3887
42	14	2,018	2,698	58,12	66,21	0,2973	0,3843
43	14	2,017	2,695	59,30	67,46	0,2940	0,3802
44	15	2,015	2,692	60,48	68,71	0,2907	0,3761
45	15	2,014	2,690	61,66	69,96	0,2875	0,3721
46	15	2,013	2,687	62,83	71,20	0,2845	0,3683
47	16	2,012	2,685	64,00	72,44	0,2816	0,3646
48	16	2,011	2,682	65,17	73,68	0,2787	0,3610
49	17	2,010	2,680	66,34	74,92	0,2759	0,3575
50	17	2,009	2,678	67,51	76,15	0,2732	0,3541

Tab. 5.10.2. Obere 5%-Schranken der F-Verteilung (entnommen aus Sachs 1972)

v_2 \ v_1	1	2	3	4	5	6	7	8	9	10	11	12	13	14	15	16	17	18	19	20	22	24	26	28	30	40	50
1	161.44	200	216	225	230	234	237	239	241	242	243	244	245	245	246	246	247	247	248	248	249	249	249	250	250	251	252
2	18.51	19.0	19.2	19.2	19.3	19.3	19.3	19.4	19.4	19.4	19.4	19.4	19.4	19.4	19.4	19.4	19.4	19.4	19.4	19.4	19.5	19.5	19.5	19.5	19.5	19.5	19.5
3	10.13	9.55	9.28	9.12	9.01	8.94	8.89	8.85	8.81	8.79	8.76	8.74	8.73	8.71	8.70	8.69	8.68	8.67	8.67	8.66	8.65	8.64	8.63	8.62	8.62	8.59	8.58
4	7.71	6.94	6.59	6.39	6.26	6.16	6.09	6.04	6.00	5.96	5.94	5.91	5.89	5.87	5.86	5.84	5.83	5.82	5.81	5.80	5.79	5.77	5.76	5.75	5.75	5.72	5.70
5	6.61	5.79	5.41	5.19	5.05	4.95	4.88	4.82	4.77	4.74	4.70	4.68	4.66	4.64	4.62	4.60	4.59	4.58	4.57	4.56	4.54	4.53	4.52	4.50	4.50	4.46	4.44
6	5.99	5.14	4.76	4.53	4.39	4.28	4.21	4.15	4.10	4.06	4.03	4.00	3.98	3.96	3.94	3.92	3.91	3.90	3.88	3.87	3.86	3.84	3.83	3.82	3.81	3.77	3.75
7	5.59	4.74	4.35	4.12	3.97	3.87	3.79	3.73	3.68	3.64	3.60	3.57	3.55	3.53	3.51	3.49	3.48	3.47	3.46	3.44	3.43	3.41	3.40	3.39	3.38	3.34	3.32
8	5.32	4.46	4.07	3.84	3.69	3.58	3.50	3.44	3.39	3.35	3.31	3.28	3.26	3.24	3.22	3.20	3.19	3.17	3.16	3.15	3.13	3.12	3.10	3.09	3.08	3.04	3.02
9	5.12	4.26	3.86	3.63	3.48	3.37	3.29	3.23	3.18	3.14	3.10	3.07	3.05	3.03	3.01	2.99	2.97	2.96	2.95	2.94	2.92	2.90	2.89	2.87	2.86	2.83	2.80
10	4.96	4.10	3.71	3.48	3.33	3.22	3.14	3.07	3.02	2.98	2.94	2.91	2.89	2.86	2.85	2.83	2.81	2.80	2.79	2.77	2.75	2.74	2.72	2.71	2.70	2.66	2.64
11	4.84	3.98	3.59	3.36	3.20	3.09	3.01	2.95	2.90	2.85	2.82	2.79	2.76	2.74	2.72	2.70	2.69	2.67	2.66	2.65	2.63	2.61	2.59	2.58	2.57	2.53	2.51
12	4.75	3.89	3.49	3.26	3.11	3.00	2.91	2.85	2.80	2.75	2.72	2.69	2.66	2.64	2.62	2.60	2.58	2.57	2.56	2.54	2.52	2.51	2.49	2.48	2.47	2.43	2.40
13	4.67	3.81	3.41	3.18	3.03	2.92	2.83	2.77	2.71	2.67	2.63	2.60	2.58	2.55	2.53	2.51	2.50	2.48	2.47	2.46	2.44	2.42	2.41	2.39	2.38	2.34	2.31
14	4.60	3.74	3.34	3.11	2.96	2.85	2.76	2.70	2.65	2.60	2.57	2.53	2.51	2.48	2.46	2.44	2.43	2.41	2.40	2.39	2.37	2.35	2.33	2.32	2.31	2.27	2.24
15	4.54	3.68	3.29	3.06	2.90	2.79	2.71	2.64	2.59	2.54	2.51	2.48	2.45	2.42	2.40	2.38	2.37	2.35	2.34	2.33	2.31	2.29	2.27	2.26	2.25	2.20	2.18
16	4.49	3.63	3.24	3.01	2.85	2.74	2.66	2.59	2.54	2.49	2.46	2.42	2.40	2.37	2.35	2.33	2.32	2.30	2.29	2.28	2.25	2.24	2.22	2.21	2.19	2.15	2.12
17	4.45	3.59	3.20	2.96	2.81	2.70	2.61	2.55	2.49	2.45	2.41	2.38	2.35	2.33	2.31	2.29	2.27	2.26	2.24	2.23	2.21	2.19	2.17	2.16	2.15	2.10	2.08
18	4.41	3.55	3.16	2.93	2.77	2.66	2.58	2.51	2.46	2.41	2.37	2.34	2.31	2.29	2.27	2.25	2.23	2.22	2.20	2.19	2.17	2.15	2.13	2.12	2.11	2.06	2.04
19	4.38	3.52	3.13	2.90	2.74	2.63	2.54	2.48	2.42	2.38	2.34	2.31	2.28	2.26	2.23	2.21	2.20	2.18	2.17	2.16	2.13	2.11	2.10	2.08	2.07	2.03	2.00
20	4.35	3.49	3.10	2.87	2.71	2.60	2.51	2.45	2.39	2.35	2.31	2.28	2.25	2.22	2.20	2.18	2.17	2.15	2.14	2.12	2.10	2.08	2.07	2.05	2.04	1.99	1.97
21	4.32	3.47	3.07	2.84	2.68	2.57	2.49	2.42	2.37	2.32	2.28	2.25	2.22	2.20	2.18	2.16	2.14	2.12	2.11	2.10	2.07	2.05	2.04	2.02	2.01	1.96	1.94
22	4.30	3.44	3.05	2.82	2.66	2.55	2.46	2.40	2.34	2.30	2.26	2.23	2.20	2.17	2.15	2.13	2.11	2.10	2.08	2.07	2.05	2.03	2.01	2.00	1.98	1.94	1.91
23	4.28	3.42	3.03	2.80	2.64	2.53	2.44	2.37	2.32	2.27	2.24	2.20	2.18	2.15	2.13	2.11	2.09	2.08	2.06	2.05	2.02	2.01	1.99	1.97	1.96	1.91	1.88
24	4.26	3.40	3.01	2.78	2.62	2.51	2.42	2.36	2.30	2.25	2.21	2.18	2.15	2.13	2.11	2.09	2.07	2.05	2.04	2.03	2.00	1.98	1.97	1.95	1.94	1.89	1.86
25	4.24	3.39	2.99	2.76	2.60	2.49	2.40	2.34	2.28	2.24	2.20	2.16	2.14	2.11	2.09	2.07	2.05	2.04	2.02	2.01	1.98	1.96	1.95	1.93	1.92	1.87	1.84
26	4.23	3.37	2.98	2.74	2.59	2.47	2.39	2.32	2.27	2.22	2.18	2.15	2.12	2.09	2.07	2.05	2.03	2.02	2.00	1.99	1.97	1.95	1.93	1.91	1.90	1.85	1.82
27	4.21	3.35	2.96	2.73	2.57	2.46	2.37	2.31	2.25	2.20	2.17	2.13	2.10	2.08	2.06	2.04	2.02	2.00	1.99	1.97	1.95	1.93	1.91	1.90	1.88	1.84	1.81
28	4.20	3.34	2.95	2.71	2.56	2.45	2.36	2.29	2.24	2.19	2.15	2.12	2.09	2.06	2.04	2.02	2.00	1.99	1.97	1.96	1.93	1.91	1.90	1.88	1.87	1.82	1.79
29	4.18	3.33	2.93	2.70	2.55	2.43	2.35	2.28	2.22	2.18	2.14	2.10	2.08	2.05	2.03	2.01	1.99	1.97	1.96	1.94	1.92	1.90	1.88	1.87	1.85	1.81	1.77
30	4.17	3.32	2.92	2.69	2.53	2.42	2.33	2.27	2.21	2.16	2.13	2.09	2.06	2.04	2.01	1.99	1.98	1.96	1.95	1.93	1.91	1.89	1.87	1.85	1.84	1.79	1.76
32	4.15	3.29	2.90	2.67	2.51	2.40	2.31	2.24	2.19	2.14	2.10	2.07	2.04	2.01	1.99	1.97	1.95	1.94	1.92	1.91	1.88	1.86	1.85	1.83	1.82	1.77	1.74
34	4.13	3.28	2.88	2.65	2.49	2.38	2.29	2.23	2.17	2.12	2.08	2.05	2.02	1.99	1.97	1.95	1.93	1.92	1.90	1.89	1.86	1.84	1.82	1.81	1.80	1.75	1.71
36	4.11	3.26	2.87	2.63	2.48	2.36	2.28	2.21	2.15	2.11	2.07	2.03	2.00	1.98	1.95	1.93	1.92	1.90	1.88	1.87	1.85	1.82	1.81	1.79	1.78	1.73	1.69
38	4.10	3.24	2.85	2.62	2.46	2.35	2.26	2.19	2.14	2.09	2.05	2.02	1.99	1.96	1.94	1.92	1.90	1.88	1.87	1.85	1.82	1.81	1.79	1.77	1.76	1.71	1.68
40	4.08	3.23	2.84	2.61	2.45	2.34	2.25	2.18	2.12	2.08	2.04	2.00	1.97	1.95	1.92	1.90	1.89	1.87	1.85	1.84	1.81	1.79	1.77	1.76	1.74	1.69	1.66
42	4.07	3.22	2.83	2.59	2.44	2.32	2.24	2.17	2.11	2.06	2.03	1.99	1.96	1.94	1.91	1.89	1.86	1.86	1.85	1.83	1.80	1.78	1.76	1.74	1.73	1.68	1.65
44	4.06	3.21	2.82	2.58	2.43	2.31	2.23	2.16	2.10	2.05	2.01	1.98	1.95	1.92	1.90	1.88	1.86	1.84	1.83	1.81	1.78	1.76	1.75	1.73	1.72	1.67	1.63
46	4.05	3.20	2.81	2.57	2.42	2.30	2.22	2.15	2.09	2.04	2.00	1.97	1.94	1.91	1.89	1.87	1.85	1.83	1.82	1.80	1.78	1.75	1.74	1.72	1.71	1.65	1.62
48	4.04	3.19	2.80	2.57	2.41	2.29	2.21	2.14	2.08	2.03	1.99	1.96	1.93	1.90	1.88	1.86	1.84	1.82	1.81	1.79	1.77	1.75	1.73	1.71	1.70	1.64	1.61
50	4.03	3.18	2.79	2.56	2.40	2.29	2.20	2.13	2.07	2.03	1.99	1.95	1.92	1.89	1.87	1.85	1.83	1.81	1.80	1.78	1.76	1.74	1.72	1.70	1.69	1.63	1.60

Tab. 5.10.3. Kritische Werte von U für den Test von Wilcoxon, Mann und Witney für den einseitigen Test: $\alpha = 0{,}05$; zweiseitigen Test: $\alpha = 0{,}10$ (entnommen aus Sachs 1969)

m	1	2	3	4	5	6	7	8	9	10	11	12	13	14	15	16	17	18	19	20
1	-																			
2	-	-																		
3	-	-	0																	
4	-	-	0	1																
5	-	0	1	2	4															
6	-	0	2	3	5	7														
7	-	0	2	4	6	8	11													
8	-	1	3	5	8	10	13	15												
9	-	1	4	6	9	12	15	18	21											
10	-	1	4	7	11	14	17	20	24	27										
11	-	1	5	8	12	16	19	23	27	31	34									
12	-	2	5	9	13	17	21	26	30	34	38	42								
13	-	2	6	10	15	19	24	28	33	37	42	47	51							
14	-	3	7	11	16	21	26	31	36	41	46	51	56	61						
15	-	3	7	12	18	23	28	33	39	44	50	55	61	66	72					
16	-	3	8	14	19	25	30	36	42	48	54	60	65	71	77	83				
17	-	3	9	15	20	26	33	39	45	51	57	64	70	77	83	89	96			
18	-	4	9	16	22	28	35	41	48	55	61	68	75	82	88	95	102	109		
19	0	4	10	17	23	30	37	44	51	58	65	72	80	87	94	101	109	116	123	
20	0	4	11	18	25	32	39	47	54	62	69	77	84	92	100	107	115	123	130	138
21	0	5	11	19	26	34	41	49	57	65	73	81	89	97	105	113	121	130	138	146
22	0	5	12	20	28	36	44	52	60	68	77	85	94	102	111	119	128	136	145	154
23	0	5	13	21	29	37	46	54	63	72	81	90	98	107	116	125	134	143	152	161
24	0	6	13	22	30	39	48	57	66	75	85	94	103	113	122	131	141	150	160	169
25	0	6	14	23	32	41	50	60	69	79	89	98	108	118	128	137	147	157	167	177
26	0	6	15	24	33	43	53	62	72	82	92	103	113	123	133	143	154	164	174	185
27	0	7	15	25	35	45	55	65	75	86	96	107	117	128	139	149	160	171	182	192
28	0	7	16	26	36	46	57	68	78	89	100	111	122	133	144	156	167	178	189	200
29	0	7	17	27	38	48	59	70	82	93	104	116	127	138	150	162	173	185	196	208
30	0	7	17	28	39	50	61	73	85	96	108	120	132	144	156	168	180	192	204	216
31	0	8	18	29	40	52	64	76	88	100	112	124	136	149	161	174	186	199	211	224
32	0	8	19	30	42	54	66	78	91	103	116	128	141	154	167	180	193	206	218	231
33	0	8	19	31	43	56	68	81	94	107	120	133	146	159	172	186	199	212	226	239
34	0	9	20	32	45	57	70	84	97	110	124	137	151	164	178	192	206	219	233	247
35	0	9	21	33	46	59	73	86	100	114	128	141	156	170	184	198	212	226	241	255
36	0	9	21	34	48	61	75	89	103	117	131	146	160	175	189	204	219	233	248	263
37	0	10	22	35	49	63	77	91	106	121	135	150	165	180	195	210	225	240	255	271
38	0	10	23	36	50	65	79	94	109	124	139	154	170	185	201	216	232	247	263	278[*]
39	1	10	23	38	52	67	82	97	112	128	143	159	175	190	206	222	238	254	270	286[*]
40	1	11	24	39	53	68	84	99	115	131	147	163	179	196	212	228	245	261	278	294[*]

* anhand der Normalverteilung approximierte Werte

Tab. 5.10.4. Signifikanz des Spearmanschen Rangkorrelationskoeffizienten r_S (auszugsweise entnommen: *Glasser, G. J.,* and *R. F. Winter:* Critical values of rank correlation for testing the hypothesis of independence, Biometrika *48* (1961) 444–448, Table 3, p. 447) (entnommen aus Sachs 1969)

n	Signifikanzniveau α					
	0,001	0,005	0,010	0,025	0,050	0,100
4	-	-	-	-	0,8000	0,8000
5	-	-	0,9000	0,9000	0,8000	0,7000
6	-	0,9429	0,8857	0,8286	0,7714	0,6000
7	0,9643	0,8929	0,8571	0,7450	0,6786	0,5357
8	0,9286	0,8571	0,8095	0,6905	0,5952	0,4762
9	0,9000	0,8167	0,7667	0,6833	0,5833	0,4667
10	0,8667	0,7818	0,7333	0,6364	0,5515	0,4424
11	0,8455	0,7545	0,7000	0,6091	0,5273	0,4182
12	0,8182	0,7273	0,6713	0,5804	0,4965	0,3986
13	0,7912	0,6978	0,6429	0,5549	0,4780	0,3791
14	0,7670	0,6747	0,6220	0,5341	0,4593	0,3626
15	0,7464	0,6536	0,6000	0,5179	0,4429	0,3500
16	0,7265	0,6324	0,5824	0,5000	0,4265	0,3382
17	0,7083	0,6152	0,5637	0,4853	0,4118	0,3260
18	0,6904	0,5975	0,5480	0,4716	0,3994	0,3148
19	0,6737	0,5825	0,5333	0,4579	0,3895	0,3070
20	0,6586	0,5684	0,5203	0,4451	0,3789	0,2977
21	0,6455	0,5545	0,5078	0,4351	0,3688	0,2909
22	0,6318	0,5426	0,4963	0,4241	0,3597	0,2829
23	0,6186	0,5306	0,4852	0,4150	0,3518	0,2767
24	0,6070	0,5200	0,4748	0,4061	0,3435	0,2704
25	0,5962	0,5100	0,4654	0,3977	0,3362	0,2646
26	0,5856	0,5002	0,4564	0,3894	0,3299	0,2588
27	0,5757	0,4915	0,4481	0,3822	0,3236	0,2540
28	0,5660	0,4828	0,4401	0,3749	0,3175	0,2490
29	0,5567	0,4744	0,4320	0,3685	0,3113	0,2443
30	0,5479	0,4665	0,4251	0,3620	0,3059	0,2400

Tab. 5.10.5. 5%-Signifikanzniveau für die Zahl derjenigen Punkte, die in irgendeinen Quadranten eines Kreuzdiagramms fallen (vgl. 4.1.8.3.2.) (entnommen aus Lewis u. Taylor 1972)

N	unterer Wert	oberer Wert	N	unterer Wert	oberer Wert
8–9	0	4	74–75	13	24
10–11	0	5	76–77	14	24
12–13	0	6	78–79	14	25
14–15	1	6	80–81	15	25
16–17	1	7	82–83	15	26
18–19	1	8	84–85	16	26
20–21	2	8	86–87	16	27
22–23	2	9	88–89	16	28
24–25	3	9	90–91	17	28
26–27	3	10	92–93	17	29
28–29	3	11	94–95	18	29
30–31	4	11	96–97	18	30
32–33	4	12	98–99	19	30
34–35	5	12	100–01	19	31
36–37	5	13	110–11	21	34
38–39	6	13	120–1	24	36
40–41	6	14	130–1	26	39
42–43	6	15	140–1	28	42
44–45	7	15	150–1	31	44
46–47	7	16	160–1	33	47
48–49	8	16	170–1	35	50
50–51	8	17	180–1	37	53
52–53	8	18	200–01	42	58
54–55	9	18	220–1	47	63
56–57	9	19	240–1	51	69
58–59	10	19	260–1	56	74
60–61	10	20	280–1	61	79
62–63	11	20	300–01	66	84
64–65	11	21	320–1	70	90
66–67	12	21	340–1	75	95
68–69	12	22	360–1	80	100
70–71	12	23	380–1	84	106
72–73	13	23	400–01	89	111

Tab. 5.10.6. Minimumwerte von J (gemeinsames Auftreten), die auf dem 5%-Niveau signifikant sind (aus Fager 1957)

n_A	n_B/n_A		
	1·0	1·5	2·0
5	5	5	—
6	5	6	6
7	6	7	7
8	7	8	8
9	7	8	9
10	8	9	10
20	14	16	17
30	19	22	24
40	25	29	32
50	29	35	39
60	36	42	46
70	41	48	53
80	46	55	59
90	52	61	67
100	57	67	74

Tab. 5.10.7. Zehnerlogarithmen der Fakultäten der Zahlen 1—999 (entnommen aus Documenta Geigy, Wiss. Tab., 1960)

$n \rightarrow$	0	1	2	3	4	5	6	7	8	9
0	0,00000	0,00000	0,30103	0,77815	1,38021	2,07918	2,85733	3,70243	4,60552	5,55976
10	6,55976	7,60116	8,68034	9,79428	10,94041	12,11650	13,32062	14,55107	15,80634	17,08509
20	18,38612	19,70834	21,05077	22,41249	23,79271	25,19065	26,60562	28,03698	29,48414	30,94654
30	32,42366	33,91502	35,42017	36,93869	38,47016	40,01423	41,57054	43,13874	44,71852	46,30959
40	47,91165	49,52443	51,14768	52,78115	54,42440	56,07087	57,74057	59,41267	61,09391	62,78410
50	64,48307	66,19064	67,90665	69,63092	71,36332	73,10368	74,85187	76,60774	78,37117	80,14202
60	81,92017	83,70550	85,49790	87,29724	89,10342	90,91633	92,73587	94,56195	96,39446	98,23331
70	100,07841	101,92966	103,78700	105,65032	107,51955	109,39461	111,27543	113,16192	115,05401	116,95164
80	118,85473	120,76321	122,67703	124,59610	126,52038	128,44980	130,38430	132,32382	134,26830	136,21769
90	138,17194	140,13098	142,09476	144,06325	146,03638	148,01410	149,99637	151,98314	153,97437	155,97000
100	157,97000	159,97433	161,98293	163,99576	166,01280	168,03939	170,05929	172,08867	174,12210	176,15952
110	178,20092	180,24624	182,29546	184,34854	186,40544	188,46614	190,53060	192,59878	194,67067	196,74621
120	198,82539	200,90818	202,99454	205,08444	207,17787	209,27478	211,37515	213,47895	215,58616	217,69675
130	219,81069	221,92797	224,04854	226,17239	228,29950	230,42983	232,56337	234,70009	236,83997	238,98298
140	241,12911	243,27833	245,43062	247,58595	249,74432	251,90568	254,07004	256,23735	258,40762	260,58080
150	262,75689	264,93587	267,11771	269,30240	271,48993	273,68026	275,87338	278,06928	280,26794	282,46933
160	284,67345	286,88028	289,08980	291,30198	293,51683	295,73431	297,95442	300,17713	302,40244	304,63033
170	306,86078	309,09378	311,32930	313,56735	315,80790	318,05094	320,29645	322,54442	324,79484	327,04770
180	329,30297	331,56065	333,82072	336,08317	338,34799	340,61516	342,88467	345,15651	347,43067	349,70713
190	351,98589	354,26692	356,55022	358,83578	361,12358	363,41362	365,70587	368,00034	370,29700	372,59586
200	374,89689	377,20008	379,50544	381,81293	384,12256	386,43432	388,74818	391,06415	393,38222	395,70236
210	398,02458	400,34887	402,67520	405,00358	407,33400	409,66643	412,00089	414,33735	416,67580	419,01625
220	421,35867	423,70306	426,04942	428,39772	430,74797	433,10015	435,45426	437,81029	440,16822	442,52806
230	444,88978	447,25340	449,61888	451,98624	454,35546	456,72652	459,09944	461,47418	463,85076	466,22916
240	468,60937	470,99133	473,37520	475,76081	478,14820	480,53737	482,92830	485,32100	487,71545	490,11165
250	492,50959	494,90926	497,31066	499,71378	502,11862	504,52516	506,93340	509,34333	511,75495	514,16825
260	516,58322	518,99986	521,41816	523,83812	526,25972	528,68297	531,10785	533,53436	535,96250	538,39225
270	540,82361	543,25658	545,69115	548,12731	550,56506	553,00438	555,44530	557,88777	560,33183	562,77743
280	565,22459	567,67330	570,12354	572,57533	575,02865	577,48349	579,93986	582,39774	584,85713	587,31803
290	589,78043	592,24432	594,70971	597,17657	599,64492	602,11474	604,58603	607,05879	609,53301	612,00868
300	614,48580	616,96436	619,44437	621,92581	624,40869	626,89299	629,37871	631,86585	634,35440	636,84436
310	639,33572	641,82848	644,32263	646,81818	649,31511	651,81342	654,31310	656,81416	659,31659	661,82038
320	664,32553	666,83204	669,33989	671,84910	674,35964	676,87152	679,38474	681,89929	684,41516	686,93236
330	689,45087	691,97070	694,49184	697,01428	699,53803	702,06307	704,58941	707,11704	709,64596	712,17616
340	714,70764	717,24039	719,77442	722,30971	724,84627	727,38409	729,92317	732,46350	735,00508	737,54790
350	740,09197	742,63728	745,18382	747,73160	750,28060	752,83083	755,38228	757,93495	760,48883	763,04392
360	765,60023	768,15773	770,71644	773,27635	775,83745	778,39974	780,96323	783,52789	786,09374	788,66077
370	791,22897	793,79834	796,36888	798,94059	801,51347	804,08750	806,66268	809,23903	811,81652	814,39516
380	816,97494	819,55587	822,13793	824,72113	827,30546	829,89092	832,47751	835,06522	837,65405	840,24400
390	842,83507	845,42724	848,02053	850,61492	853,21042	855,80701	858,40471	861,00350	863,60338	866,20436
400	868,80642	871,40956	874,01379	876,61909	879,22547	881,83293	884,44146	887,05105	889,66171	892,27343
410	894,88622	897,50006	900,11496	902,73091	905,34791	907,96595	910,58505	913,20518	915,82636	918,44857
420	921,07182	923,69611	926,32142	928,94776	931,57512	934,20351	936,83292	939,46335	942,09480	944,72725
430	947,36072	949,99520	952,63068	955,26717	957,90466	960,54315	963,18263	965,82311	968,46459	971,10705
440	973,75051	976,39495	979,04037	981,68677	984,33415	986,98251	989,63185	992,28216	994,93344	997,58568
450	1000,23889	1002,89307	1005,54821	1008,20431	1010,86136	1013,51937	1016,17834	1018,83825	1021,49912	1024,16093
460	1026,82236	1029,48739	1032,15203	1034,81761	1037,48413	1040,15158	1042,81997	1045,48929	1048,15953	1050,83071
470	1053,50280	1056,17582	1058,84977	1061,52463	1064,20041	1066,87711	1069,55471	1072,23322	1074,91265	1077,59299
480	1080,27423	1082,95637				1093,69305	1096,38059			1104,94585

	0	1	2	3	4	5	6	7	8	9
500	1134,08641	1136,78624	1139,48695	1142,18551	1144,89094	1147,59424	1150,29839	1153,00339	1155,70926	1158,41598
510	1161,12355	1163,83197	1166,54124	1169,25135	1171,96232	1174,67412	1177,38677	1180,10026	1182,81459	1185,52976
520	1188,24576	1190,96260	1193,68027	1196,39877	1199,11810	1201,83826	1204,55925	1207,28106	1210,00369	1212,72715
530	1215,45142	1218,17652	1220,90243	1223,62916	1226,35670	1229,08505	1231,81422	1234,54419	1237,27497	1240,00655
540	1242,73896	1245,47215	1248,20615	1250,94095	1253,67655	1256,41295	1259,15014	1261,88813	1264,62691	1267,36648
550	1270,10684	1272,84799	1275,58993	1278,33266	1281,07617	1283,82046	1286,56554	1289,31139	1292,05803	1294,80544
560	1297,55363	1300,30259	1303,05232	1305,80283	1308,55411	1311,30616	1314,05898	1316,81256	1319,56691	1322,32202
570	1325,07790	1327,83453	1330,59193	1333,35008	1336,10899	1338,86866	1341,62908	1344,39027	1347,15219	1349,91487
580	1352,67829	1355,44247	1358,20739	1360,97306	1363,73948	1366,50663	1369,27453	1372,04317	1374,81254	1377,58266
590	1380,35351	1383,12510	1385,89742	1388,67048	1391,44426	1394,21878	1396,99403	1399,77000	1402,54670	1405,32413
600	1408,10228	1410,88115	1413,66075	1416,44107	1419,22210	1422,00386	1424,78633	1427,56952	1430,35343	1433,13804
610	1435,92531	1438,70941	1441,49637	1444,28363	1447,07179	1449,86067	1452,65025	1455,44054	1458,23152	1461,02322
620	1463,81784	1466,61276	1469,40786	1472,20314	1474,99860	1477,79424	1480,59006	1483,38606	1486,18224	1488,97849
630	1491,78084	1494,58105	1497,38126	1500,18147	1502,98168	1505,78189	1508,58210	1511,38231	1514,18252	1516,98277
640	1519,80895	1522,61738	1525,42581	1528,23155	1531,04044	1533,85000	1536,66023	1539,47114	1542,28271	1545,09496
650	1547,90787	1550,72145	1553,53589	1556,35061	1559,16619	1561,98010	1564,79933	1567,61690	1570,43513	1573,25401
660	1576,07356	1578,89376	1581,71461	1584,53613	1587,35830	1590,18112	1593,00459	1595,82872	1598,65350	1601,47892
670	1604,30500	1607,13172	1609,95909	1612,78710	1615,61576	1618,44507	1621,27501	1624,10560	1626,93683	1629,76870
680	1632,60121	1635,43436	1638,26814	1641,10256	1643,93762	1646,77331	1649,60964	1652,44659	1655,28418	1658,12240
690	1660,96125	1663,80073	1666,64083	1669,48157	1672,32293	1675,16491	1678,00752	1680,85075	1683,69461	1686,53909
700	1689,38418	1692,22990	1695,07624	1697,92320	1700,77077	1703,61896	1706,46776	1709,31718	1712,16721	1715,01786
710	1717,86912	1720,72099	1723,57347	1726,42656	1729,28026	1732,13845	1734,98948	1737,84500	1740,70112	1743,55785
720	1746,41518	1749,27312	1752,13165	1754,99079	1757,85053	1760,71087	1763,57181	1766,43334	1769,29547	1772,15820
730	1775,02349	1777,88544	1780,74799	1783,61505	1786,48075	1789,34074	1792,21311	1795,08138	1797,94944	1800,81808
740	1803,68731	1806,55713	1809,42754	1812,29853	1815,17010	1818,04225	1820,91499	1823,78831	1826,66222	1829,53670
750	1832,41176	1835,28740	1838,16362	1841,04041	1843,91778	1846,79572	1849,67425	1852,55335	1855,43302	1858,31326
760	1861,19407	1864,07546	1866,95741	1869,83994	1872,72303	1875,60669	1878,49092	1881,37571	1884,26108	1887,14700
770	1890,03349	1892,92055	1895,80816	1898,69634	1901,58508	1904,47439	1907,36425	1910,25467	1913,14565	1916,03718
780	1918,92928	1921,82193	1924,71514	1927,60890	1930,50321	1933,39808	1936,29351	1939,18948	1942,08601	1944,98308
790	1947,88071	1950,77888	1953,67761	1956,57689	1959,47671	1962,37707	1965,27799	1968,17944	1971,08145	1973,98399
800	1976,88708	1979,79072	1982,69489	1985,59961	1988,50486	1991,41066	1994,31699	1997,22387	2000,13128	2003,03922
810	2005,94771	2008,85673	2011,76629	2014,67638	2017,58700	2020,49816	2023,40985	2026,32207	2029,23482	2032,14811
820	2035,06192	2037,97626	2040,89114	2043,80654	2046,72246	2049,63892	2052,55590	2055,47340	2058,39143	2061,30999
830	2064,22906	2067,14867	2070,06880	2072,98943	2075,91060	2078,83229	2081,75449	2084,67722	2087,60046	2090,52422
840	2093,44850	2096,37330	2099,29861	2102,22444	2105,15078	2108,07764	2111,00501	2113,93289	2116,86129	2119,79019
850	2122,71961	2125,64954	2128,57998	2131,51093	2134,44239	2137,37435	2140,30683	2143,23981	2146,17330	2149,10729
860	2152,04179	2154,97679	2157,91230	2160,84831	2163,78482	2166,72184	2169,65936	2172,59737	2175,53589	2178,47491
870	2181,41443	2184,35445	2187,29497	2190,23599	2193,17749	2196,11950	2199,06200	2202,00500	2204,94850	2207,89249
880	2210,83697	2213,78194	2216,72741	2219,67338	2222,61983	2225,56677	2228,51420	2231,46213	2234,41054	2237,35944
890	2240,30883	2243,25871	2246,20908	2249,15993	2252,11126	2255,06309	2258,01540	2260,96819	2263,92146	2266,87522
900	2269,82947	2272,78419	2275,73940	2278,69509	2281,65125	2284,60790	2287,56503	2290,52264	2293,48072	2296,43929
910	2299,39833	2302,35785	2305,31784	2308,27831	2311,23926	2314,20068	2317,16258	2320,12495	2323,08779	2326,05111
920	2329,01489	2331,97915	2334,94388	2337,90909	2340,87476	2343,84090	2346,80751	2349,77459	2352,74214	2355,71015
930	2358,67864	2361,64759	2364,61700	2367,58688	2370,55723	2373,52804	2376,49932	2379,47106	2382,44326	2385,41593
940	2388,38906	2391,36265	2394,33670	2397,31121	2400,28618	2403,26161	2406,23750	2409,21385	2412,19066	2415,16793
950	2418,14565	2421,12383	2424,10247	2427,08156	2430,06111	2433,04112	2436,02157	2439,00249	2441,98385	2444,96567
960	2447,94794	2450,93066	2453,91384	2456,89747	2459,88154	2462,86607	2465,85105	2468,83647	2471,82235	2474,80867
970	2477,79545	2480,78266	2483,77033	2486,75844	2489,74700	2492,73601	2495,72546	2498,71535	2501,70569	2504,69647
980	2507,68770	2510,67937	2513,67148	2516,66403	2519,65703	2522,65047	2525,64434	2528,63866	2531,63342	2534,62862
990	2537,62425	2540,62032	2543,61683	2546,61378	2549,61117	2552,60899	2555,60725	2558,60595	2561,60508	2564,60464

Tab. 5.10.8. Paare von Zufallskoordinaten zwischen 1 und 100 (entnommen aus Lewis & Taylor 1972).

x	y	x	y	x	y	x	y	x	y	x	y	x	y
98	03	91	50	48	07	33	26	12	72	56	16	42	36
56	06	03	45	71	88	05	53	56	59	31	85	96	18
98	68	89	41	08	92	98	61	65	100	78	12	66	10
96	06	13	43	38	51	85	13	34	87	98	81	88	77
09	02	71	71	51	83	04	41	70	39	95	66	67	98
54	80	19	28	78	12	03	10	48	21	03	35	95	39
40	69	56	38	68	73	54	08	09	04	72	93	90	54
100	31	39	27	95	28	68	50	71	30	80	81	22	30
96	74	73	13	82	17	39	90	56	33	85	79	47	19
51	22	81	60	13	38	56	50	97	50	32	25	73	87
94	36	05	62	26	40	59	77	40	33	08	64	69	63
07	15	62	97	48	77	25	19	17	78	97	96	33	56
15	90	31	13	43	15	23	02	39	46	80	66	58	61
04	02	97	38	80	40	55	85	90	14	26	02	78	35
39	37	32	11	96	59	68	45	60	22	03	30	58	70
29	45	81	99	32	24	69	31	35	27	98	59	34	78
28	10	45	74	18	64	37	31	37	11	64	72	47	42
23	26	11	84	43	47	66	42	100	84	98	02	33	11
75	09	14	66	89	58	33	65	12	08	76	66	97	30
46	14	40	25	61	21	76	32	60	60	97	28	86	62
22	17	44	48	55	80	43	33	60	09	53	58	54	80
86	56	41	94	30	85	28	31	67	85	14	96	68	47
91	25	07	12	41	92	97	19	62	95	32	22	13	26
46	66	64	27	62	40	82	80	48	79	24	32	22	17
29	12	80	71	13	50	03	68	88	09	30	28	19	36
29	41	27	06	78	66	65	16	12	75	04	73	16	77
43	30	54	68	51	57	24	65	61	73	42	70	78	43
66	40	02	92	66	86	02	72	48	06	83	27	03	28
96	11	83	52	19	83	79	16	71	42	24	77	93	22
31	89	38	61	51	78	04	75	85	64	82	77	78	76
64	27	01	01	79	68	40	64	48	69	33	14	23	68
34	40	21	66	73	52	06	27	14	83	04	51	15	39
84	39	32	29	63	99	62	40	09	11	50	09	58	71
76	28	04	59	86	28	100	97	54	52	60	73	57	35
61	23	38	64	97	96	50	64	50	58	93	09	48	50
62	48	48	33	93	41	38	54	35	69	91	67	61	96
09	70	82	82	40	24	46	86	38	58	49	92	36	93
81	34	63	100	06	06	90	74	72	22	67	95	18	87
58	67	94	51	97	81	66	21	04	69	54	50	88	53
39	50	60	52	65	99	87	05	68	50	56	23	09	72
36	85	98	01	16	91	46	90	16	47	11	28	12	96
62	90	26	45	62	03	11	88	20	50	77	55	85	94
77	54	59	81	92	27	11	05	39	58	35	96	38	64
32	55	10	85	45	51	33	94	92	17	02	84	53	44
12	48	08	56	100	81	24	89	15	64	49	90	40	76
85	10	36	01	05	06	15	19	46	86	75	27	02	17
90	26	78	38	12	68	05	64	48	28	92	42	95	17
78	04	32	59	07	79	57	49	58	92	34	59	35	76
60	86	60	14	52	16	77	82	52	62	71	63	26	29
96	06	87	39	16	01	24	10	55	98	61	63	77	80
28	89	60	58	89	84	50	100	44	67	32	15	46	40
30	29	06	49	51	99	44	37	46	44	68	49	37	56
95	74	01	28	08	12	90	57	30	80	50	93	61	65
01	85	58	57	69	99	50	74	89	99	92	20	93	43
10	91	76	56	88	91	44	04	62	03	21	68	21	96
05	33	72	49	59	45	32	74	17	27	13	81	95	20
04	43	68	98	84	27	75	73	19	79	25	76	97	86
05	85	03	02	65	45	76	18	93	74	83	79	69	92
84	90	04	47	48	28	100	17	17	18	61	58	04	31
28	55	04	78	93	18	54	95	42	37	48	84	61	06
89	83	36	13	18	26	69	99	35	63	07	28	85	93
73	20	71	100	45	62	25	47	26	41	46	13	21	74
10	89	88	80	26	22	47	46	98	10	32	25	15	69

6. Literatur

Aguesse, P.: Les Odonates de l'Europe occidentale, du Nord de l'Afrique et des Iles Atlantiques. Massonet Cie Editeurs, Paris 1968, 258 S.

Aichele, D.: Was blüht denn da? 36. Aufl., Franckh'sche Verlagsbuchhandlung, Stuttgart 1973, 400 S.

Ambühl, H.: Die Bedeutung der Strömung als ökologischer Faktor. Schweiz. Z. Hydrologie *21*, 133–264, 1959.

Andrewartha, H. G., Birch, L. C.: The Distribution and Abundance of Animals. Chicago/Ill. 1961, 782 S.

Balogh, J.: Lebensgemeinschaften der Landtiere. Berlin 1958. 560 S.

Bang, P., Dahlström, P.: Tierspuren. BLV Verlagsgesellschaft, München-Bern-Wien 1973, 240 S.

Batschelet, E.: Statistical Methods for the Analysis of Problems in Animal Orientation and Certain Biological Rhythms. American Institute of Biological Sciences, Washington, D. C. 1965, 57 S.

Bernard, F.: Les Fourmis (Hymenoptera Formicidae). Faune de l'Europe et du Bassin Mediterraneen. Masson et Cie Editeurs, Paris 1968.

Berthold, P., Bezzel, E., Thielcke, G.: Praktische Vogelkunde. Kilda-Verlag, Greven/Westf. 1974, 144 S.

Berthold, P.: Methoden der Bestandserfassung in der Ornithologie: Übersicht und Kritische Betrachtung. J. Orn. *117*, 1–69, 1976.

Bishop, J. E., Hynes, H. B. N.: Upstream movements of the benthic invertebrates in the Speed River, Ontario. J. Fish. Res. Bd. Canada *26*, 279–298, 1969.

Boas, F.: Zeigerpflanzen. Verlagsgesellschaft für Ackerbau, Bielefeld 1958.

Bornemissza, G. F.: Analysis of arthropod suczession in carrion and the effect of its decomposition on the soil fauna. Austr. J. Zool. *5*, 1–12, 1957.

Brauns, A.: Praktische Bodenbiologie. Gustav Fischer Verlag, Stuttgart 1968, 470 S.

Brauns, A.: Taschenbuch der Waldinsekten. Band 1 und 2. Gustav Fischer Verlag, Stuttgart 1970, 817 S.

Brian, M. V.: The structure of a natural dense ant population. J. Anim. Ecol. *21*, 12–24, 1952.

Brian, M. V.: Foodcollection by a Scottish Ant Community. J. Anim. Ecol. *24*, 2, 336–351, 1955.

Brian, M. V.: Interaction between ant populations. Proc. 10. int. Congress of Entomology, Montreal 1956, 2, 781–784, 1958.

Brian, M. V.; Hibble, J., Kelly, A. F.: The dispersion of ant species in a southern English heath. J. Anim. Ecol. *35* (2), 281–290, 1966.

Brian, M. V., Hibble, J., Stradling, D. J.: Ant pattern and density in a southern English heath. J. Anim. Ecol. *34*, 545–555, 1965.

Brink, F. H. van den: Die Säugetiere Europas westlich des 30. Längengrades. Verlag Paul Parey, Hamburg und Berlin 1972, 217 S.

Brohmer, P.: Fauna von Deutschland, 12. Aufl. Quelle & Meyer Verlag, Heidelberg 1974, 580 S.

Brohmer, P., Ehrmann, P., Ulmer, G.: Die Tierwelt Mitteleuropas. Quelle & Meyer Verlag, Leipzig 1933 ff.

Burges, A., Raw, F.: Soil Biology. Academic Press, London and New York 1967, 532 S.

Bzuder, K. W., Gypta, A. P.: Biology of the pavement ant, Tetramorium caespitum (Hymenoptera, Formicidae). Ann. Entomol. Soc. Am. *65* (2), 358–367, 1972.

Cammaerts-Tricot, M. C.: Piste et pheromone attractive chez la fourmi Myrmica rubra. J. comp. Physiol. *88*, 373–382, 1974.

Chapmann, R. F., Sankey, J. H. P.: The larger invertebrate fauna three rabbit carcasses. J. Anim. Ecol. *24*, 395–402, 1955.

Chinery, M.: A field guide to the insects of Britain and northern Europe. Collins, London 1973, 352 S.

Clark, P. J., Evans, F. C.: Distance to nearest neighbour as a measure of spatial relationship in populations. Ecology *35*, 445–453, 1954.

Cochran, W. G.: Sampling techniques. New York 1963, 413 S.

Cody, M. L.: On the methods of resource division in grassland bird communities. Amer. Nat. *102*, 107–147, 1968.

Cody, M. L.: Parallel Evolution and Bird Niches. Ecological Studies 7, 307 to 338, 1973.

Cole, L. C.: The measurement of interspecific association. Ecology *30*, 411 to 424, 1949.

Cole, L. C.: The measurement of partial interspecific association. Ecology *38*, 226–233, 1957.

Collier, B. D., Cox, G. W., Johnson, A. W., Miller, P. C.: Dynamic Ecology. Prentice Hall, Inc., Englewood Cliffs, N. J. 1973, 563 S.

Colwell, R. K., Futuyma, D. J.: On the measurement of niche breadth and overlap. Ecology *52*, 567–576, 1971.

Colyer, C. N., Hammond, C. O.: Flies of the British Isles. F. Warne & Co Ltd., London–New York 1968, 383 S.

Connel, J. H., Orias, E.: The ecological regulations of species diversity. Amer. Nat. *98*, 399–414, 1964.

Conover, W. J.: Two K-sample slippage tests. Amer. Statist. Assoc. Journ. *63*, 614–626, 1968.

Coupland, R. T., Zacharuk, R. Y., Paul, E. A.: Procedures for study of grassland ecosystems. In: The ecosystem concept in natural resource management. Academic Press, 25–47, New York 1969.

Cox, G. W.: Laboratory manual of general ecology. Wm. C. Brown, Dubuque, Iowa 1967, 165 S.

Cummings, K. W., Coffman, W. P., Roff, P. A.: Trophic relations in a small woodland stream. Verh. int. Ver. Limnol. *16*, 627–638, 1966.

Cushing, C. E.: An apparatus for sampling drifting organisms in streams. J. Wildl. Mgmt. *28*, 592–594, 1964.

Dahl, F.: Die Tierwelt Deutschlands und der angrenzenden Meeresteile. Verlag Gustav Fischer, Jena 1925 ff.

Dahl, F., Dahl, M.: Die Tierwelt Deutschlands und der angrenzenden Meeresteile nach ihren Merkmalen und ihrer Lebensweise. 5. Teil, II Lycosidae. Gustav Fischer, Jena 1927, 80 S.

Darnell, R. M.: Organism and environment. A Manual of quantitative ecology. W. H. Freemann and Co, San Francisco 1971, 290 S.

Davis, B. N. K.: A study of micro-arthropod communities in mineral soils near Corby, Northants. J. Anim. Ecol. *32*, 49–71, 1963.

De Bach, P. A.: The competitive displacement and coexistance principles. Ann. Rev. Entomol. *11*, 183–198, 1966.

De Bach, P. A., Sundby, R. A.: Competition displacement between ecological homologous. Hilgardia *34*, 105–166, 1963.

Dempster, J. P.: A sampler for estimating populations of active insects upon vegetation. J. Anim. Ecol. *30*, 425–427, 1961.

Den Boer, P. J.: Verbreitung von Carabiden und ihr Zusammenhang mit Vegetation und Boden. Biosoziologie (Bericht über das int. Symp. in Stockenau/Weser 1960), 172–183, 1965.

Dobrzanska, J.: Partition of foraging grounds and modes of conveyings of information among ants. Acta Biologiae Experimentalis XVIII, 55–67, 1958.

Dunger, W.: Die Bedeutung der Bodenfauna für die Streuzersetzung, Konf. f. Landschaftspflege u. Natursch. d. D. Akad. d. Landwirtschaftswiss., Berlin 1962, Tagungsber. Nr. 60, 99–114, 1964.

Dunger, W.: Tiere im Boden. Neue Brehm Bücherei Nr. 327. A. Ziemsen-Verlag, Wittenberg/Lutherstadt 1964.

Dylla, K., Krätzner, G.: Das biologische Gleichgewicht in der Lebensgemeinschaft Wald, 2. Aufl. Biologische Arbeitsbücher 9. Quelle & Meyer Verlag, Heidelberg 1975, 146 S.

Ehrlich, P. R., Raven, P. H.: Butterflies and Plants: A study in coevolution. Evolution *18*, 586–608, 1964.

Ellenberg, H.: Ökosystemforschung. Springer-Verlag, Berlin 1973, 280 S.

Elmes, G. W.: An experimental study on the distribution of Heathland ants. J. Anim. Ecol. *40*, 495–499, 1971.

Emlen, J. T.: Population densities of birds derived from transect counts. The Auk, Boston, Mass. *88*, 323–342, 1971.

Engelhardt, W.: Die mitteleuropäischen Arten der Gattung Trochosa C. L. Koch, 1948 (Aranea, Lycosidae). Morphologie, Chemotaxonomie, Biologie, Autökologie. Z. Morph. Ökol. Tiere *54*, 219–392, 1964.

Engelhardt, W.: Was lebt in Tümpel, Bach und Weiher? Kosmos, Franckh'sche Verlagsbuchhandlung, Stuttgart 1974, 257 S.

Fager, E. W.: Determination and analysis of recurrent groups. Ecology *38* (4), 586–595, 1957.

Falkenberg, H.: Lebensgemeinschaften in der heimatlichen Natur. Neue Brehm-Bücherei Nr. 312, Ziemsen Verlag, Wittenberg 1968, 184 S.

Fiedler, H. J., Reisig, H.: Lehrbuch der Bodenkunde. VEB Gustav Fischer, Jena 1964, 544 S.

Fiedler, H. J., Schmiedel, H.: Methoden der Bodenanalyse Band I: Feldmethoden. Verlag Theodor Steinkopf, Dresden 1973, 239 S.

Finck, A.: Ökologische und bodenkundliche Studien über die Leistungen der Regenwürmer für die Bodenfruchtbarkeit. Z. Pflanzenernähr. Düng. Bodenk. *58*, 120–145, 1952.

Franz, J. M.: Qualität und intraspezifische Konkurrenz im Regulationsprozeß von Insektenpopulationen. Z. angew. Entomol. *55*, 319–325, 1964/65.

Free, J. B., Butler, C. G.: Bumblebees. The New Naturalist, Collins, London 1959, 208 S.

Freude, H., Harde, K. W., Lohse, G. A.: Die Käfer Mitteleuropas. Goecke & Evers, Krefeld 1965.

Friederichs, K.: Die Grundlagen und Gesetzesmäßigkeiten der land- und forstwirtschaftlichen Zoologie. Band 1. Ökologischer Teil. Paul Parey Verlag, Berlin 1930, 419 S.

Fründ, H. C.: Untersuchungen zur Intensität und Geschwindigkeit der Ausbeutung von Nahrungsquellen bei verschiedenen Ameisenarten. Staatsexamensarbeit, Heidelberg 1974.

Füller, H.: Die Regenwürmer. Die neue Brehm-Bücherei 140. A. Ziemsen Verlag, Wittenberg/Lutherstadt 1954, 56 S.

Fuller, M.: The insect inhabitants of carrion: a study of animal ecology. Bull. Coun. Sci. Industr. Res. Aust. *82*, 1–62, 1934.

Funke, W.: Food and energy turnover of leaf-eating insects and their influence on primary production. Ecol. Studies *2*, 81–93, 1971.

Funke, W.: Rolle der Tiere in Wald-Ökosystemen des Solling. In: Ellenberg, H.: Ökosystemforschung, S. 143–164, Springer, Berlin 1973.

Ganssen, R.: Grundsätze der Bodenbildung. BJ: Hochschultaschenbücher 327, Mannheim 1965, 135 S.

Geiger, R.: Das Klima der bodennahen Luftschicht, 4. Aufl. Braunschweig 1961, 435 S.

Geiler, H.: Ökologie der Land- und Süßwassertiere. Akademie Verlag, Berlin 1971, 190 S.

Gerner, W.: Blüteneinbruch durch Apiden. Zool. Anz. Leipzig *189*, 34–44, 1972 1/2.

Geyer, D.: Unsere Land- und Süßwassermollusken, 3. Aufl. K. G. Lutz Verlag, Stuttgart 1927, 224 S.

Ghilarov, M. S.: Die Bestimmung im Boden lebender Larven der Insekten. Ausgabe der Wiss. Akademie der UdSSR, Moskau 1964, 919 S.

Gisin, H.: Collembolenfauna Europas. Museum d'Hist. Naturelle, Genf 1960, 312 S.

Gösswald, K.: Über den Einfluß von verschiedener Temperatur und Luftfeuchtigkeit auf die Lebensäußerungen der Ameisen. II. Über den Feuchtigkeitssinn ökologisch verschiedener Ameisenarten und seine Beziehung zu Biotop, Wohn- und Lebensweise. Z. Wiss. Zool. *154*, 247–344, 1941.

Graff, O.: Die Regenwürmer Deutschlands. Verlag M. u. H. Schaper, Hamburg 1953, 81 S.

Greenslade, P. J. M.: Pitfall trapping as a method for studying populations of Carabidae (Coleoptera). J. Anim. Ecol. *33*, 301–310, 1964.

Greig-Smith, P.: Quantitativ Plant Ecology. Butterworth, London 1964, 246 S.

Halbach, U.: Assoziationskoeffizienten dreier planktischer Rotatorienarten im Freiland und ihre Deutung aufgrund interspezifischer Beziehungen (Konkurrenz, Räuber-Beute-Beziehungen). Oecologia (Berl.) *9*, 311–316, 1972.

Hangartner, W., Bernstein, S.: Über die Geruchsspur von Lasius fuliginosus zwischen Nest und Futterquelle. Experientia *20*, 392–393, 1964.

Hanson, H. C.: Ecology of the grassland. II. Bot. Rev. *16*, 283–360, 1950.

Hardy, R.: Temperature and Animal Life. E. Arnoldt Lmtd., London 1972.

Hartke, K. H.: Die physikalische Untersuchung von Böden. Ferdinand Enke Verlag, Stuttgart 1971, 168 S.

Harz, K.: Die Geradflügler Mitteleuropas. VEB Gustav Fischer Verlag, Jena 1957, 494 S.

Heinzel, H., Fitter, R., Parslow, J.: Pareys Vogelbuch. Verlag Paul Parey, Hamburg-Berlin 1972, 324 S.

Henning, W.: Entomologische Beobachtungen an kleinen Wirbeltierleichen. Z. hyg. Zool. *38*, 33–88, 1950.

Heydemann, B.: Über die Bedeutung der Formalinfallen für die zoologische Landesforschung. Faun. Mitt. Norddeutschland *6*, 19–24, 1956.

Horn, H. S.: Measurement of „overlap" in comparative ecological studies. The Amer. Naturalist *100* (914), 419–424, 1966.

Hurd, L. E., Wolf, L. L.: Stability and diversity at three trophic levels in terrestrial successional ecosystems. Science *173*, 1134–1136, 1971.

Hurlbert, S. H.: The Nonconcept of Species Diversity. A Critique and Alternative Parameters. Ecology *52* (4), 577–586, 1971.

Hurtubia, J., Di Castri, F.: Segregation of Lizard Niches in the Mediterranean Region of Chile. Ecological Studies *7*, 349–360, 1973.

Hutchinson, G. E.: Concluding remarks. Cold Spring Harbor Symp. Quant. Biol. *22*, 415–427, 1958.

Hutchinson, G. E.: The niche: an abstractly inhabited hypervolume. In: The Ecological Theatre and the Evolutionary Play. Yale University Press, New Haven, Conn., 26–78, 1965.

Hynes, H. B. N.: The ecology of running waters. Liverpool University Press 1972, 555 S.

Illies, J.: Emergenz 1969 im Breitenbach. Schlitzer produktionsbiologische Studien (1). Arch. Hydrobiol. *69* (1), 14–59, Stuttgart 1971.

Illies, J.: Die Lebensgemeinschaft des Bergbaches. Die Neue Brehm-Bücherei 289. A. Ziemsen Verlag, Wittenberg/Lutherstadt 1961, 106 S.

Illies, J.: Versuch einer allgemeinen biozönotischen Gliederung der Fließgewässer. Int. Rev. d. ges. Hydrobiol. *46*, 205–213, 1961.

Imhof, G.: Quantitative Aufsammlung schlüpfender Fluginsekten in einem semiterrestrischen Lebensraum mittels flächenbezogener Eklektoren. Aus: Verhandlungsbericht der Deutschen Zoologischen Gesellschaft, 65. Jahresresvers., Gustav Fischer Verlag, Stuttgart 1972.

Iwao, S.: Application of the m̂-m method to the analysis of spatial patterns by changing the quadrat size. Researches on Population Ecology. Kyoto *14*, 97–128, 1972.

Jacobs, W., Renner, M.: Taschenlexikon zur Biologie der Insekten mit besonderer Berücksichtigung mitteleuropäischer Arten. Gustav Fischer Verlag, Stuttgart 1974, 635 S.

Jander, G., Blasius, E.: Einführung in das anorganische-chemische Praktikum. 9. Aufl. S. Hirzel Verlag, Stuttgart 1973, 483 S.

Janus, H.: Unsere Schnecken, Muscheln. Kosmos, Franckh'sche Verlagsbuchhandlung, Stuttgart 1958, 124 S.

Kästner, A.: Lehrbuch der speziellen Zoologie. Gustav Fischer Verlag, Stuttgart 1965 ff.

Karg, W.: Über die Beziehungen von edaphischen Raubmilben zur Arthropoden- und Nematodenfauna des Bodens. Ber. 9. Wanderv. Dtsch. Ent. Berlin, Tagungsber. *45*, 311–327, 1962.

Kilburn, P. D.: Analysis of the Species-Area Relation. Ecology *47*, 831–843, 1966.

Klopfer, P. H.: Ökologie und Verhalten. Gustav Fischer Verlag, Stuttgart 1968, 98 S.

Knoll, F.: Die Biologie der Blüte. Verständliche Wissenschaft Bd. 57. Springer Verlag, Berlin 1956, 164 S.

Knülle, W.: Die Verteilung der Acari: Oribatei im Boden. Z. Morph. Ökol. Tiere *46*, 397–432, 1957.

Koch, M.: Wir bestimmen Schmetterlinge. 4. Bd. Neumann Verlag, Radebeul und Berlin 1958–1964.

Kontkanen, P.: On the delimitation of communities in research on animal biocoenotics. Cold Spring Harbour Symposia on Quantitative Biology XXII, 373–378, New York 1957.

Krebs, Ch. J.: Ecology. Harper & Row Publishers, New York, London 1972.

Krumbiegel, J.: Wie füttere ich gefangene Tiere? 3. Aufl. DLG Verlags GmbH, Frankfurt/M. 1965, 213 S.

Kühnelt, W.: Bodenbiologie. Mit bes. Berücksichtigung der Tierwelt. Herold Verlag, Wien 1950, 368 S.

Kühnelt, W.: Grundriß der Ökologie, 2. Aufl. Gustav Fischer Verlag, Stuttgart 1970, 443 S.

Kuenzler, E. J.: Niche relations of three species of lycosid spiders. Ecology *39*, 494–500, 1958.

Kugler, H.: Blütenökologie, 2. Aufl. Gustav Fischer Verlag, Stuttgart 1970, 278 S.

Kurtze, W.: Synökologische und experimentelle Untersuchungen zur Nachtaktivität von Insekten. Zool. Jb. Syst. *101*, 297–344, 1974.

Lehmann, U.: Drift und Populationsdynamik von Gammarus pulex fossarum Koch. Z. Morph. Ökol. Tiere *60*, 227–274, 1967.

Lehmann, U.: Stromaufwärts gerichteter Flug von Philopotamus montanus (Trichoptera). Oecologia *4*, 163–175, 1970.

Leigh, E. G. jr.: On the relation between the productivity, biomass, diversity and stability of a community. Proc. Nat. Acad. Science *53*, 177–178, 1965.

Leser, H., Stäblein, G.: Geomorphologische Kartierung (Richtlinien zur Herstellung geomorphologischer Karten 1:25 000). Berlin 1975.

Levins, R.: Evolution in changing environments. Princeton 1968.

Lewis, T., Taylor, R. L.: Introduction to experimental Ecology. Academic Press, London 1972, 401 S.

Likovsky, Z.: Beitrag zur Kenntnis der Aasfauna (Insecta: Coleoptera). Pr. Kraj. Mus. Hradci Kralove *8*, 97–116, 1967.

Lloyd, M.: Mean crowding. J. anim. Ecol. *36*, 1–30, 1967.

Lobeck, K., Meincke, I.: Wald – Hecke – Strand. Ein feldbiologisches Arbeitsbuch. Volk und Wissen VeB, Berlin 1969, 296 S.

Locket, G. H., Millidge, A. F.: British spiders I, II. Ray. Soc., London 1951, 1953, 759 S.

Löffler, H.: Der Neusiedlersee. Naturgeschichte eines Steppensees. Verlag F. Molden, Wien-München-Zürich 1974, 175 S.

Loidl, R.: Ein elektronisches Thermometer – selbst gebaut. Mikrokosmos 1972, 42–46.

Lomnicki, A., Bandola, E., Jankowska, K.: Modification of the Wiegert-Evans Method for Estimation of the Net Primary Production. Ecology *49* (1), 147–149, 1968.

Lundt, H.: Ökologische Untersuchungen über die Besiedlung von Aas im Boden. Pedobiologia *4*, 158–180, 1964.

MacArthur, R. H., Wilson, E. O.: Biogeographie der Inseln. W. Goldmann Verlag, München 1971, 201 S.

MacArthur, R. H., Connel, J. H.: Biologie der Populationen. BLV-Verlagsanstalt, München-Basel-Wien 1970.

MacArthur, R. H.: Geographical Ecology. Patterns in the Distribution of Species. Harper & Row, Publishers, New York, London 1972, 269 S.

MacArthur, R. H.: Patterns of species diversity. Biological Review *40* (1), 510–533, 1965.

MacArthur, R. H.: Population Ecology of some warblers of northeastern coniferous forests. Ecology *39* (4), 599–619, 1958.

MacArthur, R. H.: The theory of the niche. Aus: Populationstheorie und Evolution, ed. Richard C. Lewontin. Syracuse University Press, 1967.

MacFadyen, A.: Soil arthropod sampling. In: J. B. Cragg: Advances in ecological research. Academic Press, London and New York *1*, 1–34, 1962.

Makatsch, W.: Wir bestimmen die Vögel Europas. Verlag J. Neumann, Neudamm, Melsungen 1966, 508 S.

Manning, A.: The effect of honey-guides. Behavior *9*, 114–140, 1956.

Manning, A.: Some aspects of the foraging behavior of bumble-bees. Behavior *9*, 164–203, 1956.

Margalef, R.: Perspectives in ecological Theory. The Chicago Series in Biology, Vol. 1, University of Chicago Press, 1969.

May, R. M.: Stability and complexity in model ecosystems. Princeton University Press 1973, 235 S.

Mc Naughton, S. J., Wolf, L. L.: Dominance and the niche in ecological systems. Science *167*, Nr. 3915, 131–139, 1970.

Meyl, A. H.: Fadenwürmer (Nematoden). Einführung in die Kleinlebewelt. Kosmos, Franckh'sche Verlagsh., Stuttgart 1961, 68 S.

Miller, R. S.: Pattern and process in competition. Adv. Ecol. Res. *4*, 1–74, 1967.

Mook, J. H.: Habitat selection by Lipara lucens Mg. (Diptera, Chloropidae) and its survival value. Archives Neérlandaises de Zoologie *17* (Tome XVIII), 469–549, 1967.

Moritz, M.: Über Oribatidengemeinschaften norddeutscher Laubwaldböden. Pedobiologia *3*, (2/3), 142–243, 1963.

Mrozek-Dahl, T.: Die Tierwelt Deutschlands u. der angrenzenden Meeresteile nach ihren Merkmalen und ihrer Lebensweise. 7. Teil: I Carabidea. Gustav Fischer Verlag, Jena 1928, 210 S.

Mühlenberg, M., Leipold, D., Mader, H. J., Steinhauer, B.: Inselökologie an Arthropoden. I. Mannigfaltigkeit, Nischen und Habitatverteilung auf einigen Seychelleninseln. In Vorbereitung.

Müller, G.: Bodenbiologie. VEB Fischer Verlag, Jena 1965, 889 S.

Müller, K.: Die Tagesperiodik von Fließwasserorganismen. Z. Morph. Ökol. Tiere *56*, 93–142, 1966.

Müller, G., Naglitsch, F.: Vergleichende Prüfung bodenzoologischer Auslesemethoden für Kleinarthropoden. Zool. Jb. Syst. *85* (1/2), 177–210, 1957.

Naumann, J. F.: Naturgeschichte der Vögel Mitteleuropas. Bd. 1–12. E. Kohler Verlag, Gera 1905.

Niethammer, G. (Hrsg.): Handbuch der Vögel Mitteleuropas. Akademische Verlagsgesellschaft, Frankfurt/M. 1966 ff.

Odum, E. P.: Fundamentals of ecology. Third edition. W. B. Saunders Co, Philadelphia, London, Toronto 1971, 574 S.

Osche, G.: Ökologie. Grundlagen – Erkenntnisse – Entwicklungen der Umweltforschung. Studio visuell. Herder Verlag, Freiburg 1975, 143 S.

Paclt, J.: Biologie der primär flügellosen Insekten. VEB Fischer Verlag, Jena 1956, 258 S.

Paesler, F., Kühn, H.: Bestimmungsschlüssel für die Gattung freilebender und pflanzenparasitischer Nematoden. Wiss. Abh. Nr. 55, Sekt. Pflzbau, Pflzzüchtg. Pflzschutz. Dtsch. Akad. Landwirtsch. wiss. Berlin. Akad. Verlag, Berlin 1962, 97 S.

Palissa, A.: Bodenzoologie in Wissenschaft, Naturhaushalt und Wirtschaft. Wiss. Taschenbüscher 17. Akademie Verlag, Berlin 1964, 180 S.

Parr, M. J.: A population study of a colony of imaginal Ischnura elegans (van der Linden) (Odonata, Coenagriidae) at Dale, Pembrokeshire. Field studies, London *2*, 237–282, 1965.

Paulian, R.: Larve d'Insects de France, Trois. Ed. Editions N. Boubée & Cie, Paris 1971, 222 S.

Percival, M. S.: Floral biology. Pergamon Press, Frankfurt/M. 1965, 243 S.

Peterson, R. T., Mountfort, G. U. Y., Hollon, P. A. D.: Die Vögel Europas, 10. Aufl. Verlag Paul Parey, Hamburg-München 1973, 443 S.

Phillipson, J.: A miniature bomb calorimeter for small biological samples. Oikos *15*, 130–139, 1964.

Pielou, E. C.: An Introduction to mathematical ecology. J. Wiley & sons, Inc. (Interscience), New York 1969, 286 S.

Pielou, E. C.: Niche width and niche overlap: a method for measuring them. Ecology *53*, 687–692, 1972.

Pittioni, B.: Hummeln als Blütenbesucher. Mitt. Bulg. Entomol. Ges. *12*, 1942.

Platt, R. P., Griffiths, J. F.: Environmental measurement and interpretation. Reinhold Publishing Co, New York 1964.

Pleiss, H.: Meteorologische Beobachtungen und Charakterisierung von Wetter und Klima. In: Der Wald und die Forstwirtschaft, Hrsg. Blanckmeister und Kienitz, Berlin 1963, 358–372.

Poole, R. W.: An Introduction to Quantitative Ecology. McGraw-Hill Inc., New York 1974, 532 S.

Proctor, M., Yeo, P.: The pollination of flowers. Collins, London 1973, 418 S.

Pschorn-Walcher, H., Zwölfer, H.: Konkurrenzerscheinungen in Parasitenkomplexen als Problem der Biologischen Schädlingsbekämpfung. Anz. Schädlingskunde *41* (5), 71–76, 1968.

Pukowski, E.: Ökologische Untersuchungen an Necrophoren. Z. Morph. Ökol. *27*, 518–586, 1933.

Rathmayer, W. (Hrsg.): Zoologie heute. G. Fischer Verlag, Stuttgart 1975, 62 S.

Reitter, E.: Fauna Germanica. 4 Bd. K. G. Lutz' Verlag, Stuttgart 1908–1912.

Robert, P. A.: Die Libellen (Odonaten). Kümmerly & Frey, Bern 1959, 404 S.

Rothmaler, W.: Exkursionsflora. Atlas der Gefäßpflanzen. Volk u. Wissen, Volkseigener Verlag, Berlin 1959, 567 S.

Ruttner, F.: Grundriß der Limnologie. 3. Aufl. Walter de Gruyter & Co., Berlin 1962, 332 S.

Sabath, M. D., Jones, J. M.: Measurement of niche breadth and overlap: the Collwell-Futuyma method. Ecology *54*, 1143–1147, 1973.

Sachs, L.: Statistische Auswertemethoden. 4. Aufl. Springer Verlag, Berlin 1974, 548 S.

Sachs, L.: Statistische Methoden. Ein Soforthelfer. 2. Aufl., Springer Verlag, Berlin 1972, 105 S.

Salt, G. W.: An ecologic analysis of three California avifaunas. Condor Berkeley, Calif. *55*, 258–273, 1953.

Schäfer, M.: Ökologische Isolation und die Bedeutung des Konkurrenzfaktors am Beispiel des Verteilungsmusters der Lycosiden einer Küstenlandschaft. Oecologia *9,* 171–202, 1972.

Schäfer, M.: Experimentelle Untersuchungen zur Bedeutung der interspezifischen Konkurrenz bei drei Wolfspinnenarten (Araneida: Lycosidae) einer Salzwiese. Zool. Jb. Syst. *101,* 213–235, 1974.

Schaller, Fr.: Die Unterwelt des Tierreiches. Verständl. Wissenschaft 78, Springer Verlag, Berlin 1962, 126 S.

Scheer, G.: Beobachtungen und Untersuchungen über die Abhängigkeit des Frühgesanges der Vögel von äußeren und inneren Faktoren. Biol. Abh. *3/4,* 1952.

Schildmacher, H.: Wir beobachten Vögel. VEB Fischer Verlag, Jena 1970, 400 S.

Schimitschek, E.: Die Bestimmung von Insektenschäden im Walde. Verlag Paul Parey, Hamburg-Berlin 1955, 196 S.

Schimitschek, E.: Einfluß der Umwelt auf die Wohndichte der Milben und Collembolen im Boden. Z. angew. Ent. *24,* 216–247, 1937.

Schlichting, E.; Blume, H.-P.: Bodenkundliches Praktikum. Eine Einführung in pedologisches Arbeiten für Ökologen, insbesondere Land- und Forstwirte, und für Geowissenschaftler. Verlag Paul Parey, Hamburg und Berlin 1966, 209 S.

Schmeil, O., Fitschen, J.: Flora von Deutschland, 86. Aufl., Quelle & Meyer, Heidelberg 1976, 516 S.

Schoener, T. W.: Resource Partitioning in Ecological Communities. Science *185* (nr. 4145), 27, 1974.

Schott, P.: Eine batteriegetriebene Lichtquelle. Entom. Z. *83,* 124–127, 1973.

Schremmer, F.: Blumen und Insekten. In: Grzimeks Tierleben Bd. 13, 99–119; Kindler Verlag, München 1973.

Schremmer, F.: Die Wiese als Lebensgemeinschaft. Verlag Brüder Hollinek, Wien 1949, 108 S.

Schremmer, F.: Morphologische Anpassungen von Tieren – insbesondere Insekten – an die Gewinnung von Blumennahrung. Verh. Dtsch. Zool. Ges. Saarbrücken 1961, 375–401, 1962.

Schremmer, F.: Sinnesphysiologie und Blumenbesuch des Falters von Plusia gamma L. Zool. Jb. (Systematik) *74* (5/6), 361–522, 1941.

Schremmer, F.: Über anormalen Blütenbesuch und das Lernvermögen blütenbesuchender Insekten. Österr. Bot. Ztschr. *102* (4/5), 551–571, 1955.

Schroeder, D.: Bodenkunde in Stichworten. Hirts Stichwortbücher. Verlag F. Hirt, Kiel 1969.

Schubert, A.: Praxis der Süßwasserbiologie. Volk und Wissen, Volkseigener Verlag, Berlin 1966, 158 S.

Schubert, P.: Untersuchungen über den Wuchs von Schilfrohr (Phragmites communis Trin.) des Neusiedlersees. Wiss. Arbeiten Burgenland *44,* 244 bis 250, Naturwissenschaften Heft 28, 1969/70.

Schuhmacher, H.: Kompensation der Abdrift von Köcherfliegen-Larven (Insecta: Trichoptera). Naturwiss. *56,* 378, 1969.

Schuster, L.: Über die Beerennahrung der Vögel. J. Orn. *78,* 273–301, 1930.

Schuster, R.: Der Anteil der Oribatiden an den Zersetzungsvorgängen im Boden. Z. Morph. Ökol. Tiere *45* (1), 1–33, 1956.

Schwerdtfeger, F.: Ökologie der Tiere. I. Autökologie, 1963, 461 S.; II. Demökologie, 1968, 448 S.; III. Synökologie, 1975, 451 S. Paul Parey Verlag, Hamburg und Berlin.

Schwoerbel, J.: Einführung in die Limnologie. Gustav Fischer Verlag, Stuttgart 1971, 170 S.

Seber, G. A. F.: The Estimation of Animal Abundance and related Parameters. Griffin, London 1973, 506 S.

Shugart, H. H., Patten, B. C.: Niche quantification and the concept of niche pattern. In: Systems Analysis and Simulations in Ecology. New York, London, Bd. 2, chapt. 7, 283–325, 1972.

Smith, F. E.: Analysis of ecosystems. In: D. E. Reichle (ed.): Analysis of temperate forest ecosystems. Springer Verlag, New York 1970, S. 7–18.

Smith, R. L.: Ecology and field biology. Harper and Row Publishers, New York 1966, 686 S.

Simon, H. R.: Zur Ernährungsbiologie collembolenfangender Arthropoden. Biol. Zbl. *83,* 272–296, 1964.

Solomon, M. E.: Status of the idea that weather can control insect population. Verh. 11. Int. Kongr. Ent. *2,* 126–130, 1962.

Southwood, T. R. E.: Ecological methods (with particular reference to the study of insect populations). Chapman and Hall, London 1971, 391 S.

Spannagel, G.: Humusbildung unter Einfluß von Kalk in Verbindung mit der Entwicklung einer reichen Bodenfauna. 7. Intern. Congr. Soil. Sci. Mod. Wiss. Transact II, 695–701, 1960.

Spannagel, G.: Modellversuch mit Regenwürmern zur Frage der Bodenbildung und Bodenfruchtbarkeitssteigerung. Z. Pflz. Düngg. Bodenkde. *64* (109) (3), 217–222, 1954.

Stammer, H. J.: Die Bedeutung der Äthylenglykol-Fallen für tierökologische und phänologische Untersuchungen. Verh. dtsch. Zool. Kiel 387–391, 1949.

Steiner, G.: Das zoologische Laboratorium. E. Schweizerbart'sche Verlagsbuchhandlung, Stuttgart 1963, 557 S.

Steiner, G.: Zur Duftorientierung fliegender Insekten. Naturwiss. *40* (19), 514–515, 1953.

Steubing, L.: Pflanzenökologisches Praktikum. Paul Parey Verlag, Berlin-Hamburg 1965, 262 S.

Stitz, H.: Ameisen oder Formicidae. In: Dahl, F.: Die Tierwelt Deutschlands, 37. Teil. Gustav Fischer Verlag, Jena 1939.

Stocker, O.: Klimamessungen auf kleinstem Raum an Wiesen-, Wald- und Heidepflanzen. Ber. Bot. Ges. *41,* 145–150, 1923.

Streble, H., Krauter, D.: Das Leben im Wassertropfen. Mikroflora und Mikrofauna des Süßwassers. Kosmos Naturführer. Franckh'sche Verlagshandlung, Stuttgart 1973, 333 S.

Strenzke, K.: Untersuchungen über die Tiergemeinschaften des Bodens: Die Oribatiden und ihre Synusien in den Böden Norddeutschlands. Zoologica *37,* (104), 1–173, 1952.

Stresemann, E.: Exkursionsfauna I, II, III. Volk und Wissen, Volkseigener Verlag, Berlin 1961–1970.

Svensson, L.: Identification guide to European passerines. Stockholm 1970.

Szlep, R., Jakobi, T.: The mechanism of recruitment to mass foraging in colonies of Monomorium venustum Smith, M. subopacum ssp. phoenicum Em., Tapinana israelis For. and.T. simothi v. phoenicum Em. Insects Soziaux *14* (1), 25–40, 1967.

Thiele, H. U.: Bodentiere und Bodenfruchtbarkeit. Naturw. Rundschau *17* (6), 224–230, 1964.

Thiele, H. U.: Experimentelle Untersuchungen über die Abhängigkeit bodenbewohnender Tierarten vom Kalkgehalt des Standorts. Z. angew. Ent. *44* (1), 1–21, 1959.

Thiele, H. U.: Experimentelle Untersuchungen über die Ursachen der Biotopbindung bei Carabiden. Z. Morph. Ökol. Tiere *53,* 387–452, 1964.

Thiele, H. U.: Was bindet Laufkäfer an ihre Lebensräume? Naturwiss. Rundschau *21,* 57–65, 1968.

Thiele, H. U., Weber, F.: Tagesrhytmen der Aktivität bei Carabiden. Oecologia *1,* 315–355, 1968.

Thompson, H. R.: Distribution of distance to n-nth neighbour, in a population of randomly distributed individuals. Ecology *37,* 391–394, 1956.

Thun, R., Herrmann, R., Knickmann, E.: Die Untersuchung von Böden. In: Handbuch der landwirtsch. Versuchs- und Untersuchungsmethodik. Methodenbuch I. 3. Aufl., Neumann Verlag, Radebeul und Berlin 1955, 271 S.

Tinbergen, N.: Wo die Bienenwölfe jagen. Paul Parey Verlag, Berlin, Hamburg 1964, 228 S.

Tischler, W.: Agrarökologie. VEB Fischer Verlag, Jena 1965, 499 S.

Tischler, W.: Synökologie der Landtiere. Gustav Fischer Verlag, Stuttgart 1955, 414 S.

Tischler, W.: Wörterbuch der Biologie. Ökologie. Mit besonderer Berücksichtigung der Parasitologie. UTB 430, Stuttgart 1975, 125 S.

Tretzel, E.: Intragenetische Isolation und interspezifische Konkurrenz bei Spinnen. Z. Morph. Ökol. Tiere *44,* 43–162, 1955.

Tretzel, E.: Technik und Bedeutung des Fallenfangs für ökologische Untersuchungen. Zool. Anz. *155,* 276–287, 1955.

Trolldenier, G.: Bodenbiologie. Die Bodenorganismen im Haushalt der Natur. Kosmos, Franckh'sche Verlagshandlung, Stuttgart 1971, 152 S.

Usher, M. B., Williams, M. H.: Ecological stability. Chapmann-Hall, London 1974, ca. 150 S.

Van Dyne, G. M.: Ecosystems, systems ecology and systems ecologists. Oak Ridge National Laboratory report 3957, 1966, 31 S.

Van Dyne, G. M.: Grassland management, research and teaching viewed in a systems context. Range science departement, Science series No. 3, Colorado state University, 39 S., 1969.

Voigt, A.: Exkursionsbuch zum Studium der Vogelstimmen. 12. Aufl. Quelle & Meyer, Heidelberg 1961, 292 S.

Volz, P.: Nematodensukzession bei der Fallstreuzersetzung im Walde. Verh. Dtsch. Zoologen in Kiel (1948), Zool. Anz. Suppl. Bd. *13,* 398–401, 1949.

Voous, K. H.: Die Vogelwelt Europas und ihre Verbreitung. Paul Parey Verlag, Hamburg-Berlin, 1962, 284 S.

Wadsworth, R. M.: The measurement of environmental factors in terrestrial ecology. Blackwell Scientific Publications, Oxford and Edingburgh 1968.

Waitzbauer, W.: Produktionsbiologische Aspekte schilffressender Insekten. Verh. Dtsch. Zool. Ges. 65. Jahresversammlung 1971, S. 116–119, Stuttgart 1972.

Wallis, D. J.: The foraging behavior of the ant Formica fusca. Behavior *23*, 149–175, 1964.

Waloff, N., Blackith, R. E.: The growth and distribution of the mounds of Lasius flavus (Fabr.) (Hymenoptera, Formicidae) in Silwood Park, Bershire. J. Anim. Ecol. *31* (3), 421–437, 1962.

Walsh, G. B.: Studies in the British coleoptera II. The attractive powers of various natural baits. Ent. Month. Mag. *69*, 28–32, 1933.

Walsh, G. B.: Studies in the British necrophagous coleoptera. I. The activity of carrion feeding beetles during the year. Ent. Month. Mag. *67*, 76–81, 1931.

Watt, K. E. F.: Community stability and the strategy of biological control. The Canadian Entomologist *97*, 887–895, 1965.

Watt, K. E. F.: System analysis in ecology. Academic Press, New York 1966, 276 S.

Weber, E.: Grundriß der biologischen Statistik. 7. Aufl. Gustav Fischer Verlag, Stuttgart 1972, 706 S.

Wesenberg-Lund, C.: Biologie der Süßwasserinsekten. J. Springer Verlag, Berlin-Wien 1943, 668 S.

Whittaker, R. H.: Gradient analysis of vegetation. Biol. Rev. *42*, 207–264, 1967.

Williams, E. E.: The ecology of colonization as seen in the Zoogeography of Anoline lizards on small islands. Quart. Rev. Biol. *44*, 345–389, 1969.

Williams, C. B.: Patterns in the Balance of Nature; and Related Problems in Quantitative Ecology. Academic Press, New York 1964, 324 S.

Wilmanns, O.: Ökologische Pflanzensoziologie. UTB Quelle & Meyer, Heidelberg 1973, 288 S.

Wilson, E. O.: Chemical communication among workers of the fix ant Solenopsis saevissima (Fr. Smith). 1. The organization of mass foraging. 2. An information analysis of the odour trail. 3. The experimental induction of social responses. Animal Behaviour *10*, (1–2), 134–164, 1962.

Wilson, E. O.: The insect societies. The Belknap Press of Harvard University Press, Cambridge, Mass. 1971.

Wilson, E. O.: The nature of the taxon cycle in the Melanesian ant fauna. Amer. Natur. *95*, 169–193, 1961.

Wilson, E. O., Bossert, W. H.: Einführung in die Populationsbiologie. Springer Verlag, Berlin 1973, 168 S.

Wladimirsky, A.: Ergebnisse quantitativer Zählungen der Fauna an einzelnen Pflanzen. II. Quantitative Zählung der auf Kräutern lebenden Tierwelt (russ.). Trav. Inst. Sci. nat. Peterhof *3*, 1–70, 1926.

Woodwell, G. M.: The energy cycle of the biosphere. Scientific American *223* (3), 64–74, 1970.

Wüst, W.: Die Brutvögel Mitteleuropas. Bayr. Schulbuchverlag, München 1970, 519 S.

Yasuno, M.: Territory of ants in the Cayano grassland at Mt. Hakkoda. Science Reports of the Tohoku University, Sendai, Japan ser. 4 (Biol.) *31* (3), 195–206, 1965.

Zachariae, G.: Was leisten Collembolen für den Waldhumus? In: Doeksen, J. and J. van der Drift: Soil Organisms, Amsterdam, 109–124, 1963.

Zuck, W.: Untersuchungen über das Vorkommen und die Biotope einheimischer Lumbriciden. Jahreshefte Ver. vaterländ. Naturkunde Württ. *107*, 95–132, 1951.

7. Sachverzeichnis

209

UTB

Uni-Taschenbücher GmbH
Stuttgart

UTB

Uni-Taschenbücher GmbH
Stuttgart

Fachbereich Biologie/Botanik/Zoologie

2 Illies: Einführung in die Tiergeographie (Gustav Fischer). 1971. DM 6,80

14 Walter: Vegetationszonen und Klima (Ulmer). 2. Aufl. 1973. DM 12,80

15 Heß: Pflanzenphysiologie (Ulmer). 4. Aufl. 1976. DM 19,80

31 Schwoerbel: Einführung in die Limnologie (Gustav Fischer). 2. Aufl. 1974. DM 12,80

62 Weberling/Schwantes: Pflanzensystematik (Ulmer). 2. Aufl. 1975. DM 19,80

65 Lorenzen: Physiologische Morphologie der höheren Pflanzen (Ulmer). 1972. DM 14,80

110 Von Faber/Haid: Endokrinologie (Ulmer). 2. Aufl. 1976. DM 14,80

114 Bornkamm: Einführung in die Botanik (Ulmer). 1973. DM 14,80

169 Winkler: Einführung in die Pflanzenökologie (Gustav Fischer). 1972. DM 14,80

170 Campbell: Entwicklung zum Menschen (Gustav Fischer). 1972. DM 19,80

211 Ewald: Führer zur biologischen Fachliteratur (Gustav Fischer). 1973. DM 11,–

232 Larcher: Ökologie der Pflanzen (Ulmer). 2. Aufl. 1976. DM 19,80

233 Hubbart: Gräser (Ulmer) 1973. DM 19,80

284 Walter: Allgemeine Geobotanik (Ulmer). 1973. DM 17,80

285 Westphal: Protozoen (Ulmer). 1974. DM 17,80

367 Hentschel/Wagner: Tiernamen und zoologische Fachwörter (Gustav Fischer). 1976. DM 19,80

368 Jacobs/Seidel: Wörterbuch der Biologie. Systematische Zoologie-Insekten (Gustav Fischer). 1975. DM 18,–

409 Härtter: Wahrscheinlichkeitsrechnung für Wirtschafts- und Naturwissenschaftler (Vandenhoeck). 1974. DM 19,80

417 Rensing/Hardeland/Galling/Runge: Allgemeine Biologie (Ulmer). 1975. DM 23,80

429 Björn: Photobiologie (Gustav Fischer). 1975. DM 15,80

430 Tischler: Wörterbuch der Biologie. Ökologie (Gustav Fischer). 1975. DM 9,80

479 Avers. Sexualbiologie (Gustav Fischer). 1976. DM 19,80

511 Moll: Taschenbuch für Umweltschutz 2: Biolog. Informationen (Steinkopff). 1976. DM 23,80

557 Rahmann: Neurobiologie (Ulmer). 1976. DM 19,80

Uni-Taschenbücher
wissenschaftliche Taschenbücher für alle Fachbereiche.
Das UTB-Gesamtverzeichnis erhalten Sie bei Ihrem Buchhändler oder direkt von
UTB, 7 Stuttgart 80,
Am Wallgraben 129,
Postfach 80 11 24.